Tonja Pfeiffer, Stefan Eckrich

Über die multi-level Synthese von EXOR-Schaltkreise

Die Studie ist aufgrund des Seitenumfangs nur digit
load)

I0003422

**Bibliografische Information der Deutschen Nationalbibliothek:**

Bibliografische Information der Deutschen Nationalbibliothek: Die Deutsche Bibliothek verzeichnet diese Publikation in der Deutschen Nationalbibliografie; detaillierte bibliografische Daten sind im Internet über http://dnb.d-nb.de/ abrufbar.

Copyright © 1996 Diplom.de
Druck und Bindung: Books on Demand GmbH, Norderstedt Germany
ISBN: 9783838606446

https://www.diplom.de/document/216574

Tonja Pfeiffer, Stefan Eckrich

# Über die multi-level Synthese von EXOR-Schaltkreisen

**Die Studie ist aufgrund des Seitenumfangs nur digital erhältlich (CD oder Download)**

Diplom.de

Stefan Eckrich
Tonja Pfeiffer

# Über die multi-level Synthese von EXOR-Schaltkreisen

Diplomarbeit
an der Johann Wolfgang Goethe-Universität Frankfurt am Main
April 1996 Abgabe

*Diplomarbeiten* Agentur
Dipl. Kfm. Dipl. Hdl. Björn Bedey
Dipl. Wi.-Ing. Martin Haschke
und Guido Meyer GbR

Hermannstal 119 k
22119 Hamburg

agentur@diplom.de
www.diplom.de

ID 644

ID 644

Eckrich, Stefan / Pfeiffer, Tonja: Über die multi-level Synthese von EXOR-Schaltkreisen /
Stefan Eckrich / Tonja Pfeiffer - Hamburg: Diplomarbeiten Agentur, 1998
Zugl.: Frankfurt am Main, Universität, Diplom, 1996

Dipl. Kfm. Dipl. Hdl. Björn Bedey, Dipl. Wi.-Ing. Martin Haschke & Guido Meyer GbR
Diplomarbeiten Agentur, http://www.diplom.de, Hamburg
Printed in Germany

*Diplomarbeiten* Agentur

# Wissensquellen gewinnbringend nutzen

**Qualität, Praxisrelevanz und Aktualität** zeichnen unsere Studien aus. Wir bieten Ihnen im Auftrag unserer Autorinnen und Autoren Wirtschafts-studien und wissenschaftliche Abschlussarbeiten – Dissertationen, Diplomarbeiten, Magisterarbeiten, Staatsexamensarbeiten und Studien-arbeiten zum Kauf. Sie wurden an deutschen Universitäten, Fachhoch-schulen, Akademien oder vergleichbaren Institutionen der Europäischen Union geschrieben. Der Notendurchschnitt liegt bei 1,5.

**Wettbewerbsvorteile verschaffen** – Vergleichen Sie den Preis unserer Studien mit den Honoraren externer Berater. Um dieses Wissen selbst zusammenzutragen, müssten Sie viel Zeit und Geld aufbringen.

**http://www.diplom.de** bietet Ihnen unser vollständiges Lieferprogramm mit mehreren tausend Studien im Internet. Neben dem Online-Katalog und der Online-Suchmaschine für Ihre Recherche steht Ihnen auch eine Online-Bestellfunktion zur Verfügung. Inhaltliche Zusammenfassungen und Inhaltsverzeichnisse zu jeder Studie sind im Internet einsehbar.

**Individueller Service** – Gerne senden wir Ihnen auch unseren Papier-katalog zu. Bitte fordern Sie Ihr individuelles Exemplar bei uns an. Für Fragen, Anregungen und individuelle Anfragen stehen wir Ihnen gerne zur Verfügung. Wir freuen uns auf eine gute Zusammenarbeit

**Ihr Team der *Diplomarbeiten* Agentur**

Dipl. Kfm. Dipl. Hdl. Björn Bedey –
Dipl. Wi.-Ing. Martin Haschke ——
und Guido Meyer GbR ———

Hermannstal 119 k ————
22119 Hamburg ————

Fon: 040 / 655 99 20 ————
Fax: 040 / 655 99 222 ———

agentur@diplom.de ————
www.diplom.de ———

---

*So eine Arbeit wird eigentlich nie fertig,*
*man muß sie für fertig erklären,*
*wenn man nach Zeit und Umständen*
*das möglichste getan hat.*

(J.W.Goethe, Italienische Reise, 16. März 1787)

# Erklärung

Hiermit bestätigen wir, daß die vorliegende Arbeit ausschließlich unter Zuhilfenahme der im Literaturverzeichnis aufgeführten Unterlagen durch unsere selbständige Arbeit entstanden ist.

Frankfurt am Main, den 11. April 1996

Stefan Eckrich
Fliederstraße 24
63456 Hanau

Tonja Pfeiffer
Rhönstraße 4
65597 Hünfelden

# Danksagung

An dieser Stelle möchten wir Herrn Prof. Dr. Bernd Becker unseren besonderen Dank für die Möglichkeit aussprechen, ein solch aktuelles und interessantes Thema im Rahmen einer gemeinsamen Diplomarbeit bearbeiten zu können.

Herrn Dipl. Inform. Harry Hengster gilt unser Dank für die vielen Anregungen und Ideen, für die weiterführenden Gespräche und das Korrekturlesen des ersten Entwurfes dieser Arbeit. Weiter sei allen Korrekturlesern und den Mitarbeitern der Professur gedankt.

Benni, Olf, Rolf und Markus danken wir für die Lösung vieler Probleme der Programmierung. Herr Ulrich Plass bewies viel Geduld, wenn wir so oft mit Problemen mit der Rechneranlage zu ihm kamen.

Besonderer Dank gilt unseren Eltern, die uns ein Studium frei von finanziellen Sorgen ermöglichten.

# Inhaltsverzeichnis

# Kapitel 1

# Einleitung

Der Einzug Integrierter Schaltkreise in alle Bereiche unseres Lebens stellt immer höhere Anforderungen an den Entwurf dieser Schaltkreise. Toaster mit Hitzesensoren, Vorbackautomatik und vollautomatischen Krümmel-schubladen ebenso wie immer leistungsfähigere Personal Computer erfordern immer mehr und immer komplexere Schaltkreise. Deshalb gewinnen Werkzeuge zum automatisierten Entwurf von Schaltkreisen immer mehr an Bedeutung.

Von verschiedenen Ausgangspunkten aus werden Methoden entwickelt, Schaltkreise nach vorgegebenen Kriterien zu synthetisieren. Die Anforderungen an einen Schaltkreis lassen sich durch Boolesche Funktionen beschreiben. Viele Boolesche Funktionen lassen sich mit Hilfe von Entscheidungsdiagrammen effizient repräsentieren und manipulieren.

Der in dieser Arbeit vorgestellte Ansatz zum Entwurf von Schaltkreisen nutzt die Darstellung Boolescher Funktionen als Entscheidungsdiagramme. Um eine hohe Fexiblität zu erreichen, verwenden wir eine möglichst allgemeine Menge der Entscheidungsdiagramme, die Menge der *Orderd Kronecker Functional Desicion Diagrams, OKFDDs.*

Die Umsetzung von OKFDDs in Schaltkreisbeschreibungen kann über verschiedene Wege erfolgen. Diese werden durch die Anforderungen, die später an die entworfenen Schaltkreise gestellt werden, bestimmt. So ist es für ein OKFDD zum Beispiel möglich, jeden Knoten durch einen be-

1

stimmten Teilschaltkreis zu ersetzen. Ein Nachteil dieser Methode liegt
in der so entstehenden Schaltkreistiefe, die proportional zur Anzahl der
Eingangsvariablen ist. Dadurch entstehen sehr lange Signallaufzeiten, so
daß die maximale Taktrate für diesen Schaltkreis gering sein wird.

Wir wollen nun einen variablen Ansatz zum automatischen Entwurf
von Schaltkreisen vorstellen und zeigen eine mögliche Implementierung in
C++. Dieser Ansatz führt zu einer geringeren Schaltkreistiefe und somit
kürzeren Signallaufzeiten. Die meisten der auf diesem Wege erzeugten
Schaltkreise zeigen eine nur leicht erhöhte Größe gegenüber den durch
die im voherigen Absatz genannte Methode erzeugten Schaltkreisen.

Schon während der Ausarbeitung wurden Teile der vorliegenden Arbeit in [Hengster95] veröffentlicht.

# Kapitel 2

# Boolesche Funktionen und Entscheidungsdiagramme

## 2.1 Einleitung

Wir betrachten Entscheidungsdiagramme zur kompakten Repräsentation Boolescher Funktionen. In diesem Kapitel stellen wir die Definitionen verschiedener Entscheidungsdiagramme vor und zeigen deren Eigenschaften, auf die spätere Kapitel aufbauen. Entscheidungsdiagramme bilden die Grundlage unseres Verfahrens zur Schaltkreissynthese.

## 2.2 Grundlegende Definitionen

Sei $X_n := \{x_0, x_1, \ldots, x_{n-1}\}$ eine Menge Boolescher Variablen und sei ferner
$f(X_n) : \{0,1\}^n \to \{0,1\}$ eine Boolesche Funktion über $X_n$. Eine gerichtete Kante soll von ihrem Startpunkt zu ihrem Endpunkt gerichtet sein. Start- und Endpunkt sind somit Knoten.

**Definition 2.1** *Ein **Entscheidungsdiagramm** (**Decision Diagram DD**) über $X_n := \{x_0, x_1, \ldots, x_{n-1}\}$ ist ein gerichteter, zusam-*

*menhängender, azyklischer Graph $G = (V, E, W)^1$ mit Knotenmenge $V$, Kantenmenge $E \subseteq V \times V$ und Wurzelmenge $W \subseteq \{\emptyset\} \times V$, der folgende Bedingungen einhält:*

- *Jeder Knoten $v \in V$ ist entweder ein terminaler Knoten oder ein nicht terminaler Knoten.*

- *Jeder terminale Knoten ist entweder mit 0 oder mit 1 markiert und besitzt keine ausgehenden Kanten. Einen mit 0 markierten terminalen Knoten bezeichnen wir als terminalen Null Knoten, kurz terminale Null, $t_0$. Einen mit 1 markierten terminalen Knoten bezeichnen wir als terminalen Eins Knoten, kurz terminale Eins, $t_1$.*

- *Jeder nicht terminale Knoten $v \in V$ ist mit einer Booleschen Variablen $x_i \in X_n$ markiert und hat genau zwei ausgehende Kanten, deren Endpunkte mit $low(v), high(v) \in V$ bezeichnet werden.*

- *Jeder Knoten ist Endpunkt von mindestens einer Wurzel oder von mindestens einer Kante.*

Die Wurzeln stellen in Definition 2.1 Kanten ohne Startpunkt dar. Die Menge der terminalen Knoten bezeichnen wir als $T$, die Menge der nicht terminalen Knoten als $N$. Es gilt $V = N \cup T$. $low(v)$ und $high(v)$ bezeichnen wir als **Söhne** des Knotens $v$. Insbesondere sei $low(v)$ der $low$–Sohn und $high(v)$ der $high$–Sohn von $v$. Die Markierung eines Knotens $v$ bezeichnen wir als **Label** $lab(v)$ des Knotens. Die Markierung $x_i$ eines nicht terminalen Knotens wird als seine **Entscheidungsvariable** bezeichnet.

**Definition 2.2** *Sei $G := (V, E, W)$ ein DD. Dann ist ein **Pfad** $p$ in $G$ eine geordnete Menge von Kanten $p = \{e_1, \ldots, e_k\}$, $e_i \in E$, für die für alle $i \in \{1, \ldots, k-1\}$ gilt: Der Endpunkt der Kante $e_i$ ist gleich dem Startpunkt der Kante $e_{i+1}$. Der Startpunkt der Kante $e_1$ heist Startpunkt des Pfades $p$. der Endpunkt der Kante $e_k$ heist Endpunkt des Pfades $p$.*

---

[1]In der Literatur wird ein DD häufig als gerichteter, zusammenhängender, azyklischer Graph $G = (V, E)$ definiert. Die Wurzeln sind dann ausgesuchte Knoten $w \in V$. Insbesondere sind dann alle Knoten, die nicht Endpunkt einer Kante aus $E$ sind, Wurzeln. Für uns ist die Definition der Wurzeln als Kante ohne Startpunkt aber wichtig.

Um DD's als Datenstruktur zur automatischen Logiksynthese benutzen zu können sind weitere Definitionen und Einschränkungen nötig.

**Definition 2.3** *Sei $G$ ein DD über $X_n := \{x_0, \ldots, x_{n-1}\}$. Dann gilt:*

- *Die **Größe** von $G$, bezeichnet mit $|G|$, wird bestimmt durch die An-
  zahl der Knoten in $V$.*

- *$G$ ist **frei**, genau dann wenn jede Variable auf jedem Pfad von der
  Wurzel zu einem terminalen Knoten maximal einmal vorkommt.*

- *$G$ ist **komplett**, genau dann wenn jede Variable auf jedem Pfad
  von der Wurzel zu einem Terminalknoten genau einmal vorkommt.*

- *$G$ ist **geordnet** (**ordered**), genau dann wenn es frei ist und auf
  jedem Pfad von einer Wurzel zu einem terminalen Knoten die Variablenreihenfolge gleich ist.*

**Definition 2.4** *Sei $G$ ein geordnetes DD über $X_n := \{x_0, \ldots, x_{n-1}\}$.
Dann gilt:*

- *Die **Variablenordnung** in $G$ ist definiert durch eine Permutati-
  on $\pi : \{1, \ldots, n\} \longmapsto \{1, \ldots, n\}$.*

- *Alle Knoten mit der Entscheidungsvariablen $x_i$ bilden zusammen
  den **Level** $lev(x_i) = \pi(i)$. Die Terminalknoten bilden den Terminallevel $T := n$. Oberhalb des obersten Levels mit Knoten betrachten
  wir einen Level $-1$ ohne Knoten. Dieser Level stellt den Startlevel
  der Wurzeln dar.*

Wir benutzen den Buchstaben O um DD's als geordnet zu kennzeichnen.
Der Variablenordnung können wir entnehmen, in welcher Reihenfolge die
Entscheidungsvariablen der Knoten entlang eines Pfades in $G$ auftreten.

**Definition 2.5** *Sei $G = (V, E, W)$ ein geordnetes OKFDD. Eine Kante $e \in E$ heißt **levelübergreifend** genau dann, wenn ihr Startpunkt $v_s$
und ihr Endpunkt $v_e$ nicht in aufeinanderfolgenden Leveln liegen ($lev(v_s) +
1 \neq lev(v_e)$). Eine Wurzel $w \in W$ heißt **levelübergreifend** genau
dann, wenn ihr Endpunkt $v_w$ nicht im obersten Level liegt ($lev(v_w) \neq 1$).*

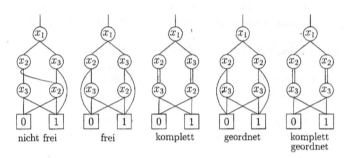

Abbildung 2.1: Entscheidungsdiagramme unterschiedlicher Eigenschaften

Um Boolesche Funktionen durch Entscheidungsdiagramme darzustellen, werden sie zunächst nach einer Variablen in zwei Teilfunktionen zerlegt. Diese Teilfunktionen werden dann rekursiv weiter zerlegt.

**Definition 2.6** *Sei* $f(X_n) : \{0,1\}^n \to \{0,1\}$ *eine Boolesche Funktion über der Variablenmenge* $X_n$.

- *Dann bezeichnet* $f_i^0$ *den **Cofaktor** der Funktion* $f$ *mit* $x_i = 0$, *definiert durch* $f_i^0(X_n) := f(x_1, \ldots, x_{i-1}, 0, x_{i+1}, \ldots, x_n)$.

- *Entsprechend bezeichnet* $f_i^1$ *den **Cofaktor** von* $f$ *für* $x_i = 1$, *definiert durch* $f_i^1(X_n) := f(x_1, \ldots, x_{i-1}, 1, x_{i+1}, \ldots, x_n)$.

- *Schließlich ist* $f_i^2$ *definiert als* $f_i^2(X_n) := f_i^0 \oplus f_i^1$, *wobei* $\oplus$ *für die exklusiv-Oder Operation steht.*

Mit Hilfe dieser Faktoren definieren wir nun die drei Zerlegungstypen Shannon, positiv und negativ Davio. In [Drechsler95] wird gezeigt, daß diese drei Zerlegungstypen ausreichen, um eine allgemeinste Form der Entscheidungsdiagramme zu erreichen. Das heißt, durch Hinzunahme weiterer Zerlegungstypen können keine mächtigeren DDs erzeugt werden.

**Definition 2.7** *Zerlegungstypen (Decomposition Types, DT):*

$$f = \overline{x_i} f_i^0 + x_i f_i^1 \qquad Shannon \qquad (Shan) \qquad (2.1)$$

$$f = f_i^0 \oplus x_i f_i^2 \qquad positiv\ Davio \qquad (pDav) \qquad (2.2)$$

$$f = f_i^1 \oplus \overline{x_i} f_i^2 \qquad negativ\ Davio \qquad (nDav) \qquad (2.3)$$

Sei $G$ ein DD über $X_n := \{x_1, \ldots, x_n\}$. Die den Variablen aus $X_n$ zugeordneten Zerlegungstypen werden in einer Zerlegungstypenliste *(Decomposition Typ List, DTL)* $d = (d_1, \ldots, d_n)$ verwaltet. Der Zerlegungstyp der Variablen $x_i$ ist $d_i$.

**Bemerkung 2.1** *Für die Zerlegung nach Shannon kann anstelle der Oder Operation auch die exklusiv–Oder Operation verwendet werden, da sich die beiden Summanden gegenseitig ausschließen.*

$$f = \overline{x_i} f_i^0 \oplus x_i f_i^1$$

Zur Verdeutlichung verschiedener Eigenschaften zeigen wir einige Abbildungen von DDs. In diesen führt für jeden Knoten $v \in V$ die rechte ausgehende Kante zu $high(v)$ und die linke zu $low(v)$. Die im folgenden Bild erwähnte Komplementmarke führen wir auf Seite 10 ein.

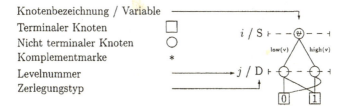

Mit Hilfe der eingeführten Zerlegungstypen können wir nun verschiedene Entscheidungsdiagramm Typen definieren.

**Definition 2.8** *Sei $X_n := \{x_1, \ldots, x_n\}$ eine Menge Boolescher Variablen. Dann seien BDDs. FDDs, pFDDs, nFDDs und KFDDs wie folgt definiert:*

- *Ein **Binary DD** (BDD) über $X_n$ ist ein Entscheidungsdiagramm, das ausschließlich den Zerlegungstypen Shan enthält.*

- *Ein **PositiveFunctional DD** (pFDD) über $X_n$ ist ein Entscheidungsdiagramm, das ausschließlich den Zerlegungstypen pDav enthält.*

- *Ein **NegativeFunctional DD** (nFDD) über $X_n$ ist ein Entscheidungsdiagramm, das ausschließlich den Zerlegungstypen nDav enthält.*

- *Ein **Functional DD** (FDD) über $X_n$ ist ein Entscheidungsdiagramm mit fester DTL $d$, in dem jeder Variablen $x_i \in X_n$ ein eindeutig bestimmter Zerlegungstyp $d_i \in \{pDav, nDav\}$, $\forall d_i \in d$ zugeordnet ist.*

- *Ein **Kronecker Functional DD** (KFDD) über $X_n$ ist ein Entscheidungsdiagramm mit fester DTL $d$, in dem jeder Variablen $x_i \in X_n$ ein eindeutig bestimmter Zerlegungstyp $d_i \in \{Shan, pDav, nDav\}$, $\forall d_i \in d$ zugeordnet ist.*

Die Menge der KFDDs enthält somit die Menge der BDDs, pFDDs, nFDDs und FDDs. Ist das zugrundeliegende DD geordnet, so ist auch das BDD, das pFDD, das nFDD, das FDD beziehungsweise das KFDD geordnet.

Einem OKFDD $G$ mit DTL $d = (d_1, \ldots, d_n)$ ist die Boolesche Funktion $f_G^d : B^n \to B$ folgendermaßen induktiv zugeordnet:
Für terminale Knoten $v \in T$ gilt:

$$f(v) \;=\; 0 \;=:\; f_{const_0} \qquad v = t_0 \qquad (2.4)$$
$$f(v) \;=\; 1 \;=:\; f_{const_1} \qquad v = t_1 \qquad (2.5)$$

und für nicht-terminale Knoten $v \in N$ mit $lab(v) = x_i$ und $DT(x_i) = d_i$ gilt:

$$f(v) \;=\; \overline{x_i}f(low(v)) + x_i f(high(v)) \qquad d_i = Shan \qquad (2.6)$$
$$f(v) \;=\; f(low(v)) \oplus x_i f(high(v)) \qquad d_i = pDav \qquad (2.7)$$
$$f(v) \;=\; f(low(v)) \oplus \overline{x_i}f(high(v)) \qquad d_i = nDav \qquad (2.8)$$

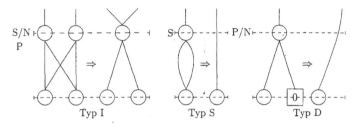

$$
\begin{array}{ccc}
\text{Typ I} & \text{Typ S} & \text{Typ D}
\end{array}
$$

Abbildung 2.2: Reduktionen auf einem OKFDD

Sei der Knoten $w_i \in V$ der Endpunkt der Wurzel $i \in W$ in OKFDD $G = (V, E, W)$ mit DTL $d$. Dann ist die Funktion $f^d_{i,G} = f(w_i)$ die Funktion, die diese Wurzel repräsentiert und $F^d_G = \{f(w_1), \ldots, f(w_{|W|})\}$ das Funktionenbündel über alle Wurzeln. Die Funktionen eines OBDDs $G'$ bezeichnen wir durch $f^{BDD}_{i,G'}$.

*Notation:* Zur Vereinfachung bezeichnet der Term $f^d_{i,G}$ ($f^{BDD}_{i,G}$) im folgenden die Funktion $f^d_{i,G}$ ($f^{BDD}_{i,G}$) der Wurzel $i$ des OKFDDs (OBDDs) $G$ für alle Wurzeln $i \in \{1, \ldots, |W|\}$.

Auf einem DD können verschiedene Reduktionen definiert werden:

**Typ I:** Entferne einen Knoten $v'$, dessen Söhne identisch sind mit den Söhnen eines Knotens $v$ und hänge alle Kanten, die auf $v'$ zeigen, auf $v$ um.

**Typ S:** Entferne einen Knoten $v$, dessen auslaufende Kanten zum gleichen Knoten $v'$ führen und verbinde seine einlaufenden Kanten mit dem entsprechenden Sohn $v'$.

**Typ D:** Entferne alle Knoten $v$ deren *high*–Sohn zur terminalen 0 führen und verbinde seine einlaufenden Kanten mit dem *low*–Sohn.

Die durch die Wurzeln eines OKFDDs dargestellten Funktionen ändern sich nicht, wenn Reduktionen von Typ S nur für Shannon Knoten und Reduktionen vom Typ D nur für Davio Knoten durchgeführt werden und wenn Reduktionen vom Typ I für beliebige nicht terminale Knoten durchgeführt werden. Diese Behauptung wird in [Hett95] bewiesen.

. Die Abhängigkeit von einer Wurzel zum terminalen Knoten $t_0$ (siehe Definition 2.11 auf Seite 11) ändert sich dagegen bei Reduktionen vom Typ D. Dies diskutieren wir genauer in Abschnitt 3.3, Seite 27.

**Definition 2.9** *Ein OKFDD ist* **reduziert**, *genau dann wenn keine Reduktionen mehr auf dieses OKFDD angewendet werden können.*

**Definition 2.10** *Zwei OKFDDs $G_1$ und $G_2$ mit der gleichen DTL d sind* **equivalent**, *genau dann wenn $G_1$ in $G_2$ durch mehrfache Anwendung von Reduktionen und inversen Reduktionen überführt werden kann.*

*Ein OKFDD $G_2$ wird als* **Reduktion** *eines OKFDDs $G_1$ bezeichnet, genau dann wenn $G_1$ und $G_2$ equivalent sind und $G_2$ reduziert ist.*

In [Drechsler95] wird gezeigt, daß die Reduktion eines OKFDDs $G$ in Zeit $O(|G|)$ berechnet werden kann. Ebenso läßt sich aus einem reduzierten OKFDD das dazu äquivalente komplette OKFDD in linearer Zeit berechnen. Auf Details geht [Drechsler95] näher ein. Wir betrachten inverse Reduktionen in Abschnitt 4.5, Seite 53. Basis dieser Arbeit stellen reduzierte OKFDDs dar.

Abbildung 2.2 verdeutlicht die Reduktionstypen. In Abbildung 2.4 zeigen wir ein Beispiel für ein reduziertes OKFDD und darauf ausgeführte mögliche inverse Reduktionen.

**Bemerkung 2.2** *In [Drechsler95] wurde gezeigt, daß ein freies reduziertes DD $G$ kanonisch bezüglich einer DTL d und einer Variablenordnung $\pi$ ist.*

Vorteile im Zusammenhang mit OKFDDs ergeben sich dadurch, daß sie auch kompakte Darstellungen von Funktionen ermöglichen, für die eine Darstellung als OBDD bzw. als OFDD exponentiell groß wäre.

Weiterhin können OKFDDs in ihrer Größe noch reduziert werden, indem man komplementierte Kanten benutzt. Bedingung für die Kanonizität von OBDDs mit komplementierten Kanten finden sich in [Brace90].

Analog können komplementierte Kanten auch im Falle von Davio Knoten benutzt werden [Becker93]. Sei $G$ ein OKFDD und $v$ und $w$ Knoten in $G$. Repräsentieren $v$ und $w$ zueinander inverse Funktionen, d.h. $f(v) = \overline{f}(w)$, so können alle Kanten, die in $w$ enden, auf $v$ umgehängt werden, falls dann zu jeder dieser Kanten vermerkt wird, daß sie an ihren Startpunkt nicht die durch den Knoten $v$ repräsentierte Funktion $f(v)$, sondern die dazu inverse Funktion $\overline{f}(v)$ weiterreicht.

## 2.3 Abhängigkeiten und quasireduzierte OKFDDs

Für unsere Methode der Logiksynthese sind noch zusätzliche Definitionen und Eigenschaften einzuführen. Zunächst definieren wir die Booleschen Bedingungen für die Abhängigkeit eines Knotens $u$ von einem Knoten $v$ in einem nachfolgenden Level in dem OKFDD. Im Anschluß daran erweitern wir die Abhängigkeit auf ganze Pfade.

**Definition 2.11** *Die **Abhängigkeit** eines Knotens $u$ von einem Knoten $v$, formal als $f_{u \to v} : B^n \to B$ notiert, sei definiert durch:*

- $u = v$:
$$f_{u \to u} = 1$$
*Ein Knoten ist per Definition von sich selbst immer abhängig.*

- $v$ *ist Sohn von* $u$:
$f_{u \to v}$ *ergibt sich aus Tabelle 2.1.*

*Die rechte Spalte der Tabelle folgt aus Anwendung des folgenden Punktes auf die beiden linken Spalten. Der Grund: ist $v$ sowohl high- als auch low– Sohn von $u$. so entspricht dies zwei einzelnen Pfaden.*

- $\exists$ *mindestens einen Pfad von $u$ nach $v$:*
$$f_{u \to v} = \bigoplus_{\text{alle Pfade von u nach v}} \prod_{\text{alle Teilpfade } w_i, w_j} f_{w_i \to w_j}$$
*Die Pfade werden durch And realisiert und durch Xor miteinander verknüpft.*

| $f_{u \to v}$ | $\underset{v=low(u)}{\text{(u)} \to \text{(v)}}$ | $\underset{v=high(u)}{\text{(u)} \to \text{(v)}}$ | $\underset{v=low(v)=high(v)}{\text{(u)} \Rrightarrow \text{(v)}}$ |
|---|---|---|---|
| $d_i = Shan$ | $\overline{x_i}$ | $x_i$ | $1$ |
| $d_i = pDav$ | $1$ | $x_i$ | $\overline{x_i}$ |
| $d_i = nDav$ | $1$ | $\overline{x_i}$ | $x_i$ |

Tabelle 2.1: direkte Abhängigkeiten, $lab(u) = x_i$

- *sonst:*

  $f_{u \to v} = 0$

  *Gibt es keinen Pfad von u nach v, so ist u von v unabhängig.*

**Satz 2.1** *Die Abhängigkeit von u nach v ist gleich der Booleschen Funktion, die u repräsentiert, wenn v als terminale Eins und die übrigen terminalen Knoten als terminale Null interpretiert werden.*

**Beweis:** Durch Induktion über die Anzahl der Variablen des OKFDDs.

$\underline{n = 0, n = 1}$

Ergibt sich direkt aus den Punkten 1 und 2 in Definition 2.11.

$\underline{n \to n + 1}$

Die Funktionen für die Abhängigkeit $f_{low(u) \to v}$ und $f_{high(u) \to v}$ sind nach Voraussetzung gleich der Funktionalität der Knoten $low(u)$ und $high(u)$, wenn $v$ als terminaler Eins Knoten und alle anderen terminalen Knoten als terminale Null Knoten betrachtet werden. Die entsprechende Funktion für den Knoten $u$, zerlegt nach der Variablen $x_i$, ist dann:

$$f(u) = \begin{cases} \overline{x_i} \cdot f_{low(u) \to v} \oplus x_i \cdot f_{high(u) \to v} & \text{für } d_{lab(u)} = Shan \\ f_{low(u) \to v} \oplus x_i \cdot f_{high(u) \to v} & \text{für } d_{lab(u)} = pDav \\ f_{low(u) \to v} \oplus \overline{x_i} \cdot f_{high(u) \to v} & \text{für } d_{lab(u)} = nDav \end{cases}$$

$\square$

**Korrollar 2.1** *Aus Satz 2.1 folgt insbesondere für Knoten $v$ in OKFDD $G$ mit terminalem Eins Knoten $t_1$:*

$$f_{v \to t_1} = f(v)$$

*Das heißt, die Abhängigkeit eines Knotens zur terminalen Eins ist gleich der Booleschen Funktion, die dieser Knoten repräsentiert.*

Die Bedeutung von $f_{v \to t_0} = f(v)$ für $G$ mit terminalem Null Knoten $t_0$ klären wir in Abschnitt 3.2.

Die Definition der Abhängigkeiten ist zu komplementierten Kanten nicht verträglich. Die Abhängigkeitsbeziehung zwischen zwei Knoten ist lokal auf die Level dieser beiden Knoten beschränkt. Eine Komplementmarke einer Kante invertiert aber die gesammte Funktion des Sohnes und beeinflußt somit die Abhängigkeiten aller nachfolgenden Level. Die Lokalität der Abhängigkeiten ist aber Vorraussetzung für unser Verfahren. Nur so können wir die Abhängigkeitsmatrizen verschiedener Level parallel als Schaltkreis erzeugen (siehe Kapitel 4).

**Definition 2.12** *Sei $G$ ein OKFDD, $i$ und $j$ zwei Level in $G$. Sei $m_i$ und $m_j$ die Anzahl der Knoten in diesen Leveln. Die Knoten in Level $n \in \{i,j\}$ seien $\{v_n^0, \ldots, v_n^{m_n-1}\}$. Dann ist die **Abhängigkeitsmatrix** $R_{ij}$ eine $m_i \times m_j$ Matrix mit den Elementen $r_{k,l}^{ij} = f_{v_i^k \to v_j^l}$ mit $k \in \{0, \ldots, m_i - 1\}$, $l \in \{0, \ldots, m_j - 1\}$, d.h. die Matrixelemente stellen die Abhängigkeiten von den Knoten in Level $i$ zu den Knoten in Level $j$ dar.*

Zwei Abhängigkeitsmatrizen lassen sich durch eine Boolesche Matrix Multiplikation $BMM : B^{i \cdot j} \times B^{j \cdot k} \to B^{i \cdot k}$ zu einer neuen Matrix verknüpfen. Dies definieren wir im Anschluß. Wir unterscheiden zwischen einer Exor – basierten BMM und einer Or – basierten BMM. Erstere verknüpft die einzelnen Produktterme mit der exklusiven Oder Operation, letztere mit der einfachen Oder Operation.

Da in einem nicht kompletten OKFDD $G$ manche Kanten einen oder mehrere Level überspringen, führen wir eine *erweiterte Boolesche Matrix Multiplikation eBMM* $: B^{i \cdot j} \times B^{j \cdot k} \to B^{i \cdot k}$ ein. Diese bezieht die

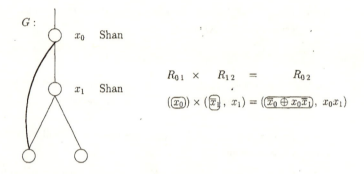

$$R_{0\,1} \quad \times \quad R_{1\,2} \quad = \quad R_{0\,2}$$

$$((\overline{x_0})) \times ((\overline{x_1}), x_1) = ((\overline{\overline{x_0} \oplus x_0 \overline{x_1}}), x_0 x_1)$$

Abbildung 2.3: Erweiterte BMM für einen Graphen $G$. Die Abhängigkeit der hervorgehobenen Kante fließt nicht in die Matrizen $R_{0\,1}$ und $R_{1\,2}$ ein. Sie wird erst an der durch den Start – und Zielknoten ihrer Kante bestimmten Stelle (0,0) in der Matrix $R_{0\,2}$ durch die Oder bzw. exklusiv Oder Operation mit den entsprechenden Produkttermen verknüpft.

Abhängigkeiten von überspringenden Kanten in die Produktmatrix mit ein (Abbildung 2.3). Auch die erweiterte BMM ist je nach Anwendung Exor – oder Or – basiert. Die Abhängigkeitsbedingungen der überspringenden Kanten werden mit den übrigen Produkttermen ebenfalls durch die Oder bzw. exklusive Oder Operation verknüpft.

**Definition 2.13** *Sei $G$ ein OKFDD mit Level $i < j < k$. Sei $m_i, m_j, m_k$ die Anzahl der Knoten in diesen Leveln und $R_{i\,j} \in B^{m_i \cdot m_j}$ mit Elementen $r_{z,s}^{ij}$, $0 \leq z < m_i$, $0 \leq s < m_j$ und $R_{j\,k} \in B^{m_j \cdot m_k}$ mit Elementen $r_{z,s}^{jk}$, $0 \leq z < m_j$, $0 \leq s < m_k$ Abhängigkeitsmatrizen. Dann sei die* **Boolesche Matrix Multiplikation** *definiert durch*

$$BMM: \qquad r_{z,s}^{ik} := \sum_{e=0}^{m_j} r_{z,e}^{ij} \cdot r_{e,s}^{jk} \qquad 0 \leq z < m_i, \ \ 0 \leq s < m_k$$

*und die erweiterte BMM sei definiert durch*

$$eBMM: \quad r_{z,s}^{ik} := u_{z,s}^{ik} + \sum_{e=0}^{m_j} r_{z,e}^{ij} \cdot r_{e,s}^{jk} \qquad 0 \le z < m_i, \quad 0 \le s < m_k$$

*wobei die Summierung entweder exklusiv oder inklusiv ist, je nachdem ob die BMM Exor – oder Or – basiert ist und $u_{z,s}^{ik}$ stelle die Abhängigkeit über eine Kante vom z-ten Knoten in Level i zum s-ten Knoten in Level k dar, wenn es eine solche gibt, andernfalls sei es 0.*

In welchen Fällen die aus einer BMM beziehungsweise aus einer eBMM der Abhängigkeitsmatrizen $R$ und $R'$ resultierende Matrix eine Abhängigkeitsmatrix zu dem $R$ und $R'$ zugrundeliegenden OKFDD ist, diskutieren wir in Abschnitt 4.1 ab Seite 31.

*Notation:* Als **BMM − Reihenfolge** $\mathfrak{R}$ bezeichnen wir die Klammmerung, durch die die Reihenfolge bestimmt wird, in der die Abhängigkeitsmatrizen eines OKFDDs miteinander multipliziert werden bzw. die Menge der Abhängigkeitsmatrizen im Ablauf der Synthese, die sich aus obiger Klammerung ergibt, selbst.

**Definition 2.14** *Sei G ein OKFDD mit den Leveln $i \in \{0, \ldots, n = T\}$.*

- *Eine Matrix, die genau die Abhängigkeiten der Knoten eines Levels i zu den Knoten des Levels $i+1$ enthält, heißt* **primäre Matrix**.

- *Alle anderen Abhängigkeitsmatrizen zu G heißen* **sekundäre Matrizen**.

- *Eine Matrix, die genau die Abhängigkeiten der Knoten eines Levels i zu den Knoten des Levels T enthält, heißt* **terminale Matrix**.

Durch $\Psi = \{R_{0\,1}, R_{1\,2}, \ldots, R_{n-1\,T}\}$. bezeichnen wir die Menge der primären Matrizen.

**Definition 2.15** *Ein OKFDD heißt* **quasireduziert**, *wenn es komplett ist und keine Reduktionen vom Typ I mehr durchgeführt werden können.*

*Ein OKFDD heißt* **partiell quasireduziert**, *wenn es frei ist und keine Reduktionen vom Typ I mehr durchgeführt werden können.*

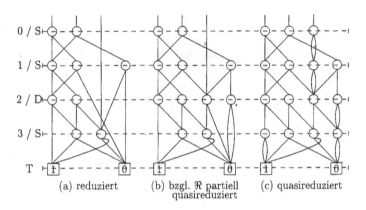

(a) reduziert          (b) bzgl. $\Re$ partiell          (c) quasireduziert
                          quasireduziert

$$\Re = \{R_{0\,1}, R_{1\,2}, R_{2\,3}, R_{3\,T}, R_{0\,2}, R_{2\,T}, R_{0\,T}\}$$

Abbildung 2.4: Reduziertes, pratiell quasireduziertes und quasireduziertes OKFDD der gleichen Funktionalität

*Ein OKFDD heißt **partiell quasireduziert bezüglich einer BMM-Reihenfolge** $\Re$, wenn es partiell quasireduziert ist und folgende Bedingungen gelten:*

- *Es gibt keine Kante $e_{ij}$ von Level $i$ nach Level $j$, zu der es in $\Re$ keine Abhängigkeitsmatrix $R_{ij}$ gibt.*

- *Es gibt keine Wurzel $w$ zu einem Knoten in Level $i$, zu der es in $\Re$ keine Abhängigkeitsmatrix $R_{iT}$ gibt.*

- *Es können keine Reduktionen mehr durchgeführt werden, ohne daß eine der beiden ersten Bedingungen verletzt wird.*

Für quasireduzierte OKFDDs lassen sich folgende Eigenschaften nachweisen:

**Satz 2.2 (a)** *Quasireduzierte OKFDDs sind kanonische Repräsentationen für Boolesche Funktionen, falls die Dekompositionstypliste und die Variablenordnung fest gewählt sind.*

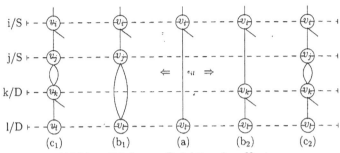

Abbildung 2.5: Inverse Reduktion einer Kante $e_{il}$

**(b)** *Bezüglich $\Re$ partiell quasireduzierte OKFDDs sind kanonische Repräsentationen für Boolesche Funktionen, falls die Dekompositionstypliste, die Variablenordnung und eine BMM – Reihenfolge $\Re$ fest gewählt sind.*

**Beweis: Teil 1: Existenz** Nach [Drechsler95] sind reduzierte OKFDDs mit vorgegebener Variablenordnung und DTL $d$ eindeutige Repräsentationen für Boolesche Funktionen. Betrachten wir ein reduziertes OKFDD $G = (V, E, W)$. Jede levelübergreifende Kante läßt sich durch eine inverse Reduktion vom Typ $S$ oder vom Typ $D$ so umformen, daß $G$ den in Definition 2.15 geforderten Bedingungen entspricht. Die Existenz der quasireduzierten und bezüglich $\Re$ partiell quasireduzierten OKFDDs ist somit gewährleistet.

**Teil 2: Eindeutigkeit** In quasireduzierten OKFDDs sind keine zwei Knoten zugelassen, die durch eine Reduktion vom Typ I zu einem Knoten reduziert werden können. Wenn also zwei Kanten im selben Knoten $v_l$ enden und in Level $j$ zu unterbrechen sind, dann geschieht dies durch einen gemeinsamen Knoten $v_j$. Ein Beispiel hierzu findet man in Abbildung 2.5 (b$_1$) und (c$_1$). Die ausgehenden Kanten von Knoten $v_j$ in (b$_1$) werden durch den Knoten $v_l$ in (c$_1$) unterbrochen.

Da schon gezeigt wurde, daß reduzierte OKFDDs kanonisch sind bezüglich der Variablenordnung und der Zerlegungstypliste, genügt es nun zu zeigen, daß die Reihenfolge der inversen Reduktionen keinen Einfluß auf die quasireduzierte Darstellung des OKFDDs hat. Dazu betrachten wir eine beliebige Kante oder Wurzel $e_{il} \in E \cup W$, die die Level $j$ und $k$ übergreift. Abbildung 2.5 zeigt zwei unterschiedliche Reihenfolgen. Einmal wird $e_{il}$ zuerst in Level $j$ unterbrochen, zum anderen wird $e_{il}$ zuerst in Level $k$ unterbrochen. Die neuen Knoten $v_j$ beziehungsweise $v_k$ werden nur eingefügt, wenn sie noch nicht existieren. Existieren sie schon, so werden die entsprechenden Kanten nur verbogen.

Wir zeigen nun, daß es zu dieser levelübergreifenden Kante $e_{il}$ genau einen redundanten Knoten in Level $j$ gibt, der diese Kante unterbricht. Die Eindeutigkeit folgt hieraus.

- Wird $e_{il}$ zuerst in Level $j$ durch $v_j$ unterbrochen und ist $lab(v_j) = Shan$, so enden beide auslaufenden Kanten von $v_j$ in $v_l$. Sei $v'_k$ der Knoten, der diese beiden auslaufenden Kanten in Level $k$ im nächsten Schritt unterbricht.

  Sei in der anderen Reihenfolge $v_k$ der Knoten, der die Kante $e_{il}$ in Level $k$ unterbricht. Weil sowohl $e_{il}$ als auch die beiden von $v_j$ auslaufenden Kanten in $v_l$ enden ist $v_k = v'_k$.

- Wird $e_{il}$ zuerst in Level $j$ durch $v_j$ unterbrochen und ist $lab(v_j) \neq Shan$, so gilt für die aus $v_j$ auslaufende Kante zu $low(v_j)$ das gleiche wie oben. Die auslaufende Kante zu $high(v_j)$ endet allerdings in einem Knoten der Funktionalität Null und bedarf einer genaueren Betrachtung.

  Sind keine negierten Kanten zugelassen, so entsteht durch die Quasireduzierung die sogenannte **Null−Kette** und die **Eins−Kette**. Diese bestehen aus je einem Knoten pro Level, der die Boolesche Funktion 0 beziehungsweise 1 darstellt und sind eindeutig durch die Vermeidung funktional gleicher Knoten.

  Sind negierte Kanten zugelassen, so ist für die Kanonizität die Konvention nötig, daß es nur einen terminalen Knoten gibt, und daß entweder nur die Kanten zu den jeweiligen $low$–Söhnen oder die zu den jeweiligen $high$–Söhnen komplementiert sein dürfen. Sei dies o.B.d.A. der terminale Eins Knoten und die Kanten zu

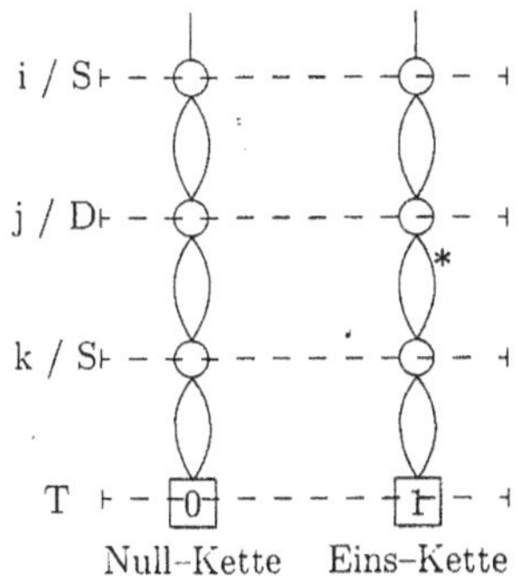

Abbildung 2.6: Knoten konstanter Funktionalität

den *high*–Söhnen. Diese Konvention ist in der uns zur Implementierung zur Verfügung stehenden OKFDD–Klasse[2] vereinbart. Dann entsteht durch die Quasireduzierung nur die *Eins*– *Kette*. Die Kanten zu den rechten Söhnen redundanter Davio – Knoten sind dann komplementiert und enden auf einem Element dieser Kette.

Der rechte Sohn eines in einem nach Davio zerlegten Level eingefügten Knotens ist immer der nächste Knoten in der Null– beziehungsweise Eins–Kette. Dadurch ist gewährleistet, daß unabhängig von der Reihenfolge der Quasireduzierungsschritte immer das gleiche quasireduzierte OKFDD entsteht. □

Weiteres zu den Ketten findet sich im Kapitel zur Implementierung, Abschnitt 8.3.2.

---

[2]In [Hett95] wird diese Klasse beschrieben.

# Kapitel 3

# Die Abhängigkeit zur terminalen Null

Bei der Darstellung der Funktion eines OKFDDs durch Abhängigkeitsmatrizen erhalten wir zusätzlich die Abhängigkeit zum terminalen Null Knoten. Diese kann ohne großen Mehraufwand in die Beschreibung des Schaltkreises integriert werden.

Um die Funktionalität dieser Abhängigkeit zu berechnen, betrachten wir zunächst OBDDs. Die Abhängigkeit eines Knotens $v$ zu seinem $low$–Sohn ist gleich der Negation der Abhängigkeit zu seinem $high$–Sohn. Somit ist die Abhängigkeit zur terminalen Null für OBDDs gleich der Negation der Funktion des OBDDs, formal $f_{v \to t_0} = \overline{f}_{v \to t_1} = \overline{f}_G^{BDD}$. In [Ishiura92] wird dies gezeigt.

Wir suchen nun nach einer Möglichkeit, die Abhängigkeit zur terminalen Null auch für OKFDDs zu ermitteln. In [Drechsler95] wird die allgemeine $\tau$ – Funktion vorgestellt. Mit deren Hilfe können die Beziehungen zwischen kompletten OBDDs und OKFDDs beschrieben werden.

## 3.1 Die allgemeine $\tau$– Funktion

Wir fassen die Definitionen und Ergebnisse bezüglich der allgemeinen $\tau$ – Funktion aus [Drechsler95], soweit wir sie benötigen, zusammen.

Die von einem DD repräsentierte Funktion ist abhängig davon, wie dieses DD interpretiert wird, unterschiedlich. Interpretieren wir das DD als OBDD so ergibt sich eine andere Funktion, als wenn wir es als OFDD interpretieren. Die von einem DD repräsentierte Funktion ist also abhängig von der Zerlegungstypliste $d$.

Wir untersuchen die Beziehung zwischen Funktionen, die durch das gleiche DD bei unterschiedlicher DTL $d$ repräsentiert werden. Die vorgestellte Beziehung kann dann benutzt werden um für ein OKFDD zu bestimmen, welche Funktion durch die Abhängigkeit zur terminalen Null ausgedrückt wird.

Sei im folgenden $G$ ein komplettes geordnetes DD und seien $a = (a_1, \ldots, a_n)$, $b = (b_1, \ldots, b_n)$ feste Belegungen zu den Variablen $x_1, \ldots, x_n$ in $G$. Wir interpretieren $G$ einmal als OKFDD mit DTL $d = (d_1, \ldots, d_n) \in \{Shan, pDav, nDav\}^n$ und einmal als OBDD.

Man betrachte folgende Relation $\leq_{d_i}$:

**Definition 3.1** *Sei $d = (d_1, \ldots, d_n)$ eine DTL und für alle $i \in \{1, \ldots, n\}$ sei*

$$a_i \leq_{d_i} b_i = \begin{cases} a_i \leq b_i & : \quad d_i = pDav \\ a_i \leq \overline{b_i} & : \quad d_i = nDav \\ a_i = b_i & : \quad d_i = Shan \end{cases}$$

*Dann ist die Relation $\leq_d$ in $\mathbf{B^n}$ wie folgt definiert:*

$$(a_1, \ldots, a_n) \leq_d (b_1, \ldots, b_n) \Leftrightarrow \text{alle Komponenten } i \text{ erfüllen } a_i \leq_{d_i} b_i$$

Man beachte, daß für zwei Elemente $x$ und $y$ aus $\mathbf{B^n}$ gilt: $x_i \leq y_i \Leftrightarrow \overline{y_i} \leq \overline{x_i}$ Eine analoge Beziehung gibt es für $\leq_d$ nicht.

Mit dieser Relation läßt sich nun die allgemeine $\tau$ – Funktion definieren.

**Definition 3.2** *Sei $f : \mathbf{B}^n \to \mathbf{B}$ und $d = (d_1, \ldots, d_n)$ mit $d_i \in \{Shan, pDav, nDav\}$ für alle $i$. Die allgemeine $\tau$ – Funktion $\tau_d(f)$ ist definiert durch*

$$\tau_d(f)(x) := \bigoplus_{y \leq_d x} f(y).$$

$\tau_d$ is somit für eine fest gewählte DTL $d$ eine Abbildung, die jede Boolesche Funktion $f : \mathbf{B}^n \to \mathbf{B}$ auf eine Boolesche Funktion $\tau_d(f)$ abbildet.

Zunächst werden einige grundlegende Eigenschaften der allgemeinen $\tau$ – Funktion vorgestellt.

Sei $d$ eine DTL und $f$ und $g$ Boolesche Funktionen. Dann gilt:

$$\tau_d \text{ für } d = \emptyset \text{ ist die Identität.} \tag{3.1}$$

$$\tau_d^{-1}(\tau_d(f)) = f, \text{ wobei } \tau_d^{-1}(f)(x) := \bigoplus_{\overline{x} \leq_d \overline{y}} f(y). \tag{3.2}$$

$$\tau_d \text{ ist eine Bijektion.} \tag{3.3}$$

$$\tau_d(f \oplus g) = \tau_d(f) \oplus \tau_d(g) \tag{3.4}$$

und insbesondere gilt für ein komplettes DD $G$ und eine DTL $d$:

$$f_G^d = \tau_d \left( f_G^{BDD} \right) \tag{3.5}$$

$$f_G^{BDD} = \tau_d^{-1} \left( f_G^d \right). \tag{3.6}$$

Die zugehörigen Beweise finden sich in [Drechsler95]. Es sei noch erwähnt, daß diese Eigenschaften nur für komplette DDs gelten, jedes freie DD aber in polynomieller Zeit in ein komplettes DD transformiert werden kann. Das Größenwachstum liegt nach [Drechsler95] bei $4 \cdot n$ mit $n=$ Anzahl der Variablen und ist damit aus $O(n)$.

## 3.2   Die σ – Funktion

Für ein OBDD kennen wir die Funktion die durch die Abhängigkeit zur terminale Null repräsentiert wird. In Abschnitt 2.3 erwähnten wir, daß dies die Negation der Funktion ist, die das OBDD darstellt. Außerdem ist es mit Hilfe der $\tau$ – Funktion möglich die Beziehungen zwischen den Funktionen zu beschreiben, die man erhält wenn man ein DD mit verschiedenen Zerlegungstypenlisten interpretiert.

Unser Ausgangspunkt ist nun ein komplettes OKFDD $G$ mit DTL $d$. Betrachten wir die Funktion, die dieses DD als OBDD interpretiert repräsentiert, so erhalten wir die Funktion der Abhängigkeit zur terminalen

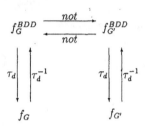

Abbildung 3.1: Funktionalität bei invertierten Terminalen

Null im OBDD durch Negation. Nun wird diese Funktion mit Hilfe der $\tau$ – Funktion wieder auf das OKFDD abgebildet (siehe Abbildung 3.1).

Um die Abhängigkeit zum terminalen Null Knoten eines OKFDDs zu beschreiben führen wir die folgende Definition ein.

**Definition 3.3** *Die $\sigma$-Funktion ist definiert durch:*

$$\sigma_d(f_G^d) := \tau_d(\overline{\tau_d^{-1}(f_G^d)})$$

Dann ergibt sich die Funktionalität eines DDs mit vertauschten Terminalknoten durch diese Funktion, formal gilt:

**Satz 3.1** *Sei G ein komplettes OKFDD mit DTL d und sei OKFDD G' durch Vertauschen der Terminalknoten Null und Eins aus G entstanden. Dann gilt:*

$$f_{G'}^d = \sigma_d(f_G^d)$$

**Beweis:** Die Behauptung wird durch Induktion nach der Anzahl $n$ der Variablen in $G$ bewiesen:

$\underline{n = 0}$ Aus Eigenschaft 3.1 von $\tau_d$ folgt:

$$\tau_d(f_{const_0}) = 0 \quad , \quad \tau_d(f_{const_1}) = 1$$
$$\Rightarrow \sigma_d(f_{const_0}) = 1 \quad , \quad \sigma_d(f_{const_1}) = 0$$

$\underline{n-1 \to n}$ Sei $x_i$ die Zerlegungsvariable der Wurzel $v$ in $G$ und $low(v)$ sowie $high(v)$ die Wurzeln der Teilgraphen $G_0$ und $G_1$. Dann ist $x_i$ auch Zerlegungsvariable der Wurzel $v'$ in $G'$ und $low(v')$ sowie $high(v')$ sind die Wurzeln der Teilgraphen $G'_0$ und $G'_1$. Sei $[x]_i := (x_1, \ldots, x_{i-1}, x_{i+1}, \ldots, x_n)$. Nach Voraussetzung sind dann $G_0$, $G_1$, $G'_0$ und $G'_1$ komplette DDs über $[x]_i$ und es gilt:

$$f^d_{G'_0} = \sigma_d(f^d_{G_0})$$

$$f^d_{G'_1} = \sigma_d(f^d_{G_1})$$

Seien $[y]_i := (y_1, \ldots, y_{i-1}, y_{i+1}, \ldots, y_n)$ und $[z]_i := (z_1, \ldots, z_{i-1}, z_{i+1}, \ldots, z_n)$. In Abhängigkeit vom Zerlegungstyp von $x_i$ sei nun $\xi_l, \xi_h \in \{x_i, \overline{x}_i, 1\}$ jeweils so gewählt, daß die Zerlegungen nach Shannon oder Davio realisiert werden:

| $d_i$ | $\xi_l$ | $\xi_h$ |
|-------|---------|---------|
| $Shan$ | $\overline{x}_i$ | $x_i$ |
| $pDav$ | $1$ | $x_i$ |
| $nDav$ | $1$ | $\overline{x}_i$ |

$$
\begin{aligned}
f^d_{G'}(x) &= \xi_l \cdot f^d_{G'_0}([x]_i) \oplus \xi_h \cdot f^d_{G'_1}([x]_i) \\[2mm]
&= \xi_l \cdot \sigma_d(f^d_{G_0})([x]_i) \oplus \xi_h \cdot \sigma_d(f^d_{G_1})([x]_i) \\[2mm]
&= \xi_l \cdot \tau_d(\overline{\tau_d^{-1}(f^d_{G_0})})([x]_i) \oplus \xi_h \cdot \tau_d(\overline{\tau_d^{-1}(f^d_{G_1})})([x]_i) \\[2mm]
&= \xi_l \cdot \bigoplus_{[z]_i \leq_d [x]_i} \overline{\bigoplus_{\overline{[z]}_i \leq_d \overline{[y]}_i} f^d_{G_0}([y]_i)} \oplus \xi_h \cdot \bigoplus_{[z]_i \leq_d [x]_i} \overline{\bigoplus_{\overline{[z]}_i \leq_d \overline{[y]}_i} f^d_{G_1}([y]_i)} \\[2mm]
(*) \quad &= \bigoplus_{z \leq_d x} \overline{\bigoplus_{\overline{z} \leq_d \overline{y}} f^d_G(y)} \\[2mm]
&= \tau_d(\overline{\tau_d^{-1}(f^d_G)})(x) \\[2mm]
&= \sigma_d(f^d_G)(x)
\end{aligned}
$$

Der mit ($*$) markierte Schritt wird klar, wenn man sich die Fälle $d_i = Shan$, $d_i = pDav$ und $d_i = nDav$ getrennt anschaut. Wir zeigen diesen Schritt für den Fall $d_i = pDav$. Für die beiden anderen Fälle läuft dieser Schritt analog ab. Zu beachten ist bei der Betrachtung der einzelnen Fälle, daß die richtigen Cofaktoren entsprechend Definition 2.7, Seite 6 verwendet werden. Im Fall $d_i = pDav$ sind dies $f_i^0$ und $f_i^2$ und für $d_i = pDav$ ist $\xi_l = 1$ und $\xi_h = x_i$.

$$1 \cdot \bigoplus_{[z]_i \leq_d [x]_i} \overline{\bigoplus_{\overline{[z]}_i \leq_d \overline{[y]}_i} f_{G_0}^d([y]_i)} \oplus x_i \cdot \bigoplus_{[z]_i \leq_d [x]_i} \overline{\bigoplus_{\overline{[z]}_i \leq_d \overline{[y]}_i} f_{G_1}^d([y]_i)}$$

$$= 1 \cdot \bigoplus_{[z]_i \leq_d [x]_i} \overline{\bigoplus_{\overline{[z]}_i \leq_d \overline{[y]}_i} f_G^d(y\,|_{y_i=0})} \oplus x_i \cdot \{ \bigoplus_{[z]_i \leq_d [x]_i} \overline{\bigoplus_{\overline{[z]}_i \leq_d \overline{[y]}_i} f_G^d(y\,|_{y_i=0})}$$

$$\oplus \bigoplus_{[z]_i \leq_d [x]_i} \overline{\bigoplus_{\overline{[z]}_i \leq_d \overline{[y]}_i} [\underbrace{f_G^d(y\,|_{y_i=0}) \oplus f_G^d(y\,|_{y_i=0})}_{= 0} \oplus f_G^d(y\,|_{y_i=1})]}\}$$

$$= 1 \bigoplus_{z \leq_d x} \overline{\bigoplus_{\overline{z} \leq_d \overline{y}} f_G^d(y)}\,|_{x_i=0} \oplus x_i \cdot \{ \bigoplus_{z \leq_d x} \overline{\bigoplus_{\overline{z} \leq_d \overline{y}} f_G^d(y)}\,|_{x_i=0}$$

$$\oplus \bigoplus_{z \leq_d x} \overline{\bigoplus_{\overline{z} \leq_d \overline{y}} f_G^d(y)}\,|_{x_i=1}\}$$

$$= \bigoplus_{z \leq_d x} \overline{\bigoplus_{\overline{z} \leq_d \overline{y}} f_G^d(y)}$$

Der Schritt von Zeile 2 zu Zeile 3 folgt aus folgender Überlegung:

$$x_i = 1 \stackrel{z \leq_d x}{\Longrightarrow} z_i = 0 \stackrel{\overline{z} \leq_d \overline{y}}{\Longrightarrow} y_i = 0$$

$$x_i = 0 \stackrel{z \leq_d x}{\Longrightarrow} \begin{cases} z_i = 0 \stackrel{\overline{z} \leq_d \overline{y}}{\Longrightarrow} y_i = 0 \\ z_i = 1 \stackrel{\overline{z} \leq_d \overline{y}}{\Longrightarrow} \begin{cases} y_i = 0 \\ y_i = 1 \end{cases} \end{cases}$$

$\square$

Da die Abhängigkeit der Wurzel eines DDs zur terminalen Eins gleich der Funktionalität eines DDs ist folgt aus Satz 3.1 direkt:

**Korrollar 3.1** $\sigma_d(f_G^d)$ ist gleich der booleschen Abhängigkeit von der Wurzel von $G$ zur terminalen Null $t_0$.

$$f_{v \to t_0} = \sigma_d(f_G^d)$$

## 3.3 Die Abhängigkeit zur terminalen Null in nicht kompletten OKFDDs

Die Definition der $\tau$-Funktion beschränkt sich auf komplette OKFDDs. Auch die $\sigma$-Funktion ist auf komplette OKFDDs eingeschränkt, da sie auf die $\tau$-Funktion aufbaut.

Wir wollen nun untersuchen, wie sich die Abhängigkeit zur terminalen Null zu den vorgestellten Reduktionstypen verhält, denn in der Praxis werden im allgemeinen reduzierte OKFDDs eingesetzt. Es sei an dieser Stelle noch einmal erwähnt, daß die Abhängigkeit zur terminalen Null der Funktion des OKFDDs mit vertauschten Terminalen entspricht.

Komplette OKFDDs können funktional gleiche Knoten enthalten. Solche Knoten können aber auch durch Reduktionen vom Typ I zusammengefasst werden. Sei $G$ ein komplettes aber nicht quasireduziertes OKFDD, d.h. $G$ enthalte mindestens zwei funktional gleiche Knoten. Die Abhängigkeiten dieser beiden Knoten zu den Terminalen sind gleich, auch nach einem Vertauschen der Terminale. Die Reduktion vom Typ I beeinflußt die Abhängigkeit zu den Terminalen also nicht. Die hervorgehobenen Kanten in Abbildung 3.2 stellen die Abhängigkeiten zur terminalen Null dar. Im linken Teil des Bildes ist zu sehen, daß diese durch die Reduktion vom Typ I nicht beeinflußt werden.

Die Abhängigkeit eines redundanten Shannon–Knotens zu seinem Sohn ist gleich 1. Somit beeinflußt die Reduktion dieses Knotens die Abhängigkeit zur terminalen Null ebenfalls nicht. Durch ein Vertauschen der Terminalknoten entstehen dann keine neuen Reduzierungsmöglichkeiten.

Dies hat insbesondere für OBDDs eine Bedeutung. Der Unterschied zwischen einem partiell quasireduzierten und dem dazu korrespondierenden vollständig quasireduzierten OBDD besteht nur in vom Typ S redun-

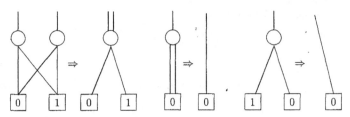

Reduktion vom Typ I     Reduktion vom Typ S   Reduktion vom Typ D

Abbildung 3.2: Einfluß der Reduktionen auf die Abhängigkeit zur terminalen Null

danten Knoten. Die Abhängigkeit zur terminalen Null in nicht kompletten OBDDs ist also gleich der Abhängigkeit in den dazu korrespondierenden kompletten OBDDs. Die hervorgehobenen Kanten im mittleren Teil von Abbildung 3.2 zeigen, daß die von ihnen dargestellten Abhängigkeiten zur terminalen Null auch durch die Reduktion vom Typ S nicht beeinflußt werden.

Bei Reduktionen vom Typ D ist die Abhängigkeit über eine rechte Kante eines Davio – Knotens verschieden von 1 und darf somit nicht wegfallen. Da Reduktionen vom Typ D auf Davio Knoten angewendet werden, deren rechte Söhne die terminale Null sind, wird die Abhängigkeit zur terminalen Eins und somit der eigentlichen Funktion nicht beeinflußt. Die Abhängigkeit zur terminalen Null geht aber verloren. Die hervorgehobenen Kanten im rechten Teil von Abbildung 3.2 zeigen, wie die von ihnen dargestellten Abhängigkeiten zur terminalen Null durch die Reduktion vom Typ D verloren gehen.

Wir haben mit der $\sigma$–Funktion eine Beschreibung für die Abhängigkeit zur terminalen Null in kompletten OKFDDs gefunden. Die Negation der Funktion des DDs ist eine Beschreibung für die Abhängigkeit zur terminalen Null in OBDDs. Für alle anderen OKFDDs läßt sich keine Beschreibung der Abhängigkeit zur terminalen Null in Abhängigkeit von der Funktion des OKFDDs finden.

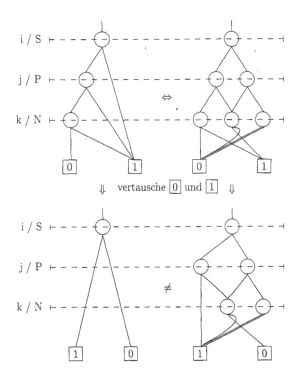

Abbildung 3.3: Vertauschen der Terminale im reduzierten (links) und im kompletten OKFDD (rechts).

In Abbildung 3.3 zeigen wir ein Beispiel, wie sich die Abhängigkeit zur terminalen Null durch Reduktionen verändert. Das OKFDD links oben ist die Reduktion des kompletten OKFDDs rechts oben. Durch Vertauschen der Terminale wird die jeweilige Funktion des OKFDDs durch die Abhängigkeit zur terminalen Null ersetzt. Die unteren OKFDDs stellen somit jeweils die Abhängigkeit zur terminalen Null dar. Der Unterschied zwischen ihnen wird dadurch besonders deutlich, daß die unteren OKFDDs bereits reduziert sind.

# Kapitel 4

# OKFDD basierte Schaltkreissynthese

In diesem Kapitel erfassen wir die Informationen eines OKFDDs zunächst in Abhängigkeitsmatrizen. Diese lassen sich dann mittels Boolescher Matrix Multiplikation in Schaltkreise umsetzen. Dieser Ansatz ist zunächst auf komplette OKFDDs eingeschränkt. In Abschnitt 2.2 zeigten wir, daß aus jedem OKFDD durch Umformung ein komplettes OKFDD in linearer Zeit erstellt werden kann. Schließlich beschreiben wir verschiedene Erweiterungen unseres Ansatzes zur Schaltkreissynthese.

## 4.1 Die OKFDD – Darstellung über Abhängigkeiten

Die Funktion eines Knotens in einem OKFDD und damit die Funktion des OKFDDs selbst, läßt sich durch die Einführung der Abhängigkeitsmatrizen leicht darstellen. Wir betrachten zunächst komplette OKFDDs.

**Satz 4.1** *Sei $G$ ein komplettes OKFDD über den Variablen $x_0, \ldots, x_{n-1}$ und seien $R_{0\,1}, \ldots, R_{n-1\,T}$ die primären Abhängigkeitsmatrizen zu $G$. Sei $v_j^i$ $j \in \{0, \ldots, m_i - 1\}$ der $j$-te Knoten in Level $i$ $i \in \{0, \ldots, n - 1\}$.*

31

*Seien die sekundären Abhängigkeitsmatrizen $R_{i\,T}$ durch die Formel*

$$R_{i\,T} = (R_{i\,i+1} \times_i (R_{i+1\,i+2} \times_{i+1} (\ldots \times_{n-3} (R_{n-2\,n-1} \times_{n-2} (R_{n-1\,T}))\ldots)))$$

*berechnet worden, wobei $\times_i$ für $d_i \neq Shan$ eine Exor - basierte Boolesche Matrix Multiplikation und sonst eine beliebig basierte Boolesche Matrix Multiplikation darstellt. Dann gilt*

$$R_{i\,T} = \begin{pmatrix} f_{v_0^i \to t_0} & , & f_{v_0^i \to t_1} \\ \vdots & , & \vdots \\ f_{v_{m_i-1}^i \to t_0} & , & f_{v_{m_i-1}^i \to t_1} \end{pmatrix} \quad i \in \{0, \ldots, n-1\}$$

**Beweis:** durch Induktion über die Anzahl der Level $l$ $l = n - i$, $l \in \{1, \ldots, n\}$, die $R_{i\,T}$ beinhaltet.

$l = 1$ zu zeigen ist:   $r_{z,s}^{n-1\,T} = f_{v_z^{n-1} \to t_s}$  $0 \leq z < m_{n-1}$, $s \in \{0, 1\}$
Dies folgt direkt aus Definition 2.11 der Abhängigkeitsmatrix auf Seite 11.

$l \to l + 1$

$$R_{i-1\,T} \;=\; R_{i-1\,i} \times R_{i\,T}$$

$$= \begin{pmatrix} f_{v_0^{i-1} \to v_0^i} & ,\ldots, & f_{v_0^{i-1} \to v_{m_i-1}^i} \\ \vdots & ,\ldots, & \vdots \\ f_{v_{m_{i-1}-1}^{i-1} \to v_0^i} & ,\ldots, & f_{v_{m_{i-1}-1}^{i-1} \to v_{m_i-1}^i} \end{pmatrix} \times \begin{pmatrix} f_{v_0^i \to t_0} & , & f_{v_0^i \to t_1} \\ \vdots & , & \vdots \\ f_{v_{m_i-1}^i \to t_0} & , & f_{v_{m_i-1}^i \to t_1} \end{pmatrix}$$

$$= \begin{pmatrix} \sum\limits_{\alpha=0}^{m_i-1} f_{v_0^i \to v_\alpha^i} \cdot f_{v_\alpha^i \to t_0} & , & \sum\limits_{\alpha=0}^{m_i-1} f_{v_0^i \to v_\alpha^i} \cdot f_{v_\alpha^i \to t_1} \\ \vdots & , & \vdots \\ \sum\limits_{\alpha=0}^{m_i-1} f_{v_{m_{i-1}-1}^i \to v_\alpha^i} \cdot f_{v_\alpha^i \to t_0} & , & \sum\limits_{\alpha=0}^{m_i-1} f_{v_{m_{i-1}-1}^i \to v_\alpha^i} \cdot f_{v_\alpha^i \to t_1} \end{pmatrix}$$

$$= \begin{pmatrix} f_{v_0^{i-1} \to t_0} & , & f_{v_0^{i-1} \to t_1} \\ \vdots & , & \vdots \\ f_{v_{m_{i-1}-1}^{i-1} \to t_0} & , & f_{v_{m_{i-1}-1}^{i-1} \to t_1} \end{pmatrix}$$

Die zweite Zeile folgt aus der ersten durch Anwendung der Definition 2.11 auf $R_{i-1\,i}$ und durch Anwendung der Induktionsannahme auf $R_{i\,T}$. Die dritte Zeile erhalten wir durch die Ausführung der Booleschen Matrix Multiplikation, wobei die Summe $\sum$ für $d_{i-1} \neq Shan$ exklusiv ausgeführt wird. Definition 2.11 führt uns zu Zeile vier. $\Box$

Aus Satz 2.1 folgt direkt:

**Korrollar 4.1** *Die rechte Spalte der Matrix $R_{0\,T}$ stellt die Funktion $f_G^d$ des OKFDDs G dar.*

Auf die linke Spalte dieser Matrix sind wir in Kapitel 3.2 bereits näher eingegangen.

Leider entsteht durch Kanten, die Level überspringen, folgendes Problem. Seien $e_{ik}$ und $e_{jl}$ Kanten in den Leveln $i < j < k < l$ des OKFDDs G. Dann kann die Abhängigkeitsbedingung von $e_{ik}$ nur in den Matrizen $R_{i\,k'}$, $k' \geq k$ erfaßt werden. Um nun die Funktion $f_G^d$ zu erhalten, ist eine Boolesche Matrix Multiplikation $R_{i\,k'} \times R_{k'T}$ auszuführen. Die Abhängigkeitsbedingung von $e_{jl}$ kann aber weder in der Matrix $R_{k'T}$ enthalten sein, noch durch eine erweiterte Boolesche Matrix Multiplikation erfaßt werden.

Eine Besonderheit stellen die Wurzeln in shared OKFDDs dar. Hier zeigen nicht alle Wurzeln zwangsläufig auf Knoten im obersten Level. Durch inverse Reduktionen lassen sich auch diese Wurzeln in den obersten Level verlegen.

Es ist aber möglich, bestimmte levelübergreifende Kanten bestehen zu lassen. Diese Möglichkeit diskutieren wir in Abschnitt 4.4.1.

## 4.2   Beschreibung von Schaltkreisen

Ein Schaltkreis kann als eine Menge von Zellen und Signalen aufgefaßt werden. Die Zelltypen werden zu einer Zellbibliothek zusammengefaßt. Elementare Bestandteile jeder Zellbibliothek sind primäre Ein- und

Zellausgänge

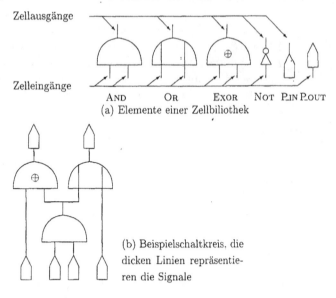

Zelleingänge

AND     OR     EXOR    NOT   P.IN P.OUT
(a) Elemente einer Zellbiliothek

(b) Beispielschaltkreis, die
dicken Linien repräsentieren die Signale

Abbildung 4.1: Elementare Zellbibliothek

Ausgänge und Zellen mit konstanten Ausgängen 0 bzw. 1. In der Re-
gel umfaßt eine Zellbibliothek auch Grundgatter vom Typ AND , OR ,
NOT und ggf. EXOR . Eine Zelle besteht aus einer Folge von Ein- und
Ausgängen und realisiert eine logische Verknüpfung der Eingänge. Die Si-
gnale verbinden jeweils einen Ausgang einer Zelle mit Eingängen anderer
Zellen. Abbildung 4.1 zeigt die Symbole, die wir für die oben erwähnten
Grundgatter verwenden.

Wir beschränken uns auf kombinatorische Schaltkreise, da sich sequen-
tielle Schaltkreise nicht durch OKFDDs darstellen lassen.

Schaltkreise, bei denen es zu jedem Ausgang einen funktional invertierten Ausgang und zu jedem Eingang einen zweiten Eingang gibt, der
mit dem zu dem Eingangssignal des ersten Einganges invertierten Signal
gespeist wird, bezeichnet man als *Zwei – Weg Logik* Schaltkreis. Andere Schaltkreise werden als *Ein – Weg Logik* Schaltkreise bezeichnet. Wir

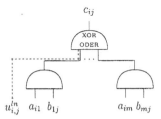

$$
\begin{pmatrix}
a_{1\,1} \cdots a_{1\,m} \\
\vdots \qquad \vdots \\
\underline{(a_{i\,1} \cdots a_{i\,m})} \\
\vdots \qquad \vdots \\
a_{l\,1} \cdots a_{l\,m}
\end{pmatrix}
\times_\alpha
\begin{pmatrix}
b_{1\,1} \cdots \boxed{b_{1\,j}} \cdots b_{1\,n} \\
\vdots \qquad \vdots \qquad \vdots \\
b_{m\,1} \cdots \underbrace{b_{m\,j}} \cdots b_{m\,n}
\end{pmatrix}
=
\begin{pmatrix}
c_{1\,1} & \cdots & c_{1\,n} \\
 & \ddots & \\
\vdots & \boxed{(c_{i\,j})} & \vdots \\
 & & \ddots \\
c_{l\,1} & \cdots & c_{l\,n}
\end{pmatrix}
$$

Abbildung 4.2: Teilschaltkreis für ein Element einer BMM
Nur bei der eBMM: $u_{i,j}^{ln}$ als PI für levelübergreifende Kanten $e_{ln}$

bezeichnen diese Unterscheidung als *Logik Typ*.

## 4.3 Verschiedene OKFDD – Schaltkreise

Betrachten wir ein OKFDD $G$. Um Satz 4.1 anwenden zu können, muß $G$ komplett sein. Im folgenden sei $G$ quasireduziert und damit, wie vorausgesetzt, komplett. Die Wurzeln sollen durch inverse Reduktionen in Knoten im obersten Level enden.

### 4.3.1 Von Abhängigkeiten zu Schaltkreisen

Mit Hilfe der Abhängigkeiten des OKFDDs läßt sich nun ein Schaltkreis synthetisieren.

Zunächst werden für alle primären Matrizen $R_{i\,i+1}$ Schaltkreiselemente erzeugt. Hierbei handelt es sich nur um primäre und negierte Eingänge und konstante Signale, da sich die Abhängigkeiten in primären Matrizen nur über jeweils eine Variable ergeben. Dann werden die sekundären Matrizen $R_{i\,T}$, $0 \leq i < n-1$ durch Boolesche Matrix Multiplikationen nach Formel

$$R_{0\,T} = (R_{0\,1} \times_0 (R_{1\,2} \times_1 (\ldots \times_{n-3} (R_{n-2\,n-1}' \times_{n-2} (R_{n-1\,T}))\ldots))) \quad (4.1)$$

$$\text{mit } \times_i = \begin{cases} \text{Or - basierte BMM} & \text{für } d_i = Shan \\ \text{Exor - basierte BMM} & \text{sonst} \end{cases}$$

(folgt aus Satz 4.1) berechnet. Für jede Boolesche Matrix Multiplikation werden Schalkreiselemente anhand Abbildung 4.2 erzeugt. Die Eingänge dieser Teilschaltkreise werden mit den korrespondierenden Ausgängen der Schaltkreiselemente aus der vorangegangenen Booleschen Matrix Multiplikation bezüglich $R_{i\,i+1}$ verbunden.

Die Elemente der rechten Seite der terminalen Matrix $R_{0\,T}$ stellen die Funktionen des OKFDDs dar. Für sie erzeugen wir primäre Ausgänge. Die linke Seite der Matrix stellt die Abhängigkeiten der Wurzeln zur terminalen Null dar. Diese werden an dieser Stelle nicht benötigt.

Eine Möglichkeit zur Vereinfachung ist es, in allen terminalen Matrizen nur die Abhängigkeit zur terminalen Eins darzustellen. Die linke Spalte fällt dann schon bei der Matrix $R_{n-1\,T}$ weg.

Wir haben ursprünglich einen anderen Weg gewählt und berechnen deshalb die terminalen Matrizen immer zweispaltig. Dabei entstehen BMM – Teilschaltkreise für Pfade, die nicht zur terminalen Eins verzweigen. Diese werden nicht benötigt. Durch eine Traversierung des Schaltkreises von den primären Ausgängen zu den primären Eingängen markieren wir alle benötigten Gatter und löschen die nicht markierten.

Die Schaltkreisgröße steht im Zusammenhang zur Anzahl der Knoten im OKFDD (siehe Kapitel 6). Die Schaltkreistiefe $O(n)$ ergibt sich aus der Klammerungstiefe in Formel 4.1, da die Booleschen Matrix Multiplikationen alle nacheinander ausgeführt werden und jede Boolesche Matrix Multiplikation einen Teilschaltkreis konstanter Tiefe ergibt.

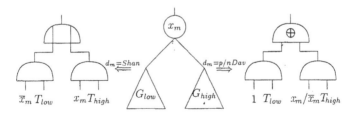

Abbildung 4.3: Teilschaltkreise zur Knotenersetzung

## 4.3.2 Das Knotenersetzungsverfahren

Das klassische Knotenersetzungsverfahren kommt ohne die Definition der Abhängigkeiten aus. Allein auf der Grundlage eines OKFDDs $G$ läßt sich recht einfach ein Schaltkreis $T$ synthetisieren, indem jeder Knoten in $G$ durch einen bestimmten Teilschaltkreis und die Kanten in $G$ durch Signale ersetzt werden. Abbildung 4.3 zeigt die Teilschaltkreise, die für die Knoten entsprechend ihrem Zerlegungstypen gewählt werden. Die Terminalknoten werden durch die korrespondierenden Zellen mit konstanten Ausgängen und die Wurzeln werden durch primäre Ausgänge ersetzt.

Die mit $x_m$, 1 und $\bar{x}_m$ belegten Eingänge werden direkt mit den korrespondierenden primären Eingängen bzw. mit der Zelle mit dem konstanten Ausgang 1 verbunden. Die kantenersetzenden Signalnetze $sig_{T_{low/high}}$ verbinden den Ausgang eines Teilschaltkreises $T_{low}$ bzw. $T_{high}$ mit den noch freien Eingängen aller Teilschaltkreise. die Väter von $G_{low}$ bzw. $G_{high}$ ersetzt haben.

Die Teilschaltkreise lassen sich oft vereinfachen, wenn konstante Eingangswerte an Gattern anliegen. So kann z.B. in den Teilschaltkreisen für die Davio – Knoten das linke AND – Gatter weggelassen werden. Dann speist $T_{low}$ direkt den linken Eingang des EXOR – Gatters. In [Becker94] wird näher auf die Knotenersetzung eingegangen.

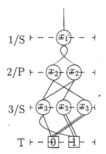

Abbildung 4.4: Vollständig quasireduziertes OKFDD zu „example".

### 4.3.3  Zusammenhang von Knotenersetzung und Abhängigkeit

Es besteht eine Korrespondenz zwischen den durch Knotenersetzung und durch Abhängigkeiten synthetisierten Schaltkreisen, wenn beiden Verfahren das gleiche quasireduzierte beziehungsweise partiell quasireduzierte OKFDD $G$ zugrunde liegt und $G$ keine komplementierten Kanten enthält. Diese Bedingungen gewährleisten, daß beide Verfahren anwendbar sind.

Das Ausgangssignal eines Teilschaltkreises, der einen Knoten in Level $m-1$ ersetzt, realisiert die Funktion des Knotens. Ebenso realisiert der Teilschaltkreis einer Booleschen Matrix Multiplikation $R_{m-1\,m} \times R_{m\,T}$ aus Gleichung 4.1 die Funktionen der Knoten in Level $m-1$.

Betrachten wir Abbildung 4.3. Die durch $1/x_m/\overline{x}_m$ belegten Eingangssignale eines Teilschaltkreises zur Ersetzung eines Knotens $v$ entsprechen in ihrer Funktionalität den jeweiligen Abhängigkeiten des Knotens $v$ zu dessen Söhnen $low(v)$ und $high(v)$. Die Signale $sig_{T_{low/high}}$ verbinden die Teilschaltkreise, die die Knoten $low(v)$ und $high(v)$ ersetzt haben, mit dem Teilschaltkreis, der $v$ ersetzt. Die AND – Gatter in Abbildung 4.3 verknüpfen diese Signale konjunktiv.

In einer Abhängigkeitsmatrix $R_{m-1\,m}$ sind in jeder Zeile maximal zwei Elemente verschieden von Null, da jeder Knoten im nachfolgenden Le-

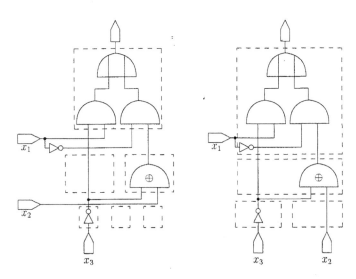

Abbildung 4.5: OKFDD – Schaltkreise, links durch Knotenersetzung, rechts durch Abhängigkeiten mittels linearer BMM – Reihenfolge erzeugt.

vel maximal zwei Söhne hat. Somit enthält jeder Teilschaltkreis, der ein Element $c_{ij}$ einer Booleschen Matrix Multiplikation $R_{m-1\,m} \times R_{m\,T}$ darstellt (siehe Abbildung 4.2), maximal zwei AND – Gatter und ein EXOR – beziehungsweise OR – Gatter mit maximal zwei Eingängen. Die AND – Gatter verknüpfen die die Abhängigkeiten des Knotens $v_i$ in Level $m-1$ zu seinen Söhnen darstellenden Signale mit den Ausgangssignalen der Teilschaltkreise, die die Abhängigkeiten aus $R_{m\,T}$ realisieren, konjunktiv.

Die Schaltkreise durch Knotenersetzung entsprechen demnach den Schaltkreisen, die über Abhängigkeiten erzeugt wurden, wenn die oben genannten Bedingungen (quasireduzierte OKFDDs ohne komplementierte Kanten) eingehalten werden.

Abbildung 4.5 zeigt einen Schaltkreis, der durch das Verfahren der Knotenersetzung erzeugt wurde (links), und einen Schaltkreis, der durch Abhängigkeiten erzeugt wurde (rechts). Grundlage zu beiden Schaltkreisen stellte das in Abbildung 4.4 gezeigte quasireduzierte OKFDD ohne komplementierte Kanten dar. Die Kästen im linken Schaltkreis kennzeichnen die Knotenersetzungs – Teilschaltkreise, die Kästen im rechten Schaltkreis kennzeichnen die BMM – Teilschaltkreise.

Durch andere BMM – Reihenfolgen, die wir in Kapitel 5 (Seiten 63ff) vorstellen, geht diese Korrespondenz verloren. Dies liegt daran, daß für andere BMM – Reihenfolgen nicht zu jedem Knoten dessen Funktionalität im Schaltkreis realisiert wird. Aus Abschnitt 4.3.4 (Seite 40) wird dies ersichtlich.

### 4.3.4 Schaltkreise logarithmischer Tiefe

Für Schaltkreise mit vielen Eingängen wirkt sich eine Tiefe proportional zur Anzahl der Eingänge ungünstig auf die Signallaufzeiten aus. Unser Ziel ist es nun, aus OKFDDs Schaltkreise mit einer zu der Anzahl der Eingänge logarithmischen Tiefe zu erzeugen. Um dies zu erreichen, klammern wir Formel 4.1 so um, daß wir die Booleschen Matrix Multiplikationen baumartig durchführen können. Wir erhalten

$$R_{0T} = (\ldots((R_{01} \times R_{12}) \times (R_{23} \times R_{34})) \times \ldots \times (R_{n-2\,n-1} \times R_{n-1\,T})\ldots) \quad (4.2)$$

$$\text{mit } \times_i = \begin{cases} \text{Or – basierte BMM} & \text{für } G \simeq BDD \\ \text{Exor – basierte BMM} & \text{sonst} \end{cases}$$

wobei wir zunächst zur Vereinfachung davon ausgehen, daß $n$ eine Zweierpotenz ist. In Kapitel 5 gehen wir darauf ein, wie andere Variablenzahlen zu behandeln sind.

Voraussetzung für die Möglichkeit zur Umklammerung ist die Assoziativität der Operationen $\times_i$ in Formel 4.1. Sowohl die exklusiv–Oder als auch die Oder Operation ist assoziativ zu sich selbst. Durch einfaches Nachrechnen ist zu sehen, daß auch die Exor – basierte und die Or – basierte Boolesche Matrix Multiplikation asoziativ zu sich selbst ist. So wie die exklusiv–Oder und die Oder Operationen nicht assoziativ zueinander sind, sind auch Exor – basierte und Or – basierte Boolesche Matrix Multiplikationen nicht assoziativ zueinander.

Für OBDDs und OFDDs ist die Korrektheit der Umformung direkt gewährleistet, da jeweils nur Exor – oder nur Or – basierte Boolesche Matrix Multiplikationen Verwendung finden.

Für OKFDDs mit nach Shannon und Davio zerlegten Variablen sind die Operationen $\times_i$ in Formel 4.1 nicht assoziativ zueinander. Die Formel darf nicht anders geklammert werden, wenn für nach Shannon zerlegte Level Oder – basierte Boolesche Matrix Multiplikationen ausgeführt werden. Nach Bemerkung 2.1 kann die Shannon Zerlegung auch durch die exklusiv–Oder Operation realisiert werden. Wir führen deshalb bei OKFDDs, die Davio – Knoten enthalten, auch für die Zerlegung nach Shannon Exor – basierte Boolesche Matrix Multiplikationen aus und erreichen somit die Assoziativität der Operationen in Formel 4.1.

Die Schaltkreiselemente werden nun analog zu Abschnitt 4.3.1 anhand Formel 4.2 erzeugt. Die primären Matrizen liefern die primären Eingänge des Schaltkreises und die Booleschen Matrix Multiplikationen liefern die Logikgatter anhand Abbildung 4.2. Die terminale Matrix ergibt analog die primären Ausgänge.

Die Boolschen Matrix Multiplikationen einer Klammerungstiefe sind dabei unabhängig voneinander und somit auch deren Teilschaltkreise. Die Schaltkreistiefe ergibt sich wieder aus der Klammerungstiefe von Formel 4.2, welche hier logarithmisch zur Anzahl $n$ der Eingänge ist.

[Ishiura92] zeigt dieses Verfahren für OBDDs. Diese Diagramme haben nur nach Shannon zerlegte Variablen und die synthetisierten Schaltkreise enthalten nur OR – und keine EXOR – Gatter zur Pfadkombination.

Bis zu dieser Stelle haben wir zwei Möglichkeiten vorgestellt, mit Hilfe der Abhängigkeitsmatrizen Schaltkreise unterschiedlicher Tiefe zu erzeugen. Die logaritmische Tiefe und die lineare Tiefe stellen die jeweiligen Extremwerte dar. Die untere Schranke für die Tiefe der Schaltkreise ist logarithmisch zur Anzahl der Variablen. Die obere Schranke ist linear zur Anzahl der Variablen.

Es ist jedoch auch möglich, die Schaltkreistiefe variabel zu gestalten. Wir untersuchen in Kapitel 5.4.2 verschiedene Ansätze zur Synthese von

Schaltkreisen unterschiedlicher Tiefe. Die damit erzielten Ergebnisse diskutieren wir in Kapitel 10.

## 4.3.5 Oder und exklusiv–Oder Operation und Abhängikeit

Im Allgemeinen ist die Verwendung der Oder – basierten Booleschen Matrix Multiplikation für die Synthese von OKFDD – Schaltkreisen über Abhängigkeiten nicht möglich. Genaueres zeigen wir im Anschluß anhand eines Beispiels.

Um die Abhängigkeiten über einen Pfad zu erhalten, müssen die Abhängigkeitsbedingungen der einzelnen Kanten auf diesem Pfad multipliziert werden. Dies wird durch die Und Operation innerhalb der Booleschen Matrix Multiplikationen realisiert (siehe Definition 2.11).

Die von dem OKFDD repräsentierte Funktionalität ergibt sich nun durch die Kombination der einzelnen Pfade von der Wurzel zur terminalen Eins. Zwei Pfade müssen mit der Exor Operation verknüpft werden, wenn der Level, in dem sie verzweigen, nach positiv oder negativ Davio zerlegt ist.

Verzweigen die beiden Pfade dagegen in einem nach Shannon zerlegten Level, so kann die Pfadkombination auch durch die Oder Operation anstelle der exklusiv–Oder Operation erfolgen, da die Shannon–Zerlegung disjunkt ist. Dies ist in zwei Fällen uneingeschränkt möglich,

- das DD ist ein OBDD,

- die BMM – Reihenfolge ist anhand Formel 4.1 gewählt,

was wir in diesem Abschnitt auf Seite 40 gezeigt haben.

**Beispiel:** Betrachten wir das OKFDD $G$ in Abbildung 4.6 über der Variablenmenge $X$ mit der DTL $d$. Seien $a, b, c \in X$. $DT(a) = \alpha$ und $DT(b) = \beta$, $\{\alpha, \beta\} \in d$ und die Abhängigkeitsmatrizen $R_{ab}$, $R_{bc}$, $R_{cT}$ und $R_{ac} = R_{ab} \times R_{bc}$ gegeben.

Die Verbindungen der Knoten im Diagramm repräsentieren Pfade der

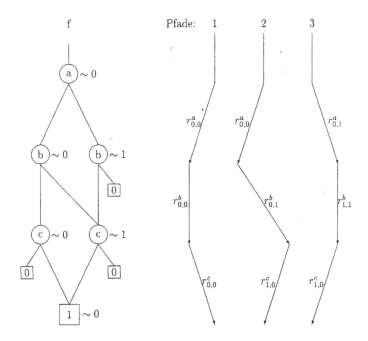

Abbildung 4.6: OKFDD $G$ mit rekonvergenten Pfaden. Die Markierungen $\sim i$ bezeichnen die Nummer der Knoten in ihren Leveln.

Länge $\geq 1$. Es ergeben sich insgesamt drei Pfade von der Wurzel zum Terminalknoten.

Weiterhin gilt $(\alpha \equiv Shan) \oplus (\beta \equiv Shan)$, d.h. genau eine der beiden Variablen $a, b$ ist nach Shannon zerlegt.

*Notation:* Es beschreibe $r_{i,j}^k$ die Abhängigkeit des $i$-ten Knotens in dem Level, dessen Entscheidungsvariable $k$ ist, zum Knoten $j$ im in Abbildung 4.6 folgenden Level.

Auf Seite 8 in den Gleichungen 2.4 bis 2.8 haben wir definiert, welche Funktion ein OKFDD darstellt. Für die Wurzel von $G$ ergibt sich aus dieser Definition die Funktion

$$f_G^d = (r_{0,0}^a \cdot r_{0,0}^b \cdot r_{0,0}^c \, ⓑ \, r_{0,0}^a \cdot r_{0,1}^b \cdot r_{1,0}^c) \, ⓐ \, r_{0,1}^a \cdot r_{1,1}^b \cdot r_{1,0}^c \, .$$

Die Klammerung gibt wieder, daß Pfad 1 und 2 später verzweigen als Pfad 3 von diesen beiden. Wobei gilt:

$$ⓐ \, , ⓑ \, \in \{+, \oplus\} \; und \; \begin{cases} ⓐ = \oplus \; f\ddot{u}r \; \alpha \neq Shan \\ ⓑ = \oplus \; f\ddot{u}r \; \beta \neq Shan \end{cases}$$

Jetzt führen wir die Boolesche Matrix Multiplikation von $Level(a)$ aus. Es ergeben sich folgende Abhängigkeitsmatrizen:

$$\left. \begin{array}{l} R_{a\,b} = \begin{pmatrix} r_{0,0}^a \,, r_{0,1}^a \end{pmatrix} \\[2ex] R_{b\,c} = \begin{pmatrix} r_{0,0}^b \,, r_{0,1}^b \\ 0 \,, r_{1,1}^b \end{pmatrix} \end{array} \right\} R_{a\,c} = \begin{pmatrix} r_{0,0}^a \cdot r_{0,0}^b \,, r_{0,0}^a \cdot r_{0,1}^b \odot r_{0,1}^a \cdot r_{1,1}^b \end{pmatrix}$$

$$R_{c\,T} = \begin{pmatrix} r_{0,0}^c \\ r_{1,0}^c \end{pmatrix}$$

$$\rightsquigarrow \quad R_{a\,T} = R_{a\,c} \times R_{c\,T}$$

$$= \begin{pmatrix} r_{0,0}^a \cdot r_{0,0}^b \cdot r_{0,0}^c \, ⊘ \, (r_{0,0}^a \cdot r_{0,1}^b \odot r_{0,1}^a \cdot r_{1,1}^b) \cdot r_{1,0}^c \end{pmatrix}$$

Durch die Annahme, daß entweder $\alpha$ oder $\beta$ verschieden von $Shan$ ist, ist sichergestellt, daß nicht sowohl $⊘$ als auch $\odot$ in $R_{a\,T}$ Oder – basierte Boolesche Matrix Multiplikationen darstellen.

Es ist nachzurechnen, daß die von $R_{a\,T}$ repräsentierte Abhängigkeit der Wurzel zu der terminalen Eins nur dann gleich der Funktion von $G$, $f_G^d$, ist, wenn sowohl $⊘$ als auch $\odot$ exklusiv–Oder basierte Boolesche Matrix Multiplikationen darstellen. Nur dann läßt sich $f_G^d$ durch Umklammern entsprechend umformen. Ein Mischen von Oder und exklusiv–Oder basierten Booleschen Matrix Multiplikationen ist hier also nicht möglich.

Anschaulich geschieht hier folgendes: Die oberen Teile der Pfade 2 und 3 werden in der Matrix $R_{a\,c}$ durch die Boolesche Matrix Multiplikation $R_{a\,b} \times R_{b\,c}$ zusammengefaßt zu einem gemeinsamen Pfad von Knoten 0 im Level der Entscheidungsvariablen $a$ zu Knoten 1 im Level der Entscheidungsvariablen $c$. Pfad 1 kommt erst im nachfolgenden Schritt durch die

Boolesche Matrix Multiplikation $R_{a\,c} \times R_{c\,T}$ hinzu. Diese Vertauschung der Reihenfolge in der Kombination der Pfade gegenüber der Reihenfolge in der Kombination der Pfade, die sich durch Formel 4.1 ergibt, entspricht aber gerade der Umklammerung der Funktion $f_G^d$.

Soll nun $f_G^d$ dennoch durch $R_{a\,T}$ mit Oder basierten Booleschen Matrix Multiplikationen bei der Shannon – Zerlegung realisiert werden, so müssen alle Reduktionen aus dem OKFDD zurückgenommen werden, auch die Reduktionen vom Typ I. Das OKFDD wird vollständig. In einem vollständigen OKFDD gibt es keine rekonvergierenden Pfade. Zunächst werden die direkten Abhängigkeiten in primären Matrizen dargestellt und durch Boolesche Matrix Multiplikationen zu einer letzten Matrix $R_{0\,T}$ mit $2^n$ Spalten multipliziert. Da es von einem Knoten zu einem anderen Knoten im OKFDD nur noch maximal einen Pfad gibt, werden in den Matrizen keine Pfade zusammengefaßt und der zugehörige Teilschaltkreis besteht nur aus AND – Gatter Bäumen. In $R_{0\,T}$ sind alle Pfade einzeln aufgeführt. Diese werden nun im Schaltkreis durch EXOR /OR –Gatter Bäume zusammengefaßt.

Um die Funktion des OKFDDs und eventuell die $\sigma$–Funktion (Abschnitt 3.2) zu realisieren, werden alle Pfade, die zu terminalen Null Knoten führen, und alle Pfade, die zu terminalen Eins Knoten führen, folgendermaßen zusammengefaßt:

Beginne bei den Blättern. Treffen sich zwei Pfade, die zu gleichartigen Terminalen führen, in einem Vorgängerknoten, so werden diese beiden Pfade durch eine Oder beziehungsweise eine exklusiv–Oder Operation, je nach Zerlegungstyp des Vorgängerknotens, verknüpft.

Dieses Verfahren ist allerdings nicht effizient, da die Größe eines vollständigen OKFDDs exponentiell zur Anzahl der Variablen ist und somit sowohl die Rechenzeit als auch der Speicherbedarf exponentiell wachsen.

## 4.4   Verbesserung der Schaltkreissynthese

### 4.4.1   Levelübergreifende Kanten

Sei im folgenden $e_{ik}$ eine Kante mit Startpunkt in Level $i$ und Endpunkt in Level $k$. In Abschnitt 2.3 haben wir die erweiterte Boolesche Matrix Multiplikation eingeführt. Diese ermöglicht es, auch levelübergreifende Kanten bei einer Booleschen Matrix Multiplikation zu berücksichtigen. Bedingung hierfür ist allerdings, daß es zu einer gegebenen BMM – Reihenfolge $\Re$ für jede Kante $e_{ik}$ eine Matrix $R_{i\,k}$ in $\Re$ gibt. Dadurch ist sichergestellt, daß die Abhängigkeiten aller Kanten $e_{ik}$ in einer erweiterten Booleschen Matrix Multiplikation $R_{i\,k} = R_{i\,j} \times R_{j\,k}$ berücksichtigt werden.

Nun könnte man annehmen, daß es zu jedem OKFDD $G$ mit fester Variablenordnung eine BMM – Reihenfolge $\Re$ gibt, in der es zu jeder Kante $e_{ik}$ eine Abhängigkeitsmatrix $R_{i\,k} \in \Re$ gibt. Dies ist nicht der Fall. Abbildung 4.7 zeigt ein OKFDD $G$ mit Leveln $i < j < k < l$, DTL $d$ und zwei Kanten $e_{ik}$, $e_{jl}$. Es ist nun nicht möglich, daß es eine BMM – Reihenfolge $\Re$ gibt, die sowohl die Abhängigkeitsmatrix $R_{i\,k}$ als auch die Abhängigkeitsmatrix $R_{j\,l}$ enthält. Denn die Abhängigkeitsbedingung von $e_{ik}$ kann nur in der Abhängigkeitsmatrix $R_{i\,k}$ erfaßt werden. Sei $k' \geq k$ ein Level in $G$. Ist $k' > k$, dann kann die Abhängigkeitsbedingung von $e_{ik}$ durch eine Boolesche Matrix Multiplikation der Abhängigkeitsmatrizen $R_{i\,k}$ und $R_{k\,k'}$ in die Abhängigkeitsmatrix $R_{i\,k'}$ einfließen.

Um nun die Funktion von $G$, $f_G^d$ zu erhalten, ist eine Boolesche Matrix Multiplikation $R_{i\,k'} \times R_{k'\,T}$ auszuführen. Die Abhängigkeitsbedingung von $e_{jl}$ kann aber weder in der Abhängigkeitsmatrix $R_{k'\,T}$ enthalten sein (da $j < k \leq k'$ gilt), noch durch eine erweiterte Boolesche Matrix Multiplikation erfaßt werden (da $i < j$ gilt).

Sei ein reduziertes OKFDD $G = (V, E, W)$ gegeben und eine BMM – Reihenfolge $\Re$ gewählt. Alle Kannten in $G$ sind nun zu überprüfen, ob sie zwei Level verbinden, zu denen es in $\Re$ keine Matrix gibt. Eine solche Kante $e_{ik}$ ist in Level $i + \delta$ durch eine inverse Reduktion von Typ $S^{-1}$ für $d_{i+\delta} = Shan$ bzw. $D^{-1}$ sonst mit einem redundanten Knoten so zu

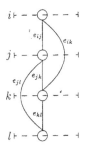

Abbildung 4.7: Der Problemfall mit levelübergreifenden Kanten.

verkürzen, daß es eine Matrix $R_{i\,i+\delta}$ in $\Re$ gibt. Die primären Matrizen stellen sicher, daß dies zumindest für $\delta = 1$ möglich ist. Da die auslaufenden Kanten des neuen Knotens ihrerseits wieder auf obige Bedingung zu überprüfen sind, ist $\delta \in \{i+1,\ldots,k-1\}$ möglichst groß zu wählen, um die Anzahl der einzufügenden Knoten so gering wie möglich zu halten, formal: $\delta = \max_i \{\delta_i : R_{i\,i+\delta_i} \in \Re\}$.

In Abbildung 4.8 ist auf der linken Seite ein reduziertes OKFDD dargestellt. Die BMM – Reihenfolge $\Re = \{R_{0\,2}, R_{2\,T}\} \cup \Psi$ führt dazu, daß die auslaufenden Kanten des Knotens in Level 1 durch inverse Reduktionen vom Typ $S^{-1}$ in Level 2 unterbrochen werden müssen. Das Ergebnis dieser inversen Reduktion ist im linken Teil der Abbildung 4.8 gezeigt.

Da in einem shared OKFDD nicht alle Wurzeln in Knoten im obersten Level enden müssen, sind diese gesondert zu behandeln. Nur für Knoten $v$ in Level $l$ mit $R_{l\,T} \in \Re$ wird die Funktion $f(v)$ durch eine Abhängigkeitsmatrix repräsentiert. Deshalb dürfen die Wurzeln nur in Terminalen oder in Knoten in solchen Leveln enden. Betrachten wir nacheinander alle Wurzeln $w_i \in W$. Sei der Level des Endpunktes $v_i$ von $w_i$ gegeben durch $l_i$. Für $w_i$ ist zu prüfen, ob sie in einem Terminal endet oder ob $\Re$ eine Abhängigkeitsmatrix $R_{l_i\,T}$ enthält. Ist dies nicht der Fall, so ist ein Knoten $v_i'$ in Level $l_i'$, $0 \le l_i' < l_i$ durch inverse Reduktion so zu erzeugen, daß gilt: $f(v_i') = f(v_i)$ und $R_{l_i'\,T} \in \Re$. Die Wurzel $w_i$ endet von nun an

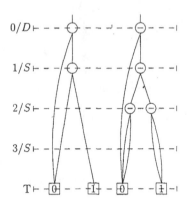

Abbildung 4.8: Beispiel partielle Quasireduzierung

in $v_i'$. Für $l_i'$ sollte aus den selben Gründen wie oben der größt mögliche Wert gewählt werden.

Da durch die Verschiebung von Wurzeln neue levelübergreifende Kanten, die auslaufenden Kanten von $v_i'$, entstehen, muß die Behandlung der Wurzeln zuerst durchgeführt werden.

Abbildung 4.9 liefert zwei Beispiele, wie mit den Wurzeln verfahren wird. Im linken Teil der Abbildung 4.9 ist das reduzierte ausgangs OKFDD dargestellt. Nun werden die Wurzlen betrachtet. Wurzel $a$ führt im reduzierten OKFDD zu einem Knoten in Level 2. In $\Re_1$ existiert allerdings keine Abhängigkeitsmatrix $R_{2\,T}$. Deshalb wird die Wurzel im nächst kleineren Level $i$, für den es eine Abhängigkeitsmatrix $R_{i\,T}$ gibt, unterbrochen. Dieses ist im Fall der Wurzeln $a$ bei BMM – Reihefolge $\Re_1$ der Level 0. In $\Re_2$ gibt es eine Matrix $R_{2\,T}$. so daß die Wurzel $a$ unverändert bleibt.

Das aus der Betrachtung der Wurzeln und der darauf folgenden Betrachtung aller Kanten resultierende OKFDD $G'$ ist partiell quasireduziert bezüglich $\Re$ und kanonisch bezüglich der Variablenordnung, der DTL und $\Re$ (siehe auch Abbildung 2.4).

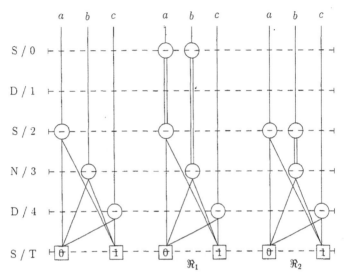

Abbildung 4.9: Auswirkungen von $\Re$ auf die Wurzeln.

$$\Re_1 = \{R_{0\,2}, R_{2\,4}, R_{4\,T}, R_{0\,4}, R_{0\,T}\} \cup \Psi \qquad \Re_2 = \{R_{0\,2}, R_{2\,3}, R_{4\,T}, R_{2\,T}, R_{0\,T}\} \cup \Psi$$

Sei nun $\Re$ durch Formel 4.2 (Seite 40) gegeben, um die Tiefe des zu synthetisierenden Schaltkreises logarithmisch zu halten, und sei $G'$ partiell quasireduziert bezüglich $\Re$. Die Schaltkreissynthese erfolgt nun wie in den vorherigen Abschnitten beschrieben. Die Matrizen sind allerdings durch erweiterte Boolesche Matrix Multiplikationen zu verknüpfen und dementsprechend werden anhand Abbildung 4.2 auf Seite 35 Teilschaltkreise erzeugt.

Die Abhängigkeiten über die levelübergreifenden Kanten werden nun in den in Abbildung 4.2 mit $u_{l,n}^{ij}$ bezeichneten Signalen erfaßt. Zu den Signalen $u_{l,n}^{ij}$ werden jeweils primäre Eingänge erzeugt. Für jede Matrix $R_{i\,T}$, $i \in \{0, \ldots, n-1\}$, wird dabei überprüft, ob es Wurzeln zu Knoten in Level $i$ gibt. Zu solchen Wurzeln werden die korrespondierenden primären Ausgänge direkt erzeugt und mit dem entsprechenden Ausgang

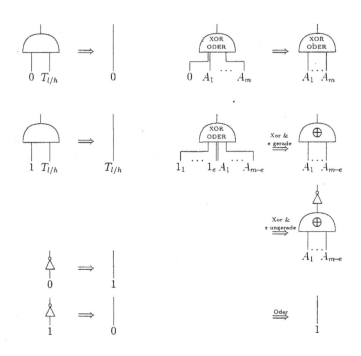

Abbildung 4.10: Schaltkreisreduktionen konstanter Signale

des BMM – Teilschaltkreises verbunden. Wurzeln auf Terminalknoten ergeben primäre Ausgänge, die direkt durch die entsprechenden konstanten Signale gespeist werden.

## 4.4.2 Erkennung redundanter Gatter

Um eine günstige Schaltkreisgröße zu erreichen. sollten logisch redundante Gatter nicht in den Schaltkreis übernommen werden. Abbildung 4.10 zeigt alle Vereinfachungen, die direkt zu realisieren sind.

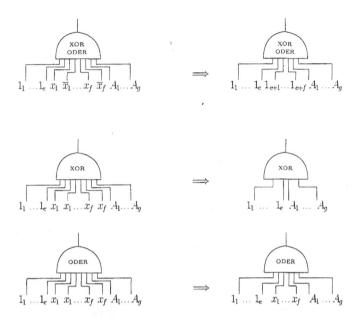

Abbildung 4.11: Reduktionen von Tautologie und Kontradiktion

Zu Beginn der Synthese werden die primären Eingänge erzeugt. Ist die Abhängigkeit einer Kante gleich dem Booleschen Wert 1 oder ergibt eine Boolesche Matrix Multiplikation für ein Element $c_{ij}$ einer sekundären Matrix durch Reduktionen konstanter Signale den Wert 0 bzw. 1, so wird diese Information in der Abhängigkeitsmatrix gespeichert. Im Verlauf der Synthese werden nicht alle Fuktionalitäten 0 und 1 erkannt. So kann zum Beispiel ein Signal die negierte Funktionalität eines anderen Signales tragen. Treffen solche Signale in einer Booleschen Matrix Multiplikation als einzige Eingangssignale eines EXOR – Gatters aufeinander, so entsteht eine nicht erkannte 1. In der darauf folgenden Booleschen Matrix Multiplikation kann die Information der konstanten Signale für weitere Reduktionen ausgewertet werden.

Für eine Null in einer Abhängigkeitsmatrix wird bei einer Booleschen Matrix Multiplikation kein AND – Gatter erzeugt, da dessen Ausgang dann immer Null ist. Die Abhängikeitsmatrix enthält genau dann an der Stelle $i, j$ eine Null, wenn der Knoten $j$ vom Knoten $i$ aus nicht erreichbar ist. Das heißt, es gibt keinen Pfad von $i$ nach $j$.

Für eine Eins in einer Abhängigkeitsmatrix wird bei einer Booleschen Matrix Multiplikation ebenfalls kein AND – Gatter erzeugt. Das zweite Eingangssignal des AND – Gatters wird direkt mit dem OR / EXOR – Gatter verbunden. Abbildung 4.11 zeigt ein Beispiel. Tautologie bezeichnet die Funktion, die immer erfüllt ist, zum Beispliel durch $x \oplus \overline{x}$. Kontradiktion bezeichnet die Funktion, die nie erfüllt ist, zum Beispiel durch $x \oplus x$.

Dadurch, daß AND – Gatter wegfallen, kann es vorkommen, daß an die Eingänge eines OR / EXOR – Gatters ein Signal und sein invertiertes angeschlossen werden soll. Es gilt $x \oplus \overline{x} = 1$ oder $x + \overline{x} = 1$ und die beiden Signale werden durch eine Eins ersetzt. Es kann aber auch vorkommen, daß ein Signal zweimal an ein OR / EXOR – Gatter angeschlossen werden soll. Bei einem EXOR – Gatter lassen wir beide Signale weg, denn es gilt $x \oplus x = 0$. Handelt es sich jedoch um ein OR – Gatter, so schließen wir das Signal nur einmal an $(x + x = x)$.

Einsen am Eingang eines OR – Gatters bewirken, daß dieses Gatter redundant wird. Wir schreiben direkt eine Eins in die Abhängigkeitsmatrix. Für EXOR – Gatter werden die Einsen gezählt, die angeschlossen werden sollen. Ist die Anzahl der Einsen gerade, werden diese weggelassen. Ist die Anzahl der Einsen ungerade, so wird der Ausgang des EXOR – Gatters mit einem zusätzlichen Inverter verbunden und dessen Ausgangssignal wird in die Abhängigkeitsmatrix eingetragen. Auch dann können die Einsen weggelassen werden.

Alle anderen Abhängigkeiten werden direkt in Teilschaltkreise umgewandelt. Die Abhängigkeitsmatizen enthalten Verweise auf die entsprechenden Ausgänge der zugehörigen Teilschaltkreise. Für eine Null oder eine Eins in der terminalen Matrix ist dann der entsprechende primäre Ausgang mit einem Signal konstant Eins bzw. Null zu verbinden.

Diese Reduktionen lassen sich direkt während der Synthese berücksichtigen. Wichtig ist, daß alle Reduktionen aus Abbildung 4.10 durchgeführt werden. So wird durch eine Reduktion nicht nur ein Gatter gespart sondern eventuell auch in späteren Booleschen Matrix Multiplikationen Reduktionen ermöglicht. Dadurch wird sichergestellt, daß für redundante Knoten kein redundanter Schaltkreis erzeugt wird (siehe Kapitel 6).

**Definition 4.1** *Sei S ein Schaltkreis, der über Abhängikeiten aus einem OKFDD G erzeugt wurde. Wenn auf S alle möglichen in diesem Abschnitt vorgestellten Reduktionen redundanter Gatter angewandt wurden, dann bezeichnen wir S als* **reduzierten Schaltkreis***.*

*Sind keine Reduktionen redundanter Gatter auf S angewandt worden, dann bezeichnen wir S als* **vollständigen Schaltkreis***.*

## 4.5 Effizienz der Synthese

Dieser Abschnitt bietet eine asymptotische Abschätzung der Laufzeit aller benötigten Algorithmen. Der Schaltkreisgröße ist ein eigenes Kapitel gewidmet. Unabhängig von der Implementierung und der verwendeten Datenstruktur für OKFDDs liefern diese Werte eine Übersicht über die Komplexität unseres Syntheseverfahrens. In Kapitel 8 und im Anhang zeigen wir eine Implementierung.

Sei ein reduziertes OKFDD G gegeben. Für die Betrachtung der Laufzeit gehen wir davon aus, daß die Knoten des OKFDDs in je einer Hashtabelle pro Level gespeichert sind.

Ein Hash–Verfahren ist ein Speicherungs– und Suchverfahren, bei dem die Adresse von Datensätzen aus Teilen der Datensätze selbst berechnet werden. In [Sedgewick] ist dieses Verfahren erklärt. Ein Vorteil davon ist das schnelle Auffinden gesuchter Datensätze. Ein Hashposition ist der Speicher an der Adresse eines Datensatzes. Die Hashtabelle besteht aus den Hashpositionen. Enthält eine Hashposition mehrere Datensätze, so werden diese in einer einfach verketteten Liste, der Überläuferkette, gespeichert. So ist es zum einen möglich, durch die Berechnung der Hashposition direkt auf einen Knoten zugreifen zu können, zum anderen können alle Knoten eines Levels mit einen einfachen Durchlauf dieser Hashtabelle besucht werden.

Die Berechnung der Hashposition eines Knotens erfolgt unter anderem über die Identifizierung seiner Söhne. Einzelheiten dazu finden sich in [Hett95] und Abschnitt 7. Dies muß bei den Betrachtungen der nachfolgenden Verfahren berücksichtigt werden.

Sei $k$ die Anzahl der Knoten des reduzierten OKFDDs $G$, d.h. $k = |G|$. $n$ sei die Anzahl der Variablen in $G$.

### 4.5.1 Komplementmarken entfernen

Das Entfernen der Komplementmarken beginnt bei den Wurzeln und wird fortgesetzt für alle Knoten eines Levels, beginnend im obersten Level bis hin zu den Terminalen. Sei $e$ eine komplementierte Wurzel oder Kante zu Knoten $v$. Dann wird ein Knoten $v'$ im selben Level gesucht und gegebenenfalls erzeugt, für den gilt $low(v') = \overline{low(v)}$ und $high(v') = \overline{high(v)}$ für $DTL(lab(v)) = Shan$ bzw. $high(v') = high(v)$ sonst. Sind die Knoten eines Levels in einer Hashtabelle gespeichert so geschieht sowohl das Suchen nach einem solchen Knoten als auch das Anlegen eines neuen Knotens im Durchschnitt in konstanter Zeit (siehe [Hett95] und [Brace90]). Die Kante $e$ zeigt nun auf $v'$. Wenn $v$ keine weiteren Väter mehr hat wird dieser Knoten gelöscht. Da die Anzahl der Väter zu jedem Knoten gespeichert wird, ist auch dies in konstanter Zeit möglich. Die eventuell neu entstandenen Komplementmarken auf den von $v'$ auslaufenden Kanten werden bei Bearbeitung eines nachfolgenden Levels entfernt.

Anschließend müssen die Hashpositionen der Knoten korrigiert werden, da die zur Berechnung der Hashposition des Knotens dienenden auslaufenden Kanten geändert wurden. Dies geschieht mittels eine Breitensuche über das OKFDD von den Terminalen ausgehend. Jeder Knoten wird genau einmal überprüft und gegebenenfalls aus der Überläuferkette seiner alten Hashposition gelöst und in die Überläuferkette seiner korrekten Hashposition eingefügt. Auch diese Korrektur geht im Durchschnitt in konstanter Zeit für einen Knoten und in linearer Zeit für das OKFDD.

Es wird jeder Knoten genau einmal betrachtet. Da auch die neu erzeugten Knoten betrachtet werden, ist für die Laufzeit die Anzahl $k_{nc}$ der Knoten im komplementfreien OKFDD maßgeblich. Diese ist im schlimmsten Fall gleich $2 \cdot k$ genau dann, wenn jeder Knoten verdoppelt werden muß. Es ergibt sich somit als Laufzeit $O(k)$. Messungen an Benchmarkschaltkreisen haben gezeigt, daß das Größenwachstum des OKFDDs im Durchschnitt bei 5 bis 10% liegt.

Das Entfernen der Komplementmarken an den Wurzelzeigern ist nicht zwingend notwendig, da über Wurzeln keine Abhängigkeiten definiert sind. Eine solche Marke kann auch durch einen einfachen Inverter vor dem primären Ausgang des Schaltkreises realisiert werden. Wir entfernen die Komplementmarken an den Wurzeln dennoch, da die zusätzlich nötigen Inverter die Schaltkreistiefe erhöhen.

## 4.5.2 Vollständiges Quasireduzieren

Das vollständige Quasireduzieren läuft sehr ähnlich dem Entfernen der Komplementmarken. Zunächst werden alle Wurzeln betrachtet. Endet eine Wurzel nicht in einem Knoten im obersten Level, so wird durch eine inverse Reduktion ein Knoten im obersten Level erzeugt und ist nun neuer Endpunkt der Wurzel.

Dann sind alle Knoten levelweise beginnend mit dem obersten Level zu besuchen. Endet die auslaufende Kante $e$ eines Knotens $v$ in Level $i$ in einem Knoten in Level $j > i + 1$, so ist durch inverse Reduktion ein neuer Knoten gleicher Funktionalität in Level $i + 1$ zu erzeugen, sofern dieser noch nicht existiert. Die Kante $e$ wird nun ersetzt durch eine neue Kante von $v$ zu dem neuen Knoten.

Da die Söhne der Knoten manipuliert werden, ist auch hier eine Korrektur der Hashpositionen notwendig.

Die Anzahl $k_{vq}$ der Knoten im quasireduzierten OKFDD ist im Durchschnitt sechs mal so groß wie die des reduzierten OKFDDs ohne Komplementmarken, bzw. beinahe sieben mal so groß wie die des reduzierten OKFDDs mit Koplementmarken (siehe Tabelle 10.3).

Für den schlimmsten Fall ergibt sich $k_{vq} = (2 \cdot k + 1) \cdot (n - 1)$. Dies ist der Fall, wenn für jede Kante des OKFDDs die maximale Anzahl von Knoten eingefügt werden muß. Dies sind für Shannonsche Level genau ein Knoten pro Level und für Davio Level zusätzlich einmal im OKFDD eine Null – Kette (siehe Abschnitt 2.3, Seite 18).

In [Drechsler95] wird gezeigt, daß ein komplettes OKFDD maximal um den Faktor $n$ (Anzahl der Variablen) größer ist als seine Reduktion. Ein quasireduziertes OKFDD hat nicht mehr Knoten als das zugehörige komplette OKFDD, denn in einem quasireduzierten OKFDD wurden alle Reduktionen vom Typ I ausgeführt, bei einem kompletten OKFDD sind die Reduktionen vom Typ I nicht zwingend. Somit ist auch ein quasireduziertes OKFDD maximal um den Faktor $n$ größer als seine Reduktion. Die durchschnittliche Laufzeit des Quasireduzierens ist somit linear zur Größe des OKFDDs.

### 4.5.3   Partielles Quasireduzieren

Für das partielle Quasireduzieren werden nicht alle Pfade vervollständigt. Die Kanten des OKFDDs müssen lediglich den in Abschnitt 4.4.1 vereinbarten Bedingungen entsprechen.

Auch hier werden alle Knoten levelweise beginnend mit dem obersten Level besucht. Die auslaufenden Kanten eines Knotens werden bezüglich den oben genannten Bedingungen überprüft und gegebenenfalls durch inverse Reduktionen angepasst. Anschließend ist es wieder nötig, die Hashpositionen der Knoten zu korrigieren.

Die einzelnen Schritte des partiellen Quasireduzierens sind die gleichen wie die des vollständigen Quasireduzierens, ausgenommen die Überprüfung der levelübergreifenden Kanten. Für diese Überprüfung ist vor dem partiellen Quasireduzieren eine BMM – Reihenfolge zu bestimmen. Wie dies geschieht zeigen wir in Kapitel 5.4.2. Die Betrachtung einer Kante besteht dann nur noch darin, zu überprüfen, ob die korrespondierende Abhängigkeitsmatrix in der BMM – Reihenfolge enthalten ist (siehe Definition 2.15 auf Seite 15). Dadurch kann die Überprüfung der Kanten in konstanter Zeit erfolgen. Im ungünstigsten Fall dauert also das partielle Quasireduzieren so lange wie das vollständige Quasireduzieren.

Unsere Messungen (siehe Tabelle 10.3 auf Seite 153) haben allerdings gezeigt, daß wir durch das partielle Quasireduzieren im Durchschnitt 3 mal weniger inverse Reduktionen durchführen müssen. Im Durchschnitt sind partiell quasireduzierte OKFDDs doppelt so groß, wie reduzierte OKFDDs. Die durchschnittliche Laufzeit ist linear zur Größe des OKFDDs.

### 4.5.4 Die Erzeugung der Schaltkreisbeschreibungen

Die Laufzeit der Synthese hängt direkt davon ab, wie die Booleschen Matrix Multiplikationen durchgeführt werden. Das Erzeugen der übrigen Schaltkreiselemente ist nur abhängig von der Anzahl der Ein– und Ausgänge des zu erzeugenden Schaltkreises, unabhängig von der gewählten Repräsentation der Abhängigkeitsmatrizen. Die Booleschen Matrix Multiplikationen lassen sich nun unterschiedlich realisieren. Betrachten wir ein OKFDD $G$. Sei $m_i$ die Anzahl der Knoten in Level $i$. Dann ist $m_{max} = m \underset{i}{a} x \{m_i\}$ $i \in \{0, \dots, n\}$ die Breite von $G$. Die Zahlen $m_i$ sind die Breiten der Level.

**Die Schulmethode** ist die einfachste Möglichkeit, die Booleschen Matrix Multiplikationen zu realisieren. Da hier jedes Element der Produktmatrix einzeln berechnet wird, lassen sich die zugehörigen Schaltkreiselemente direkt miterzeugen. Wir haben diese Methode implementiert und damit gute Ergebnisse erzielt. Eine Matrix $R_{ik}$ stellen wir als zweidimensoinale Felder der Größe $m_i \times m_k$ dar. Eine Boolesche Matrix Multiplikation $R_{ij} \times R_{jk}$ hat dann die Laufzeit $m_i \cdot m_j \cdot m_k$. Damit ergibt sich die Laufzeit $\Theta(m_{max}^3)$ für die eigentliche Synthese.

**Strassen's Algorithmus** zur Matrixmultiplikation [Cormen94] arbeitet ebenfalls mit der zweidimensionalen Matrizenrepräsentation. Der Algorithmus arbeitet nach dem *divide and conquer* – Prinzip und läuft in Zeit von $\Theta(m_{max}^{lg\,7})$. Ab einer Matrixgröße von $45 \times 45$ ist er schneller als die Schulmethode. Allerdings setzt dies voraus, daß die Matrizen sehr dicht besetzt sind. Je größer die Abhängigkeitsmatrizen jedoch sind, desto dünner sind sie besetzt. Unabhängig von der Größe der Abhängigkeitsmatrix können maximal $2^{Klammerungstiefe}$ viele Elemente in einer Zeile besetzt sein. Primäre Abhängigkeitsmatrizen haben maximal 2 Elemente pro Zeile, da jeder Knoten nur zwei Söhne hat. Tabelle 10.5 und 10.6 auf Seite 156 gibt die durchschnittliche Belegung einer Zeile in einer Abhängigkeitsmatrix mit von Null verschiedenen Elementen an. Aus diesem Grund erscheint uns der Einsatz dieses Algorithmusses nicht sinnvoll.

**Eine schnelle Matrixmultiplikation** ist durch die besonderen Eigenschaften der Abhängigkeitsmatrizen möglich. In den primären Abhängigkeitsmatrizen sind in jeder Zeile maximal zwei Felder verschieden von Null, da jeder Knoten $v$ maximal zwei verschiedene Söhne hat. Mit jedem Level, den eine Matrix mehr überspannt, verdoppelt sich die theoretisch mögliche Anzahl der Knoten, die von $v$ aus erreichbar sein können. Dieser Wert wird allerdings in der Praxis nicht erreicht (es sei denn das OKFDD ist vollständig und somit exponentiell groß).

Die Matrix $R_{ij}$ wird mit Hilfe von $m_i + m_j$ verketteten Listen gespeichert. Ein Listenelement besteht aus einem Kettenzeiger, einem Zeiger auf das eigentliche Matrixelement und einer Nummer (siehe Abbildung 4.12). Jeder der $m_i$ Zeilen ist eine Zeilenliste zugeordnet. Diese enthält für jedes von Null verschiedene Matrixelement der entsprechenden Zeile von $R_{ij}$ ein Listenelement. Der Spaltenindex des Matrixelements ergibt die Nummer des Listenelements. Diese Nummern sind innerhalb der Liste sortiert. Ebenso ist allen $m_j$ Spalten je eine Liste zugeordnet. Diese sind analog zu den Zeilenlisten aufgebaut. Hier bestimmt jedoch der Zeilenindex des Matrixelements die Nummer des Listenelements.

Für die Boolesche Matrix Multiplikation $R_{ik} = R_{ij} \times R_{jk}$ werden die Matrixelemente $r_{zs}^{jk}$ nacheinander berechnet. Die Nummern der Listenele-

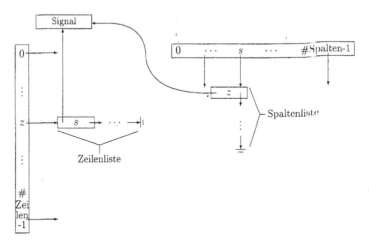

Abbildung 4.12: Datenstruktur zur Repräsentation der Abhängigkeitsmatrizen bei der schnellen Matrix Multiplikation

mente für Zeile $z$ in Matrix $R_{ij}$ und die Nummern der Listenelemente für
Spalte $s$ in $R_{jk}$ werden wie bei Merge Sort (siehe [Sedgewick]) verglichen.
In beiden Listen wird das erste Element betrachtet. Solange die Nummern der beiden Elemente verschieden sind, wird das in der Liste mit
dem Element mit kleinerer Nummer nachfolgende Element betrachtet.
Sind zwei Nummern gleich, so sind die korrespondierenden Matrixelemente konjunktiv zu verknüpfen. Nach Bearbeitung der beiden Listen
sind alle Konjunktionsterme disjunktiv zu verknüpfen und das Ergebnis
ist in der neuen Matrix $R_{ik}$ der entsprechenden Zeilen– und Spaltenliste
anzufügen. Gab es keine Konjunktionsterme, so ist das neue Matrixele-
met gleich Null und somit ist den Listen nichts anzufügen. Da die Spalten
und die Zeilen der neuen Matrix in aufsteigender Reihenfolge berechnet
werden, sind die neuen Listen sortiert.

Die Multiplikation zweier Matrizen $R_{ij}$ und $R_{jk}$ benötigt $c_t \cdot m_i \cdot m_k$ viele Vergleiche, wobei die Konstante $c_t$ der Anzahl der möglichen
erreichbaren Nachfahren in Level $k$ eines Knotens in Level $i$ entspricht. In

| Übersicht über die Laufzeiten | | |
|---|:---:|:---:|
| Funktion | Ø | worst case |
| Komplementmarken entfernen | $1.1 \cdot |G|$ | $O(2 \cdot |G|)$ |
| partielles Quasireduzieren | $2 \cdot |G|$ | $O(n \cdot |G|)$ |
| vollständiges Quasireduzieren | $6 \cdot |G|$ | $O(n \cdot |G|)$ |
| BMM – Reihenfolge ermitteln | $O(n^3)$ | $\Theta(n^3)$ |
| Schul–BMM | $O(n \cdot m_{max}^3)$ | $\Theta(n \cdot m_{max}^3)$ |
| schnelle BMM | $O(n \cdot m_{max}^2)$ | $\Theta(n \cdot m_{max}^3)$ |

Tabelle 4.1: Asymptotische Abschätzungen der Laufzeiten

einem vollständigen OKFDD gilt $c_t = 2^{2^{t-1}}$, wobei $t$ die Klammerungstiefe der Booleschen Matrix Multiplikation in der BMM – Reihenfolge ist. Für primäre Matrizen ist $c_1 = 2$. Für reduzierte und quasireduzierte OKFDDs ist das Wachstum von $c_t$ im Schnitt nicht exponentiell, da die Anzahl der Knoten pro Level im Schnitt nicht exponentiell wächst. Unsere Messungen haben gezeigt (siehe Tabellen 10.5 und 10.6 ), daß $c_t$ für die meisten Schaltkreise im Bereich von 2 bis 5 liegt und unabhängig von der Anzahl der primären Eingänge ist.

Die Laufzeit dieser Matrix Multiplikation liegt damit durch die besondere Struktur der Abhängigkeiten bei $O(m_{max}^2)$.

Es sind unabhängig von $\Re n$ Boolesche Matrix Multiplikationen durchzuführen. Dadurch liegt die Laufzeit der eigentlichen Synthese bei $O(n \cdot m_{max}^2)$.

## 4.5.5   Die Gesamtlaufzeit

Die Gesamtlaufzeit setzt sich aus den oben besprochenen einzelnen Laufzeiten zusammen. Die durchschnittlichen Laufzeiten haben wir aus unseren Messungen ermittelt. Die Worst Case Abschätzungen ergeben sich aus prinzipiellen Betrachtungen.

Unsere Experimente und Messungen haben gezeigt, daß in der Regel die für das Ermitteln einer Variablenordnung, für die das OKFDD minimal ist, benötigte Laufzeit die Laufzeit der Synthese weit übertrifft. Erst wenn für eine Funktion eine günstige Repräsentation als OKFDD gefunden ist, beziehungsweise wenn eine gute Variablenordnung und Zerlegungstypliste vorgegeben sind, fällt die Syntheselaufzeit ins Gewicht.

Im Kapitel 10 zeigen wir die Ergebnisse unserer Messungen. Tabelle 4.1 liefert eine Übersicht über die Laufzeiten der zur Synthese ausgeführten Schritte.

Zur Schaltkreissynthese werden zunächst die Komplementmarken im OKFDD entfernt. Danach wird es vollständig beziehungsweise partiell quasireduziert. Die Wahl der BMM – Reihenfolge ist vor einem partiellen Quasireduzieren beziehungsweise nach einem vollständigen Quasireduzieren zu treffen. Ihre Auswirkungen auf die erzeugten Schaltkreise werden in Abschnitt 5.4.2 und durch die Tabellen 10.7 und 10.8 dokumentiert.

Anschließend erzeugen wir die Schaltkreise mit Hilfe der Schul – BMM. Die schnelle BMM ist nicht implementiert, da sich das Hauptaugenmerk dieser Arbeit den Eigenschaften der erzeuten Schaltkreise widmet. Die schnelle BMM hat jedoch darauf keinen Einfluß. Sie wird hier nur als Möglichkeit der Laufzeitverbesserung vorgestellt:

# Kapitel 5

# Die BMM – Reihenfolge

Die Reihenfolge der Matrixmultiplikationen hat einen entscheidenden Einfluß auf die Laufzeit der Synthese und die Tiefe der erzeugten Schaltkreise. In diesem Kapitel stellen wir unterschiedliche BMM – Reihenfolgen vor. Wir zeigen, wie diese jeweils zu berechnen sind und untersuchen, ob sie auch einen Einfluß auf die Größe der Schaltkreise haben.

Soll die Schaltkreissynthese mit Hilfe von vollständig quasireduzierten OKFDDs erfolgen, so ist das Quasireduzieren unabhängig von der Reihenfolge der Booleschen Matrix Multiplikationen. Da die Anzahl der Knoten im OKFDD zur Berechnung der Kosten der Booleschen Matrix Multiplikationen herangezogen wird, ist es sinnvoll, die BMM – Reihenfolge nach dem vollständigen Quasireduzieren zu ermitteln. Dann sind alle benötigten Daten vorhanden und müssen nicht vorausberechnet werden.

Anders sieht es beim partiellen Quasireduzieren aus. Hier hängt die Entscheidung, ob eine levelübergreifende Kante durch einen redundanten Knoten zu unterbrechen ist, direkt von der BMM – Reihenfolge ab. Diese muß also immer vor dem partiellen Quasireduzieren ermittelt werden. Unsere Messungen haben ergeben, daß die Anzahl der Knoten im reduzierten OKFDD gute Ergebnisse bei der Schaltkreissynthese liefert.

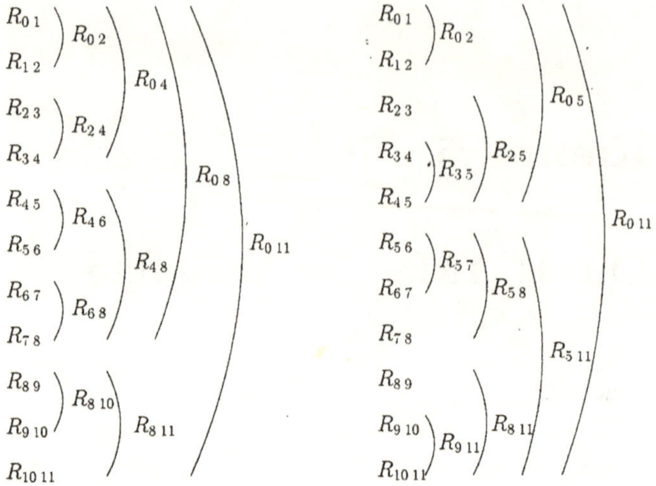

$R_{0\,1}$ $\big)\,R_{0\,2}$
$R_{1\,2}$
$\quad R_{0\,4}$
$R_{2\,3}$ $\big)\,R_{2\,4}$
$R_{3\,4}$
$\qquad R_{0\,8}$
$R_{4\,5}$ $\big)\,R_{4\,6}$
$R_{5\,6}$ $\quad R_{4\,8}$ $\qquad R_{0\,11}$
$R_{6\,7}$ $\big)\,R_{6\,8}$
$R_{7\,8}$
$R_{8\,9}$ $\big)\,R_{8\,10}$
$R_{9\,10}$ $\quad R_{8\,11}$
$R_{10\,11}$

$R_{0\,1}$ $\big)\,R_{0\,2}$
$R_{1\,2}$
$R_{2\,3}$ $\qquad R_{0\,5}$
$R_{3\,4}$ $\big)\,R_{3\,5}$ $\big)\,R_{2\,5}$
$R_{4\,5}$
$\qquad\qquad R_{0\,11}$
$R_{5\,6}$ $\big)\,R_{5\,7}$
$R_{6\,7}$ $\quad R_{5\,8}$
$R_{7\,8}$
$\qquad R_{5\,11}$
$R_{8\,9}$
$R_{9\,10}$ $\big)\,R_{9\,11}$ $\big)\,R_{8\,11}$
$R_{10\,11}$

Abbildung 5.1: Reihenfolgen der Matrizenmultiplikation
Links die durch das triviale Verfahren festgelegte Reihenfolge, rechts eine mögliche durch den Freilos Algorithmus bestimmte Reihenfolge.

## 5.1 Speicherung einer BMM–Reihenfolge

Die Reihenfolge der Booleschen Matrix Multiplikationen hat einen großen Einfluß auf das partielle Quasireduzieren. Deshalb ist es erforderlich, in möglichst kurzer Zeit für eine Kante ermitteln zu können, ob sie bezüglich einer partiellen Quasireduzierung zulässig ist und in welchem Level sie gegebenenfalls zu unterbrechen ist.

Wir haben hierfür einen Zeiger namens *good_edges* auf ein zweidimensionales Boolesches Feld vorgesehen. Die Zeilen dieses Feldes sind von 0 bis $n-1$ und die Spalten sind von 1 bis $n$ durchnummeriert. $n$ ist die Anzahl der Variablen des OKFDDs. Ein Feld $(i, j)$, $i < j$ ist genau dann TRUE, wenn die Matrix $R_{i\,j}$ in der BMM - Reihenfolge $\Re$ enthalten sein soll. Die Hauptdiagonale, bestehend aus den Feldern $(i, i+1)$,

|   | 1 | 2 | 3 | 4 | 5 | 6 |
|---|---|---|---|---|---|---|
| 0 | T |   |   |   |   | T |
| 1 |   | T |   |   |   | T |
| 2 |   |   | T |   |   | T |
| 3 |   |   |   | T |   | T |
| 4 |   |   |   | T | T |   |
| 5 |   |   |   |   | T |   |

Belegung von *good_edges* bei
$\Re = \{R_{46}, R_{36}, R_{26}, R_{16}, R_{06}\} \cup \Psi$

|   | 1 | 2 | 3 | 4 | 5 | 6 |
|---|---|---|---|---|---|---|
| 0 | T | T |   |   |   | T |
| 1 |   | T |   |   |   |   |
| 2 |   |   | T | T |   | T |
| 3 |   |   | T |   |   |   |
| 4 |   |   |   |   | T | T |
| 5 |   |   |   |   |   | T |

Belegung von *good_edges* bei
$\Re = \{R_{02}, R_{24}, R_{46}, R_{26}, R_{06}\} \cup \Psi$

Abbildung 5.2: Das Feld *good_edges* bei verschiedenen BMM – Reihenfolgen, T $\overset{\triangle}{=}$ TRUE an dieser Stelle, die leeren Felder haben den Wert FALSE.

repräsentiert die primären Matrizen. Eine Kante $e_{ij}$ ist dann zulässig, wenn *good_edges*$(i,j)$ TRUE ist.

Das Feld *good_edges* stellt zum einen die BMM – Reihenfolge dar und bietet zum anderen die Möglichkeit, in konstanter Zeit eine Kante zu überprüfen. Die Suche nach dem Level für einen neuen Knoten während des Quasireduzierens geht in linearer Zeit, da nur der jeweilige Zeilenvorgänger mit TRUE zu suchen ist.

## 5.2 Streng lineare BMM – Reihenfolge

Es gibt zwei triviale Möglichkeiten, die Booleschen Matrix Multiplikationen sequentiell auszuführen. Eine lineare Tiefe des BMM – Baumes ist von den Wurzeln ausgehend oder aber von den Terminalen ausgehend zu erreichen.

$$\Re = (((\dots((R_{01}) \times_0 R_{12}) \times_1 \dots) \times_{n-3} R_{n-2\,n-1}) \times_{n-1} R_{n-1\,T})$$
$$\Re = (R_{01} \times_0 (R_{12} \times_1 (\dots \times_{n-3} (R_{n-2\,n-1} \times_{n-1} (R_{n-1\,T}))\dots)))$$

Letzteres ist von besonderem Interesse, da hier die Abhängigkeiten über die Pfade in der Reihenfolge kombiniert werden, wie sie im OKFDD verzweigen. Nur in diesem Fall ist es möglich, OR und EXOR – Gatter in einem von uns synthetisierten OKFDD – Schaltkreis zu mischen. Diese BMM – Reihenfolge wird mit Hilfe von *good_edges* repräsentiert, indem

die Felder der Hauptdiagonalen und der letzten Spalte den Wert TRUE
erhalten (Abbildung 5.2 linke Hälfte).

## 5.3  Logarithmische Tiefe

Eine weitere einfache Möglichkeit realisiert durch paarweises klammern
der Matrizen eine logarithmische Tiefe des BMM – Baumes.

$$\Re = (\ldots((R_{0\,1})\times_0(R_{1\,2}))\times_1 \ldots \times_{n-3}((R_{n-2\,n-1})\times_{n-1}(R_{n-1\,T}))\ldots)$$

Sei zunächst die Anzahl der Variablen eine Zweierpotenz. Dann lassen sich alle Matrizen rekursiv paarweise Klammern, es bleiben keine
einzelnen Matrizen übrig. In *good_edges* werden die Felder $(i, i + 2^j)$,
$i \in \{0, \ldots, n\}, j \in \{0, \ldots, log_2(n)\}$ auf den Wert TRUE gesetzt.

Ist die Anzahl der Variablen keine Zweierpotenz, so verbleiben nur
terminale Abhängigkeitsmatrizen einzeln. Die Anzahl der Variablen bestimmt dabei, welche terminale Abhängigkeitsmatrix einzeln bleibt. Die
Motivation zu dieser Verteilung einzelner Matrizen beruht darauf, daß der
Terminallevel genau zwei Knoten enthält und dadurch der Level mit den
wenigsten Knoten ist (mit Ausnahme der Level mit nur einem Knoten,
die in großen OKFDDs aber selten sind). Besonders in großen OKFDDs
sind die unteren Level nahe des Terminallevels ebenfalls besonders schmal
(Ergebnisse und Erfahrungswerte aus [Hett95] und darauf aufbauender
Forschung). Wir erhoffen uns durch dieses als trivial bezeichnete Verfahren geringe BMM – Kosten.

Die BMM – Reihenfolge läßt sich leicht berechnen, indem *good_edges*
so beschrieben wird, wie es bei der nächst größeren Zweierpotenz der Fall
gewesen wäre. Dabei sind jedoch die Werte $(i, j)$. $j > n$ auf $(i, n)$ zu be-
schränken (Felder $(i, min(i+2^j, n)), i \in \{0, \ldots, n\}. j \in \{0, \ldots, \lceil log_2(n) \rceil\}$).
So werden nur die tatsächlich vorhandenen Matrizen durch *good_edges* re-
präsentiert.

Wir untersuchen nun weitere Möglichkeiten.

## 5.4    Strategien zu besseren Freilosvertei- lungen

Tennisturniere werden oft nach dem Knock Out–Verfahren durchgeführt. Die Teilnehmer treten in Runden paarweise gegeneinander an. In jeder Runde scheidet der Verlierer aus. Der Gewinner gelangt in die nächste Runde. Die Anzahl der Runden ist logarithmisch zur Anzahl der Spieler. Ist die Anzahl der Spieler keine Zweierpotenz, so erhalten manche Spieler Freilose. Diese Spieler haben in der ersten Runde keine Gegner und kommen automatisch in die nächste Runde. Die Anzahl der Freilose ergänzt die Anzahl der Spieler zur nächsten Zweierpotenz.

Die Booleschen Matrix Multiplikationen der Abhängigkeitsmatrizen stellen ein ähnliches Problem dar. Die Tiefe des BMM – Baumes soll ebenfalls logarithmisch sein, da diese die Tiefe des zu erzeugenden Schaltkreises ergibt. Im Unterschied zu einem Tennisturnier dürfen Freilose für Abhängigkeitsmatrizen nicht nur in der ersten Runde verteilt werden. Daraus resultiert, daß eine Abhängigkeitsmatrix auch mehrere Freilose nacheinander erhalten kann. Sie überspringt dann mehrere Runden, d.h. Ebenen des BMM – Baumes. Auch ist es möglich, daß eine Matrix in einer späteren Runde eine oder mehrere Runden überspringt.

Das Freilos Problem läßt sich durch dynamische Programmierung lösen ([Cormen94]) und stellt eine Erweiterung der Matrixketten Multiplikation dar. Als Erweiterung des Freilos Problems bieten wir die Möglichkeit einer variablen Tiefe bis hin zu linearer Tiefe und die Möglichkeit, den Zufall über die BMM–Reihenfolge entscheiden zu lassen.

### 5.4.1   Die Matrixketten Multiplikation

Bei dem Problem der Matrixketten Multiplikation suchen wir für ein Produkt einer Menge von Matrizen eine Klammerung, die die Kosten für die Multiplikation der Matrixkette minimiert. Die Kosten einer Matrix Multiplikation errechnet sich aus der Anzahl der Skalarmultiplikationen.

Die kostengünstigste Matrixketten Multiplikation läßt sich in einer
Zeit von $O(n^3)$ recht einfach durch dynamische Programmierung finden. Wir fassen einen Lösungsalgorithmus zusammen, der in [Cormen94]
ausführlich beschrieben wird.

Sei eine Folge $A = \{A_1, \ldots, A_n\}$ von $n$ Matrizen gegeben. Zu berechnen ist das Produkt

$$A_1 \times A_2 \times \ldots \times A_n \qquad\qquad (5.1)$$

Eine Matrix besitzt eine Höhe und eine Breite. Die Höhe ist gleich der
Anzahl ihrer Zeilen, die Breite ist gleich der Anzahl ihrer Spalten. Sei
$p_i$ die Höhe der Matrix $A_i$ und $p_0$ die Breite der Matrix $A_1$. Dann ist
$p_{i-1}$ die Breite der Matrix $A_i$. Die Matrizen $A_{ij}$ $i < j$ seien definiert als
Produkt der Matrizen $A_i, \ldots, A_j$.

Um die Matrizen mit der Schulmethode multiplizieren zu können, muß
Ausdruck 5.1 vollständig geklammert sein. Ein Produkt von Matrizen ist
genau dann voll geklammert, wenn es entweder eine einzelne Matrix ist
oder wenn es aus dem umklammerten Produkt zweier voll geklammerter
Matrixprodukte besteht. Durch die Assoziativität der Matrixmultiplikation sind alle möglichen Klammerungen zulässig.

Die Kosten einer Matrixmultiplikation $k(MM_{i\,i+1\,i+2})$ hängen direkt von
der Größe der Matrizen ab. Diese sind für die Schulmethode gleich $p_{i-1} \cdot$
$p_i \cdot p_{i+1}$ für das Produkt der Matrizen $A_i \times A_{i+1}$. Diese ergeben sich
daraus, das für jedes Element der neuen Matrix ($p_{i-1} \cdot p_{i+1}$ viele) $p_i$
Multiplikationen auszuführen sind.

Die Kosten einer Matrixketten Multiplikation hängen zusätzlich noch
von der Klammerung ab. Eine breite Matrix sollte früh mit der korrespondierenden hohen Matrix multipliziert werden. damit die große Breite
eliminiert wird. Die Anzahl aller möglichen Klammerungen ist allerdings
exponentiell groß zur Anzahl der Matrizen. Eine vollständige Enumera-
tion scheidet also aus.

Um dennoch eine Lösung finden zu können, betrachten wir die Struktur einer optimalen Klammerung. Eine einzelne Matrix ist schon optimal.
Ein voll geklammertes Matrixprodukt ist nur dann optimal geklammert,

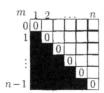 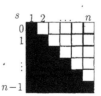

Abbildung 5.3: Felder der geringsten Kosten und besten Schnitte.

Für die oberen und unteren Schranken der besten Schnitte werden zwei Felder $kl$ und $kh$ benötigt, die die gleichen Dimensionen wie das Feld $s$ haben.

wenn es ein Produkt zweier optimal geklammerter Matrixprodukte ist. Das ist leicht zu sehen, denn wenn ein einzelnes Matrixprodukt besser geklammert werden könnte, so würde diese Klammerung auch eine bessere Klammerung für das Gesammtprodukt ergeben. Die Höhe und Breite einer Matrix ist unabhängig von der Art ihrer Berechnung.

Unser Ziel ist es daher, für jede Matrix $A_{ij}$ einen besten Schnitt $k$ zu finden, bei dem die gesamten Kosten $m_{ij}$ zur Berechnung dieser und aller Vorgängermatrizen minimal sind. Dazu müssen die minimalen Kosten $m_{ik}$ und $m_{k+1\,j}$ schon bekannt sein. Für die möglichen Schnitte gilt: $i \leq k < j$.

Die für die beste Klammerung relevanten Kosten der Ausgangsmatrizen $A_i$ sind gleich Null. Für diese Matrizen ist kein Schnitt möglich. Nun können sukzessive die besten Schnitte und minimalen Kosten der Matrizen $A_{i+\delta}$, $1 \leq \delta \leq n$ berechnet werden.

Die besten Schnitte werden in einem Feld $s$ der Größe $(n-1) \times (n-1)$ abgelegt. Für die minimalen Kosten gibt es ein Feld $m$ der Größe $n \times n$. Die beiden Felder bleiben unterhalb der Hauptdiagonalen frei. Abbildung 5.3 verdeutlicht dies.

Die Kosten einer Matrix ergeben sich nun aus $m_{ij} = m_{ik} + m_{k+1\,j} + k(BMM_{ikj})$ für einen Schnitt $k$.

Nach Berechnung aller Felder sind die minimalen Kosten der Matrix-ketten Multiplikation bekannt $(m_{1n})$. Aus dem Feld der Schnitte kann rekursiv ermittelt werden, welche Matrizen zu multiplizieren sind.

**Der benötigte Speicherplatz**   ergibt sich durch die beiden Felder $s$ und $m$ und liegt in $\Theta(n^2)$. Bei einer Implementation lassen sich die Felder $m$ und $s$ zu einem Feld zusammenfassen.

**Die Laufzeit**   zur Berechnung der Felder $s$ und $m$ ist für $(n-1) \cdot (n-1) + n \cdot n$ viele Elemente über jeweils maximal $n$ viele Schnitte $k$ zu enumerieren. Die Laufzeit ist somit aus $O(n^3)$.

## 5.4.2   Der Freilos Algorithmus

Mit Hilfe der Matrixketten Multiplikation läßt sich nun die Freilosver-teilung mit den geringsten Kosten ermitteln. Das ist diejenige mit den wenigsten Multiplikationen. Dadurch erhoffen wir uns möglichst kleine Schaltkreise, denn jede Multiplikation kann im BMM – Teilschaltkreis ein And – Gatter erfordern und erhöht damit die Anzahl der benötigten Eingänge eines Exor / Or – Gatters.

Durch eine Beschränkung der möglichen Schnitte $k$ der Matrizen läßt sich die Klammerungstiefe steuern. Wir ermitteln die Schranken für die möglichen Schnitte einer Matrix $R_{ij}$ so, daß entweder eine logarithmische Tiefe erhalten bleibt oder eine bis zu lineare Tiefe erreicht wird, abhängig davon, ob eine logarithmische Tiefe angestrebt wird, oder nicht. Wird eine bis zu lineare Tiefe angestrebt, so ergeben sich für den Schnitt $k$ einer Matrix $R_{ij}$ die Schranken $i < k < j$. Die Schranken für logarithmische Tiefe stellen wir im folgenden vor.

Betrachten wir eine Abhängigkeitsmatrix $R_{i\,i+\delta}$. Diese Matrix enthält die Abhängigkeiten über $\delta$ viele Level und geht aus der Booleschen Ma-trix Multiplikation der Matrizen $R_{i\,k}$ und $R_{k\,i+\delta}$ hervor. Dabei ist $k$ der Schnitt der Abhängigkeitsmatrix $R_{i\,i+\delta}$. Um eine logarithmische Tiefe in der Klammerung der Booleschen Matrix Multiplikationen zu erreichen, darf die Anzahl der Level, die die Matrix $R_{i\,k}$ bzw. die Matrix $R_{k\,i+\delta}$ überspannt nicht größer als die größte Zweierpotenz kleiner $\delta$ sein. Diese Bedingung stellt sicher, daß die Matrizen $R_{i\,k}$ und $R_{k\,i+\delta}$ in einer anderen Klammerungstiefe der BMM – Reihenfolge liegen als $R_{i\,i+\delta}$. Formal gilt für den Schnitt $k$ zu einer Abhängigkeitsmatrix $R_{i\,i+\delta}$:

$$\left. \begin{array}{ll} \#\text{Level in } R_{k\,i+\delta} & i+\delta-k \\ \#\text{Level in } R_{i\,k} & k-i \end{array} \right\} \leq 2^{ld\lceil\frac{\delta}{2}\rceil} \quad \begin{array}{l} \text{Größte Zweier-} \\ \text{potenz kleiner } \delta \end{array} \quad (5.2)$$

oder nach $k$ aufgelößt:

$$i + \delta - 2^{ld\lceil\frac{\delta}{2}\rceil} \leq k \leq i + 2^{ld\lceil\frac{\delta}{2}\rceil} \quad (5.3)$$

Die Berechnung der Schranken für $k$ kann vorab erfolgen, da sie nur von der Anzahl der Variablen abhängen. Die Schranken müssen in zwei eigenen Feldern gespeichert werden.

Die Kosten einer Booleschen Matrix Multiplikation $c(BMM_{ikj})$ ergeben sich aus der Anzahl der Multiplikationen. Für die Booleschen Matrix Multiplikationen nach der Schulmethode ergibt sich als Kostenmaß das Produkt der Levelbreiten aller drei beteiligten Level. Die Kosten der schnellen Matrixmultiplikation können mit den Breiten der beiden äußeren Level abgeschätzt werden (siehe Abschnitt 4.5.4).

Betrachten wir ein OKFDD mit $n$ Variablen und $p_i$ Knoten in Level $i$, $i \in \{0, \ldots, n\}$. Der Freilos Algorithmus besteht nun darin, die Felder $m$ und $s$ zu füllen und anschließend auszuwerten. Er unterteilt sich in vier Schritte:

(1) Initialisierung der Felder $m_{ii+1}, 0 \leq i \leq n-1$ mit den Kostenwerten 0. Primäre Matrizen haben keine Kosten und es gibt keinen Schnitt für sie.

(2) Füllen der Felder $s_{ii+2}, 0 \leq i \leq n-2$ mit $i+1$. Der Schnitt ist nur in Level $i+1$ möglich. Die Kosten ergeben sich direkt aus den BMM-Kosten und werden in die entsprechenden Stellen des Feldes $m$ eingetragen.

(3) Die Diagonalen der Felder $m$ und $s$ werden in aufsteigender Reihenfolge bearbeitet, wobei die einzelnen Elemente einer Diagonalen

nacheinander besucht werden. Für ein Element $i, j$ wird der Schnitt
mit minimalen Kosten aus der Menge aller möglichen Schnitte gesucht. Die minimalen Kosten sind:

$$m_{ij} = \begin{cases} 0 & i+1 = j \\ \min_{k \in (5.3)} \{m_{ik} + m_{k+1j} + c(BMM_{ikj})\} & sonst \end{cases} \quad (5.4)$$

mit den Schranken für $k$ aus Formel 5.3. Das $k$ mit den minimalen
Kosten ergibt den Wert für $s_{ij}$.

(4) Auswertung des Feldes $s$. Beginnend mit $i = 0$ und $j = n$ sind für das
Element $s_{ij}$ solange rekursiv die Elemente $s_{ik}$ und $s_{k+1j}$ zu besuchen,
bis gilt: $i + 1 = j$. Das Feld *good_edges* wird an der Stelle $i, j$ auf
TRUE gesetzt.

Die Berechnung der Kosten bezieht sich hier auf die Anzahl der Operationen, nicht auf die Anzahl der bei der Umsetzung in Schaltkreiselemente
benötigten Gatter. Abgesehen von den in Abschnitt 4.4.2 vorgestellten
Reduktionen wird aber für jede Multiplikation genau ein And – Gatter
erzeugt und liefert den Anschluß an ein Or / Exor – Gatter.

## 5.4.3   Zufällige Verteilung der Freilose

Es ist auch möglich, die BMM–Reihenfolge durch einen Pseudozufall ge-
nerieren zu lassen. Der Freilos Algorithmus ist dazu leicht zu modifizieren.
Das Feld $m$ findet dann keine Verwendung mehr. Die Elemente des Feldes
$s$ werden durch ein zufälliges $k$ innerhalb der Schranken gefüllt. Dabei
sollte der Zufallszahlengenerator durch einen pseudozufälligen Wert initialisiert werden. Wir haben hierzu die Uhrzeit in Mikrosekunden modu-
lo der Größe des Bereiches von $k$ gewählt. Als Schranken kommen sowohl
streng logarithmische Schranken in Frage, als auch solche, die den Bereich
bis zu linearer Tiefe zulassen. Letzteres bedeutet, die BMM – Reihenfolge wird rein zufällig aus allen Möglichkeiten für OKFDD – Schaltkreise
gewählt.

Diese zufälligen Methoden sollen uns helfen, Aussagen über den Er-
folg unserer gezielten Methoden treffen zu können. Es kann durchaus vorkommen, daß eine zufällig ermittelte BMM – Reihenfolge in bestimmten

Fällen bessere Ergebnisse liefert. Jedoch sollten die gezielten Methoden, um als gut anerkannt zu werden, bezüglich einer größeren Anzahl von Schaltkreisbeschreibungen deutlich bessere Ergebnisse liefern.

# Kapitel 6

# Größe der Schaltkreise

In diesem Kapitel treffen wir Aussagen über die Größe der von uns erzeugten Schaltkreise. Dabei betrachten wir sowohl vollständige als auch reduzierte Schaltkreise (siehe Definition 4.1 auf Seite 53), und diskutieren die Probleme, die bei der Beeinflussung der Schaltkreisgröße entstehen. Außerdem unterscheiden wir die Schaltkreissynthese, ausgehend von vollständig beziehungsweise partiell quasireduzierten OKFDDs, im folgenden als vollständige beziehungsweise partielle Synthese bezeichnet.

## 6.1 Vollständige Schaltkreise

Die Booleschen Matrix Multiplikationen $R_{i\,i+\delta} = R_{i\,k} \times R_{k\,i+\delta}$, $i < k < i+\delta$ führen wir anhand Abbildung 4.2 (Seite 35) durch. Verzichten wir dabei auf die in Abschnitt 4.4.2 (Seite 50) vorgestellten Reduktionen redundanter Gatter, so erhalten wir nach Ausführung aller Booleschen Matrix Multiplikationen der BMM – Reihenfolge $\mathfrak{R}$ einen vollständigen Schaltkreis.

Die Größe eines vollständigen Schaltkreises läßt sich einfach berechnen. Sie hängt von der Variablenreihenfolge und der Zerlegungstypliste des OKFDDs und der gewählten BMM – Reihenfolge ab. Gegeben seien die beiden Matrizen $R_{i\,k}$ und $R_{k\,i+\delta}$, mit

$$p_i = \#Knoten\ in\ Level\ i$$

75

$$p_k \;=\; \#Knoten\ in\ Level\ k$$
$$p_{i+\delta} \;=\; \#Knoten\ in\ Level\ i+\delta$$

Für ein Element $c_{z\,s} \in R_{i\,i+\delta}$ werden $p_k$ AND – Gatter der Breite zwei und ein EXOR / bzw. OR – Gatter der Breite $p_k$ benötigt. Da $R_{i\,i+\delta}$ aus $p_i \cdot p_i + \delta$ vielen Elementen besteht, folgt, daß für die Boolesche Matrix Multiplikation der beiden Matrizen insgesamt $p_i \cdot p_k \cdot p_i + \delta$ viele AND – Gatter und $p_i \cdot p_{i+\delta}$ viele EXOR / OR – Gatter benötigt werden.

Die Breite der Gatter ist durch die benutzte Schaltkreisbibliothek beschränkt. Breitere Gatter sind durch EXOR / OR – Gatter Bäume zu substituieren. Für die Betrachtung der Größe vollständiger Schaltkreise zählen wir solche Gatter – Bäume jedoch nur als ein Gatter, da jeder Eingang eines solchen Baumes durch ein AND – Gatter gespeist wird und somit die Anzahl der AND – Gatter die Bäume dominiert.

Für ein OKFDD $G$ mit DTL $d$ und eine BMM – Reihenfolge $\Re$ ergibt sich die Anzahl der Gatter im vollständigen Schaltkreis wie folgt:

$$\#Gatter = \sum_{R_{i\,i+\delta}\in\Re\backslash\Psi} (p_i \cdot p_k \cdot p_{i+\delta} + p_i \cdot p_{i+\delta}) \qquad (6.1)$$
mit $k$ als Schnitt von $R_{i\,i+\delta}$

Schon für kleine OKFDDs ist die Anzahl der benötigten Gatter imens groß. Eine Schaltkreisbeschreibung mit Hilfe der in Abschnitt 7.2, Seite 88 vorgestellten Datenstruktur scheitert in diesem Fall an den zur Verfügung stehenden Speicherresourcen. Außerdem erscheint es nicht sinnvoll, Schaltkreise mit einer solchen Menge redundanter Gatter zu erzeugen. Die Erzeugung vollständiger Schaltkreise haben wir aus den oben genannten Gründen nicht implementiert. Für die Vorausberechnung der Gatterzahlen im vollständigen Schaltkreis haben wir eine Funktion implementiert.

Aus Formel 6.1 ergibt sich, daß die vollständige Synthese sehr viel größere vollständige Schaltkreise ergibt, als die partielle Synthese, denn in vollständigen Schaltkreisen ergeben auch redundante Knoten Schaltkreiselemente.

## 6.2   Reduzierte Schaltkreise

Abschnitt 4.5.4 macht deutlich, daß die Abhängigkeitsmatrizen meist sehr dünn besetzt sind. Dadurch werden viele Gatter von den Konstanten Null bzw. Eins gespeist und sind somit redundant. Dies berücksichtigen wir in Abschnitt 4.4.2 dadurch, daß solche Gatter während der Synthese gar nicht erst erzeugt werden. Die daraus resultierenden Schaltkreise bezeichnen wir als reduzierte Schaltkreise.

Wir wollen nun an dieser Stelle die Größe reduzierter Schaltkreise diskutieren und eine Abschätzung dafür finden. Dazu betrachten wir zunächst im einzelnen, in welchen Fällen aus Abhängigkeiten Schaltkreiselemente werden.

Für reduzierte Schaltkreise werden für die Elemente von Abhängigkeitsmatrizen, die gleich Null sind, keine Schaltkreiselemente erzeugt. Nur durch die Abhängigkeit über eine auslaufende Kante eines nicht redundanten Knotens entsteht eine Abhängigkeit verschieden von Null. Für diese Abhängigkeit erzeugen wir einen Eingang für ein AND – Gatter der Booleschen Matrix Multiplikation, an der die entsprechende primäre Abhängigkeitsmatrix beteiligt ist. Solche Eingangssignale seien im folgenden als *Abhängigkeitssignal* bezeichnet.

Eine Außnahme bilden die linken Söhne von Davio Knoten und die Söhne redundanter Shannon Knoten. Die Abhängigkeiten zu diesen Söhnen fließen als Eins in die primären Matrizen ein und führen bei der Booleschen Matrix Multiplikation auch zur Reduktion eines AND – Gatters.

Gatter entstehen nun durch die Booleschen Matrix Multiplikationen der Abhängigkeitsmatrizen. Dabei werden mathematisch betrachtet die Abhängigkeiten der einzelnen Kanten zu Pfaden verknüpft. Die Größe der reduzierten Schaltkreise ergibt sich aus der Anzahl der Kanten des OKFDDs und deren Zusammenfassung zu Pfaden durch die BMM – Reihenfolge $\mathfrak{R}$. Durch Veränderung der BMM – Reihenfolge lassen sich Größenveränderungen bei den Schaltkreisen beobachten (siehe Kapitel 5.4.2).

Demzufolge läßt sich die Größe der Schaltkreise durch die Anzahl der Kanten im reduzierten OKFDD und die Belegung der Matrizen (Tabellen 10.5 und 10.6) abschätzen.

Da der Unterschied zwischen einem quasireduzierten und einem partiell quasireduzierten OKFDD nur aus eingefügten redundanten Knoten besteht und diese keinen Schaltkreis ergeben, sind die resultierenden reduzierten Schaltkreise für eine BMM -- Reihenfolge $\mathfrak{R}$ gleich groß und bei gleicher Implementierung der Synthese identisch.

Der Einfluß der BMM – Reihenfolge auf die Größe der erzeugten Schaltkreise läßt sich nicht ermitteln, ohne die Booleschen Matrix Multiplikationen alle (und damit die ganze Synthese) auszuführen. Aus diesem Grund berücksichtigen wir ihn für die Abschätzung der Schaltkreisgröße nicht.

Sei $n$ die Anzahl der Eingangsvariablen eines gegebenen reduzierten OKFDDs, $w_{DD}$ die Anzahl der Knoten des Levels mit den meisten Knoten (seine Breite). Sei $w_{BMM}$ die Anzahl Boolescher Matrix Multiplikationen der Klammerungstiefe mit den meisten Booleschen Matrix Multiplikationen (siehe hierzu Abbildung 6.1, die Zahlen am rechten Rand geben die Klammerungstiefen an). Wir nennen im folgenden $w_{BMM}$ *Breite der BMM – Reihenfolge*. Wir betrachten die Dimensionen der Schaltkreise zum einen bei logarithmischer Tiefe und zum anderen bei linearer Tiefe der Booleschen Matrix Multiplikationen (Wahl der BMM – Reihenfolge — Kapitel 5).

Dann ist die Tiefe der erzeugten Schaltkreise bei logarithmischer Reihenfolge im schlimmsten Fall aus $O(log\,n \cdot log\,w_{DD})$ beziehungsweise aus $O(n \cdot log\,w_{DD})$ bei linearer Reihenfolge. Dabei verursachen die Exor / Or – Gatter Bäume den Faktor $log\,w_{DD}$. Die dünn besetzten Matrizen führen dazu, daß in der Regel diese Exor / Or – Gatter Bäume nicht entstehen. Daraus ergibt sich im Mittel aller Fälle die Tiefe $O(log\,n)$ beziehungsweise $O(n)$, wobei sich $log\,n$ und $n$ aus der Tiefe des BMM – Baums ergibt.

Die Größe der erzeugten Schaltkreise ist aus $O(w_{BMM} \cdot |G|)$ ($G$ quasireduziert ohne Komplementmarken). Dabei fließt die Größe des OKFDDs

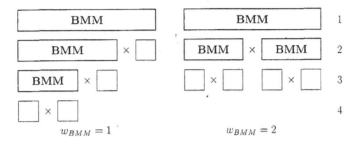

Abbildung 6.1: Klammerungstiefen in BMM – Reihenfolgen

in diese Betrachtung ein, da jede Kante im OKFDD ein Eingangssignal
für einen BMM – Teilschaltkreis liefert. Die Ausgängssignale eines BMM
– Teilschaltkreises seien als *Zwischensignale* bezeichnet. Diese Zwischensignale erfordern für nachfolgende Boolesche Matrix Multiplikationen erneut Eingänge. Aus diesem Grund erhöht die Breite der BMM – Reihenfolge die Schaltkreisgröße.

Bei linearer BMM – Reihenfolge wird zu jedem Zwischensignal ein
Abhängigkeitssignal verknüpft. Bei breiteren BMM – Bäumen entstehen
viele Zwischensignale, die alle durch weitere Gatter miteinander verbunden werden müssen. Aus diesem Grund sind die flacheren Schaltkreise
logarithmischer Tiefe größer als die Schaltkreise linearer Tiefe.

## 6.3  Beeinflussung von OKFDDs

Es wurden verschiedene Methoden gefunden. die Variablenordnung und
Zerlegungstypliste von OKFDDs zu manipulieren. Dazu dienen auf un-
terster Ebene Routinen zum Vertauschen zweier benachbarter Level und
Routinen zum Ändern des Zerlegungstyps des untersten nicht terminalen
Levels.

Die klassische Zielsetzung aller Methoden ist die Minimierung der
Größe der OKFDDs. Zum einen gibt es exakte Verfahren, die nach ei-

ner erheblichen Laufzeit optimale Ergebnisse liefern ([Friedman87]). Zum
anderen gibt es Heuristiken, welche in akzeptabler Zeit gute Ergebnisse
liefern. Eine solche Heuristik bezeichnet man als Sifting – Strategie. Die
Methoden werden in [Hett95] vorgestellt.

Grundlage des Siftings ist es, Variablenreihenfolge und Zerlegungstyp
einer Variable zu tauschen (bezeichnet als *Leveltausch*). Dabei nimmt
eine Variable nacheinander in allen Leveln jeden Zerlegungstyp an. Die
Variable nimmt anschließend die Stelle und den Zerlegungstyp an, bei
der die Kosten am geringsten sind (das OKFDD am kleinsten ist).

Da die Größe des quasireduzierten OKFDDs in die Schaltkreisgröße
linear einfließt, ist es zu empfehlen, eine möglichst kleine Darstellung
des quasireduzierten OKFDDs als Ausgangspunkt zu unseren Optimie-
rungsstrategien und zur Schaltkreissynthese zu verwenden. Auch darf das
OKFDD bei dieser Betrachtung schon keine Komplementmarken mehr
enthalten. Die Veränderungen der OKFDDs durch das Entfernen der
Komplementmarken und durch das Quasireduzieren sind für verschiedene Ordnungen und Zerlegungstyplisten sehr unterschiedlich und bezogen
auf unsere Kostenmaße unvorhersagbar.

## 6.4   Beeinflussung der Schaltkreisgröße

Wir suchen nun nach Wegen, die resultierende Schaltkreisgröße gezielt
zu beeinflussen. Die Schaltkreisdimensionen hängen direkt von der Ordnung und der Zerlegungstypliste des zugrundeliegenden OKFDDs und
der Wahl der BMM – Reihenfolge ab.

Wir geben ein Kostenmaß an, das aus der Größe eines OKFDDs und
einer BMM – Reihenfolge die Größe des so zu erzeugenden Schaltkreises
abschätzt. Ein anderes Kostenmaß versucht, die Anzahl der Redukti-
onsmöglichkeiten der Schaltkreiselemente zu maximieren.

Diese Kostenmaße dienen den exakten und den heuristischen Routinen zur Minimierung. Diese können jedoch nur sinnvolle Ergebnisse
liefern, wenn sie auf quasireduzierte OKFDDs ohne Komplementmarken
angewendet werden. Den Grund dafür stellen wir bei dem jeweiligen Ko-

stenmaß vor. In Abschnitt 6.4.3 erklären wir, warum es uns nicht möglich war, die Routinen zur Minimierung auf quasireduzierten OKFDDs ohne Komplementmarken anzuwenden.

### 6.4.1 Gatteranzahl als Kostenmaß

Die Größe eines Schaltkreises wird durch die Anzahl seiner Gatter bestimmt. In Formel 6.1 (Seite 76) haben wir beschrieben, wie wir anhand eines OKFDDs die Anzahl der Gatter im zugehörigen vollständigen Schaltkreis berechnen können. Dabei fließt die Reihenfolge der Booleschen Matrix Multiplikationen ein.

Unser Ziel ist es nun, ein OKFDD so zu verändern, daß die Anzahl der Gatter im vollständigen Schaltkreis möglichst klein wird. Dazu berechnen wir nach jedem Leveltausch mit dem Freilos Algorithmus die jeweils günstigste BMM – Reihenfolge. Dabei gilt wieder, daß der Teilschaltkreis für eine Abhängigkeitsmatrix nur dann optimal sein kann, wenn die Teilschaltkreise der zugrundeliegenden Abhängigkeitsmatrizen ebenfalls optimal sind. Die entsprechende Variable positionieren wir nach allen Levelvertauschungen anschließend dort, wo die Gatterzahl am geringsten ist.

Für die exakten Minimierungsverfahren auf OKFDDs wird so der OKFDD bestimmt, der zum kleinsten vollständigen Schaltkreis führt. Mit Hilfe der heuristischen Minimierungsverfahren wird ein OKFDD bestimmt, das zu guten kleinen vollständigen Schaltkreisen führt.

Da sich die Anzahl der benötigten Gatter aus der Zahl der Knoten der Level des OKFDDs ergibt, kann dieses Kostenmaß nur dann einen Sinn ergeben, wenn die Knotenzahlen eines quasireduzierten OKFDDs ohne Komplementkanten zur Berechnung herangezogen werden.

Da es uns nicht möglich war, eine heuristische oder eine exakte Minimierung auf OKFDDs ohne Komplementmarken anzuwenden, ohne eine eigene Datenstruktur für OKFDDs zu implementieren, wendeten wir dieses Kostenmaß innerhalb eines Siftings, das auch Zerlegungstypen tauscht, auf reduzierte OKFDDs an. Die Anzahl der Gatter für einen vollständigen Schaltkreis wird hierbei anhand der Knotenzahlen des reduzierten OKFDDs bestimmt. Die Ergebnisse finden sich in den Tabellen 10.20 und 10.21 auf Seite 187.

## 6.4.2   Matrixbelegung als Kostenmaß

Wir diskutieren hier einen Ansatz, mit Hilfe der Matrizenbelegungen ein Kostenmaß zu finden, welches einen kleinsten reduzierten Schaltkreis liefert.

Eine Boolesche Matrix Multiplikation ist günstig, wenn möglichst viele Signale mit Null mulitpliziert werden und somit reduziert werden. Die BMM – Reihenfolge ist so zu wählen, daß alle Booleschen Matrix Multiplikationen am günstigsten sind. Als Kostenmaß dient die Anzahl aller von Null verschiedenen Elemente aller Abhängigkeitsmatrizen in einer BMM – Reihenfolge.

Nach jedem Leveltausch ist auf Grundlage des Matrixketten Algorithmus die BMM – Reihenfolge zu ermitteln, die das Kostenmaß für die aktuelle Variablenordnung und DTL minimiert. Zu den Booleschen Matrix Multiplikationen werden dabei keine Schaltkreiselemente erzeugt. Es ist in den Abhängigkeitsmatrizen nur zu vermerken, ob ein Matrixelement ein Schaltkreissignal repräsentiert oder nicht. Auch hier ergibt wieder nach allen Levelvertauschungen die Position mit der besten BMM – Reihenfolge die neue Variablenposition.

Für dieses Kostenmaß ist es besonders wichtig die Minimierung auf OKFDDs ohne Komplementmarken auszuführen, da Abhängigkeiten für komplementierte Kanten nicht definiert sind. Außerdem hängen die Dimensionen der Abhängigkeitsmatrizen von der Anzahl der Knoten pro Level des OKFDDs ab. Aus diesen Gründen sahen wir von einer Implementierung einer Minimierungsroutine auf Grundlage dieses Kostenmaßes bewußt ab.

## 6.4.3 Probleme bei der Implementierung

In diesem Abschnitt gehen wir auf einige Eigenschaften von PUMA, einer Datenstruktur zur Repräsentation von OKFDDs, ein. PUMA beschreiben wir in Abschnitt 7.1 (Seite 85ff) genauer, da dies hier den Rahmen dieses Abschnittes sprengen würde.

Der Implementierung unseres Schaltkreissyntheseverfahrens lag die OKFDD – Datenstruktur PUMA zugrunde. Diese Datenstruktur sieht als Normierung reduzierte OKFDDs mit Komplementmarken vor. Dabei darf allerdings keine Kante zu einem *low*–Sohn markiert sein.

Die Routinen von PUMA führen automatisch alle Reduktionen vom Typ I, D und S durch. Die Typen S und D wandeln ein quasireduziertes OKFDD aber wieder in ein reduziertes OKFDD um. Auch werden wieder Komplementmarken eingeführt, um die normierte Form von PUMA einzuhalten.

Im weiteren entstehen Speicherfehler, wenn eine Komplementmarke auf dem *high*–Sohn eines Knotens auftritt. Dies kommt vor, da in PUMA Kanten zur terminalen Null als komplementierte Kanten zur terminalen Eins repräsentiert werden. Eine terminale Null wurde in PUMA nicht vorgesehen.

Wünschenswert als Grundlage für unsere Schaltkreissynthese wäre eine Datenstruktur zur Repräsentation von OKFDDs, die verschiedene Normierungen zuläßt. Unerläßlich für unser Syntheseverfahren ist dabei eine Normierung, die Komplementmarken verbietet und alle möglichen Reduktionen vom Typ I automatisch, andere Reduktionstypen aber nur optional durchführt.

Eine Umarbeitung der entsprechenden Routinen in PUMA würde zu einer umfassenden Veränderung dieser Datenstruktur führen und so den Rahmen unserer Diplomarbeit bei weitem sprengen.

Als Alternative haben wir die Möglichkeit in Betracht gezogen, auf einem reduzierten OKFDD vorauszuberechnen, wieviele Knoten in jedem Level zum Entfernen der Komplementmarken und zum Quasireduzieren

eingefügt werden müssen. Diese Knotenzahlen dienen dann für die oben
beschriebenen Kostenmaße. Diese Berechnung ist nach jedem Leveltausch
erneut durchzuführen. Es hat sich herausgestellt, daß der Aufwand dafür
aus folgendem Grund nicht vertretbar ist.

Die nötigen Operationen zum Entfernen der Komplementmarken aus
dem OKFDD sind nicht lokal. Zeigen auf einen Knoten sowohl komplementierte als auch nicht komplementierte Kanten, so ist dieser Knoten zu
verdoppeln. Da die Marken von den Wurzeln zu den Terminalen geschoben werden, ist für einen Knoten nicht zu erkennen, ob er zu verdoppeln
ist oder nicht, ohne das Entfernen der Komplementmarken vollständig
durchzuführen. Führt man dies aber durch, so ist nach dem Berechnen
der Kosten die Normierung von PUMA wieder herzustellen. Hierzu ist
für jeden Knoten das ganze OKFDD zu traversieren, um nach einem
funktional invertierten Knoten zu suchen. Das ergibt eine quaqratische
Laufzeit zur Größe des OKFDDs für die Berechnung der Kosten. Dies ist
für die Minimierungsroutinen nicht akzeptabel.

Zum anderen ist das OKFDD einmal zu traversieren, um die Zahl der
beim Quasireduzieren einzufügenden Knoten zu berechnen. Die Anzahl
der Level, die eine Kante überspringt, bestimmt direkt die Anzahl der
Knoten, die auf ihr eingefügt werden müssen. Um Knoten nicht doppelt
zu zählen, wird jeder Knoten markiert, den eine betrachtete Kante erreicht. Knoten werden nur dann für eine Kante gezählt, wenn diese einen
nicht markierten Knoten erreicht.

Es erscheint nicht sinnvoll, eine umfangreiche Minimierungsroutine
zu schreiben, die trotz dieser großen Laufzeit ($O(|G|^2 \cdot n^3)$, OKFDD $G$
mit $n$ Variablen) doch nur eine Heuristik ist, wenn durch eine geeignete
Datenstruktur eine Heuristik ermöglicht wird, die nur einen Bruchteil der
Zeit benötigt.

# Kapitel 7

# Datenstrukturen für OKFDDs und Schaltkreise

In Kapitel 2.2 haben wir Eigenschaften von OKFDDs beschrieben. In diesem Kapitel beschäftigen wir uns mit der Datenstruktur zur Repräsentation von OKFDDs, die die Grundlage unserer Mathode zur Schalkreissynthese bildet. Wir gehen dabei auf Einzelheiten, die für uns von besonderem Interesse sind, genauer ein. Weiters findet sich in [Hett95] und [Drechsler94].

Anschließend stellen wir die Datenstruktur vor, mit deren Hilfe wir die zu synthetisierenden Schaltkreise beschreiben. Diese wird in [Krieger93] ausführlich beschrieben.

## 7.1 Eine Datenstruktur für OKFDDs

Das in der objektorientierten Programmiersprache C++ (siehe hierzu [Stroustrup92]) implementierte Paket PUMA bietet eine effiziente Datenstruktur zur Repräsentation, Konstruktion und Manipulation von OKFDDs. Es liefert uns die Grundlage zur Schaltkreissynthese. Deshalb werden in diesem Abschnitt einige Details dieser Datenstruktur genauer vorgestellt, mit denen wir direkt arbeiten.

PUMA bietet Möglichkeiten, Boolesche Funktionen kompakt darzustellen. Dazu dienen zum einen Algorithmen, die vom Benutzer angewendet werden können, wie die verschiedenen Arten des Siftings. Zum anderen sind die Möglichkeiten zur kompakten Darstellung auch in der Datenstruktur selbst enthalten. So werden komplementierte Kanten benutzt, womit ca. 10 bis 15 Prozent an Größe gespart werden.

Um zu einer eindeutigen Darstellung für OKFDDs zu finden, werden nur Marken auf der Kante zum Low – Nachfolger eines Knotens zugelassen und es gibt nur einen Terminalknoten, die terminale Eins. Außerdem werden alle möglichen Reduktionen vom Typ I, D und S während dem Aufbau und nach jeder Manipulation des OKFDDs durchgeführt.

Die Darstellung von Funktionen als shared OKFDD wird von PUMA unterstützt. Die einzelnen Funktionen werden durch die Wurzeln repräsentiert. Auch diese können Marken tragen.

PUMA bietet die Möglichkeit, aus einer Schaltkreisbeschreibung im BLIF–Format automatisch ein OKFDD zu erzeugen. Für jeden primären Ausgang gibt es eine Wurzel, die die entsprechende Funktion repräsentiert (nähers zum BLIF – Format findet sich in Kapitel 10). Zusätzlich kann zu einer Funktionsbeschreibung noch eine Datei mit einer Varaiblenordnung und Zerlegungstypliste (*Ordnungsfile*) angegeben werden. Diese Datei dient dann zum Aufbau des zugehörigen OKFDDs. Wurde das OKFDD durch verschiedene Algorithmen manipuliert und hat so eine neue Variablenreihenfolge, erhalten, kann diese wieder als Datei abgespeichert werden.

Wir haben zu den in Kapitel 10 aufgelisteten Funktionsbeschreibungen jeweils Orderfiles erzeugt (siehe Kapitel 10, Seite 147ff). Diese enthalten Variablenreihenfolgen und DTLs, für die das OKFDD möglichst klein ist. Außerdem erhält man durch Einlesen des gleichen Orderfiles bei verschiedenen Durchläufen immer das gleiche OKFDD. So werden vergleichende Läufe und Messungen erst möglich.

Für die Vorbereitungen an den OKFDDs zur Schaltkreissynthese (Entfernen der Komplementmarken, Quasireduzieren) müssen Knoten aus dem OKFDD entfernt werden und neue Knoten in das OKFDD auf-

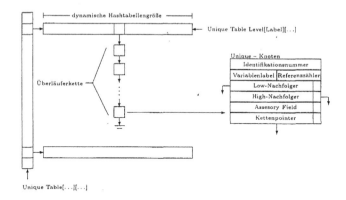

Abbildung 7.1: Unique Tables und Unique Knoten

genommen werden. Hierzu ist eine genaue Kenntniss über die Knoten-
verwaltung von PUMA wichtig. Deshalb stellen wir sie hier vor.

PUMA verwaltet die Informationen eines Knotens $v$ in sogenannten
*Unique Knoten* (siehe auch Abbildung 7.1). Diese enthalten eine eindeutig vergebene Identifkationsnummer *idnum*, das zugehörige Variablenlabel, die Zeiger auf die Söhne des Knotens und ein *Assesory* – Feld, das
dem Anwender zum Ablegen selbst definierter Zusatzinformationen dienen kann. Ein Referenzzähler (ref_c), der immer um eins größer ist als
die Anzahl der Väter des Knotens und ein Zeiger zum Verketten (Ket-
tenpointer) der Knoten in einer einfach verketteten Liste ergänzen den
Knoten.

Die Speicherung der Knoten erfolgt in einer sogenannten *Unique Table*
(siehe Abbildung 7.1). Die Knoten eines Levels werden dabei gemeinsam
in einer Levelliste *Unique Table Level, UTL* mittels einem Hashverfah-
ren (siehe 4.5, Seite 53) abgelegt. Anhand der Identifikationsnummer der
Söhne wird die Hashposition des Knotens in der UTL berechnet. Die Ket-
tenpointer dienen zur Verkettung mehrerer Knoten in einer Überläuferkette. So ist ein schneller Zugriff auf die Knoten und somit auch auf die
durch sie repräsentierten Funktionen möglich.

Die verschiedenen Methoden zur Manipulation von OKFDDs und zur
Ausgabe von Informationen über die Knoten, Kanten und Größe der
OKFDDs sind in einer interaktiven Kommandoshell, der *PUMA–Shell*
zusammengefaßt.

## 7.2   Eine Datenstruktur zur Schaltkreisbeschreibung

Test_Circ ([Krieger93]) ist ein abstrakter Datentyp zur Repräsentation
von hierarchischen, kombinatorischen und sequentiellen Schaltkreisen.
Er ist in der objektorientierten Programiersprache C++ (siehe hierzu
[Stroustrup92]) implementiert. Während im BLIF – Format Schaltkreise
nach ihrem Verhalten beschrieben werden, wird von Test_Circ die Struktur eines Schaltkreises beschrieben. Die Beschreibung durch Test_Circ
führt alle Gatter (Zellen) und Signalnetze des Schaltkreises und deren
Verbindungen untereinander auf.

Zur einfachen Handhabung werden für die Initialisierung einer Instanz
der Klasse Initialisierungsfunktionen zur Verfügung gestellt. Diese liefern
auch Schnittstellen zu anderen Schaltkreisbeschreibungs – Formaten.

Zellen erhalten bei ihrer Initialisierung einen benutzerdefinierten Bezeichner. Über diesen sind sie dann eindeutig identifizierbar. Benutzerdefinierte Bezeichner dürfen nicht mit einem numerischen Zeichen beginnen und keine Leerzeichen enthalten. Die Struktur einer Zelle wird durch
ihren Typ festgelegt, und ist in einer Zellbibiliothek definiert.

Wir verwenden für unsere Synthese die Zellbibliothek *tc_to_tc.lib*. Sie
enthält unter anderen alle für unsere Synthese benötigten Zelltypen. Diese sind im einzelnen:

- *P_IN* und *P_OUT* für die primären Anschlüsse des Schaltkreises.

- *PRESET_0* und *PRESET_1* für Zellen, die den konstanten Wert Null
  bzw. Eins liefern.

- *PRO* für Projektionen.

- *AND* zur Beschreibung eines AND – Gatters mit zwei Eingängen.

- *XOR* zur Beschreibung eines Exor – Gatters mit zwei Eingängen.

- *OR* zur Beschreibung eines Or – Gatters mit zwei bis elf Eingängen.

Die Datenstruktur Test_Circ beinhaltet Methoden, mit deren Hilfe sich Zellen und Signalnetze definieren lassen. Außerdem enthält sie Funktionen, die Informationen über Schaltkreise, Zellen und Signalnetze liefern.

# Kapitel 8

# Implementierung der Schaltkreissynthese

In diesem Kapitel beschreiben wir die bis hierhin vorgestellten Verfahren im Hinblick auf deren Implementierung. Wir gehen näher auf Probleme ein, die sich während der Implementierung ergaben und stellen unsere Lösungen vor. Dabei gehen wir nur so genau ins Detail, wie es nötig ist, um die aufgetretenen Problematiken zu verstehen. Zusätzliche Informationen finden sich im kommentierten Listing (Anhang A).

Alle hier vorgestellten Methoden sind in der Klassenbibliothek **STEP** (Stefan Tonja Eckrich Pfeiffer) zusammengefaßt. Das Programm **main** ruft die Methoden optional auf unf führt die Synthese durch.

## 8.1  Systemkompatiblität

STEP wurde auf den Systemen

- Sun Sparc unter SunOS

- HP Apollo 9000 unter HP UX

91

• Intel 80486 unter Linux [1]

erfolgreich getestet und eingesetzt. Dabei kamen die Compiler G++ V2.5.8, G++ V2.6.3, G++ V2.7.0 und G++ V2.7.1 nacheinander auf allen Systemen zum Einsatz.

An dieser Stelle gehen wir auf einige Eigenschaften von C++ ein. Näheres findet sich in [Stroustrup92]. Eine Klasse ist ein abstrakter Datentyp, in dem Daten (Elementvariablen) und darauf anwendbare Funktionen (Methoden) zusammengefaßt werden. Man unterscheidet zwischen privaten und öffentlichen Elementvariablen und Methoden. Die privaten Elementvariablen und Methoden stehen zunächst nur den Methoden der eigenen Klasse zur Verfügung. Sie können den Methoden anderer Klassen dadurch zur Verfügung gestellt werden, daß diese andere Klasse den Status Freund erhält. Öffentliche Methoden und Elementvariablen stehen jedem zur freien Verfügung. Ein Objekt ist eine konkrete Ausprägung (Instanz) einer Klasse. Eine abgeleitete Klasse besteht aus den Methoden und Elementvariablen der Klasse, von der sie abgeleitet wurde (Basisklasse), und aus eigenen Methoden und Elementvariablen. Die Methoden und Elementvariablen der Basisklasse werden an die abgeleitete Klasse vererbt.

Über diese Elemente der Objektorientierten Programmierung hinaus gibt es in C++ noch Elemente der strukturierten Programmierung, wie sie aus anderen Programmiersprachen bekannt sind.

## 8.2   Implementierung der Datenstruktur zur Synthese in C++

Den Kern der Implementation unserer Methode zur Schaltkreissynthese bildet die C++ Klasse *OKFDD_to_TC*. Sie bietet alle Funktionen zur Schaltkreissynthese und alle PUMA – Funktionen. Um Zugriff auf private Elementvariablen und Methoden von PUMA zu erhalten. haben wir

---

[1]Da die Test_Circ Bibliothek auf dem Linux System nicht zur Verfügung stand. wurden unter Linux nur die Vorbereitungen zur Schaltkreissynthese getestet.

von dessen Hauptklasse *dd_man* eine eigene Klasse, *OKFDD_to_TC*, abgeleitet. So ist es möglich, ein OKFDD mit den gewohnten PUMA – Funktionen zu erstellen und zu manipulieren. Im Anschluß daran kann, ausgehend von einem OKFDD, die Schaltkreissynthese beginnen. Ein auf STEP aufbauendes Programm wird in der Regel folgendermaßen aussehen:

- Aufbau eines OKFDDs

- Optimierung der Größe des OKFDDs

- Vorbereitungen zur Schaltkreissynthese

- Schaltkreissynthese

Während der Entwicklung von STEP ergaben sich einige Probleme mit den verschiedenen Rechnersystemen. Um STEP auf einer breiten Basis von Systemen (siehe Abschnitte 8.1) installieren zu können, waren einige Kompromisse nötig, die im folgenden genannt werden.

Die Klasse *OKFDD_to_TC* ist von der Klasse *dd_man* abgeleitet. Da GNU C++ den Freundschaftsstatus verschiedener Klassen nicht mit vererbt, muß die Klasse *OKFDD_to_TC* jeder Klasse in PUMA als Freund bekannt gegeben werden. Hierzu ist in PUMA zu jeder Zeile

friend class dd_man; // dd_man has access

eine Zeile

friend class OKFDD_to_TC; // OKFDD_to_TC has access

zu ergänzen. Wir benötigen Zugriff auf private Methoden und Elementvariablen, da PUMA eine Manipulation der Elementvariablen zu unserer Schaltkreissynthese mit eigenen Methoden nicht ermöglicht.

Da eine Instanz der PUMA – Klasse *dd_man* normalerweise nicht über eine Methode ihrer Klasse, sondern über eine klassenfremde Funktion *OKFDD_Init* initialisiert wird, ergaben sich weitere Probleme. Instanzen der STEP – Klasse *OKFDD_to_TC* müssen immer durch die dafür vorgesehene Methode initialisiert werden. Einige C++ Compiler verbieten eine Initialisierung der ererbten Methoden und Variablen durch einen

Aufruf von *OKFDD_Init*. Wir haben aus diesem Grund diese Initialisierung durch die PUMA Methode *dd_man* realisiert. So lange in PUMA keine relevanten Änderungen an der Funktion *OKFDD_Init* vorgenommen werden, liefert dieses Vorgehen korrekte Ergebnisse.

Die Methode zum Freigeben einer Instanz der PUMA – Klasse *dd_man* ist genauso durch eine Funktion *OKFDD_Quit* überlagert. Da hier Speicher frei gegeben wird, können wir keine Methode verwenden, um eine Instanz von *OKFDD_to_TC* freizugeben. Hierzu findet die Funktion *OKFDD_to_TC_Quit* Verwendung.

## 8.3  Vorbereitungen

Die mit Hilfe von PUMA repräsentierten OKFDDs sind reduziert, und im Hinblick auf die Komplementmarken normiert (siehe Abschnitt 7.1 und [Hett95]). Für unsere Schaltkreissynthese benötigen wir allerdings ein quasireduziertes OKFDD ohne Komplementmarken. Deshalb sind einige Vorbereitungen zu treffen. Diese lassen sich direkt innerhalb der von PUMA gelieferten Datenstruktur verwirklichen.

Für uns von besonderem Interesse ist die Unique Table (siehe Abbildung 7.1 auf Seite 87), da zur Entfernung der Komplementmarken und zur Quasireduzierung neue Knoten erzeugt werden, die in die Unique Table eingefügt werden müssen.

Dies geschieht jeweils nach dem gleichen Schema. Zunächst betrachten wir die Wurzeln nacheinander. Dann besuchen wir jeden Knoten des OKFDDs und betrachten dessen auslaufende Kanten. Dazu durchlaufen wir das OKFDD levelweise, indem wir die einzelnen Unique Table Level (siehe Abbildung 7.1) in aufsteigender Reihenfolge betrachten.

Wir besuchen jedes Feld einer Unique Table Level und überprüfen es auf Einträge in der Überläuferkette. Finden wir einen Knoten, so wird er mit den im folgenden beschriebenen Verfahren behandelt. Sind wir am Ende einer Unique Table Level eines Levels angekommen, so haben wir alle Knoten in diesem Level besucht.

Dieses levelweise Besuchen aller Knoten realisiert *Q_Traverse*. Alle unsere Verfahren basieren auf dieser Traversierungsart. Es müssen jeweils alle Knoten eines Levels besucht worden sein, bevor Knoten nachfolgender Level besucht werden dürfen.

Zum Erzeugen von neuen Knoten innerhalb der Unique Table steht uns grundsäztlich die PUMA–Funktion *FOAUT* zur Verfügung. Diese überprüft, ob es einen Knoten mit der gewünschten Funtionalität schon existiert und setzt die Zeiger dann entsprechend. Existiert ein anzulegender Knoten noch nicht, so wird er neu eingetragen. Diese Funktion erzeugt allerdings wieder die normierte Form des OKFDD bezüglich der Komplementmarken für den neuen Knoten. weshalb wir eine erweiterte Funktion *FOAUT_no_norm* entwickelt haben. Mit Hilfe dieser Funktion legen wir dann die von uns neu erzeugten Knoten ohne PUMA Normierung an.

Wir haben die Verfahren zur Quasireduzierung und zum Entfernen der Komplementmarken so implementiert, daß die Reihenfolge ihrer Anwendung auf ein OKFDD gleichgültig ist. Das Ergebnis ist immer das gleiche, eindeutige OKFDD. Es ist lediglich nötig, die Art der Normierung bezüglich der Komplementmarken (Marken nur auf high – Nachfolgern, keine terminale Null) festzuhalten. Da diese Norm beim Entfernen der Komplementmarken zugunsten einer neuen Norm aufgegeben werden muß, gibt es abhängig von der Reihenfolge kleine Unterschiede beim Quasireduzieren (Abschnitt 8.3.2) bezüglich der Konstanten – Kette.

In Kapitel 4 sind wir auf den theoretischen Hintergrund der einzelnen Schritte zur Schaltkreissynthese eingegenagen. In diesem Kapitel zeigen wir, wie wir die einzelnen Schritte implementiert haben.

## 8.3.1   Entfernen der Komplementmarken

Wir durchlaufen das OKFDD auf die oben beschriebene Weise. Für jeden Knoten betrachten wir dessen auslaufende Kanten.

Finden wir einen komplementierten Zeiger *e* auf Knoten *v*. so erzeugen wir mit der oben vorgestellten Funktion *FOAUT_no_norm* einen Knoten

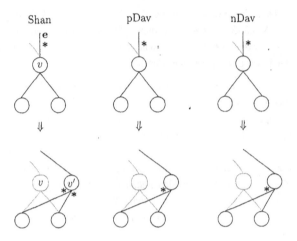

Abbildung 8.1: Entfernen einer Komplementmarke

$v'$ mit den folgenden Eigenschaften:

- Die Sohnzeiger von $v'$ zeigen jeweils auf die gleichen Knoten wie die Sohnzeiger von $v$.

- Ist der neu erzeugte Knoten ein Shannon – Knoten, so werden auf beiden auslaufenden Kanten die Komplementmarken invertiert, ansonsten wird nur die Komplementmarke der low – Kante invertiert.

Der Zeiger $e$ wird dann auf den neuen Knoten $v'$ umgebogen (Abbildung 8.1). Der Knoten $v$ hat jetzt einen Vaterknoten weniger, deshalb wird dessen Zähler, der die Anzahl der Väter vermerkt (*ref_c*), um eins verringert. Hat der Knoten $v$ keinen weiteren Vater mehr (*ref_c == 1*), so wird er gelöscht.

Auf diese Art und Weise werden die Komplementmaken von den Wurzeln zu den Teminalen nach unten geschoben. Da die terminale Null „*OKFDD_ZERO*" PUMA intern durch eine komplementierte Kante auf die terminale Eins „*OKFDD_ONE*" repräsentiert wird, kann es zu Marken auf dem high – Sohn (*hi_p*) kommen, was durch die programmtechnische Realisierung der Marken innerhalb von PUMA (ungerade Zeigeradressen) zu Speicherfehlern führt. Besonders zu beachten ist die Kette konstanter Knoten in nicht reduzierten OKFDDs. Wie diese zu verwalten ist, beschreiben wir in Abschnitt 8.3.2.  .

Durch das Entfernen der Komplementmarken (*OKFDD_No_Complements*) geben wir die für PUMA vorgesehene normierte Form der OKFDD – Darstellung auf. Wurden einmal die Komplementmarken entfernt, so können die Synthese – und Reordering – Funktionen von PUMA nicht mehr angewendet werden. Deshalb sind alle Synthese und Reorderingfunktionen von PUMA grundsätzlich vor *OKFDD_No_Complements* durchzuführen.

Außerdem führt die Manipulation des Zeigers *e* dazu, daß dessen Knoten eventuell nicht mehr an der richtige Hashposition steht. Die Hashposition eines Knotens wird durch die Identifikationsnummern (*idnum*) seiner Söhne bestimmt (siehe Abbildung 7.1 auf Seite 87).

Wir führen deshalb eine Korrektur der Hashpositionen (*Correct_Node_Placement*) durch. Die Unique Table wird nochmals durchlaufen, wobei wir für jeden Knoten überprüfen, ob die nach den *idnums* seiner Söhne berechnete Hashpostion mit der momentan eingenommenen Hashposition übereinstimmt. Ist dies nicht der Fall, so wird der Knoten an seine korrekte Position gebracht, indem er aus der falschen Überläuferkette entfernt und in die richtige eingefügt wird.

## 8.3.2   Quasireduzieren

Die beiden Verfahren der Quasireduzierung, partiell und vollständig, arbeiten nach dem selben Prinzip. Das OKFDD wird wieder levelweise traversiert. Dabei werden die auslaufenden Kanten jedes Knotens betrachtet. Wir untersuchen, ob die Nummer des Ziellevels der Kante größer ist als eine vorgegebene Schranke. Wird eine solche Kante gefunden, so wird sie durch einen im Level der Schranke zu erzeugenden Knoten unterbrochen. Dies erledigt die Funktion *Quasi_reduce_slave* (Seite 101).

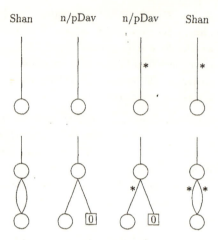

Abbildung 8.2: Unterbrechen einer Kante

Da PUMA keine Möglichkeit bietet, von einem gegebenen Variablen-label die zugehörige Levelnummer in konstanter Zeit zu erhalten, durch-laufen wir zu Beginn des Quasireduzierens einmal die Level des OKFDDs und merken uns zu jedem Variablenlabel die zugehörige Levelnummer.

Vollständiges und partielles Quasireduzieren unterscheiden sich durch die Felder aus denen die Information bezogen wird. Das Feld zum voll-ständigen Quasireduzieren gibt an, welche Level betrachtet werden müsse.

Zum partiellen Quasireduzieren wird das Feld zur Speicherung der BMM – Reihenfolge herangezogen. Es bestimmt, welche Kanten zur Qua-sireduzierung betrachtet werden müssen.

Nach beiden Verfahren des Quasireduzierens müssen die Hashpositio-nen aller Knoten überprüft werden, da auch hier Zeiger verbogen werden. Dazu dient wieder die Funktion *Correct_Node_Placement*.

N / i

S / j

S / k

D / l

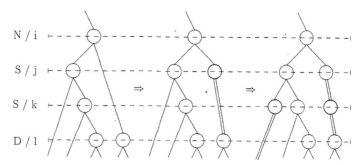

Abbildung 8.3: Schritte einer Quasireduzierung

**Vollständiges Quasireduzieren**

Die Funktion *OKFDD_Quasi_reduce_full* realisiert das vollständige Quasireduzieren. Hier werden ausgesuchte Level vollständig quasireduziert, d.h. es werden Level festgelegt, die von keiner Kante übersprungen werden dürfen. Die Information, welche Level davon betroffen sind, wird im Booleschen Feld *QR_level* von der Größe der Anzahl der Level vermerkt.

Für die eigentliche Schaltkreissynthese ist *QR_level* immer vollständig TRUE. Zu Testzwecken kann es durch die Funktion *OKFDD_Select_Levels_for_quasi_reduce_full* auf verschiedene Art und Weise beschrieben werden. Es ist durch diese Funktion auch möglich, die Elemente dieses Feldes durch Eingabe über die Tastatur oder durch Einlesen einer Datei einzeln zu beschreiben. Ein Parameter ermöglicht es, ein Element für jeden x-ten Level auf TRUE zu setzen.

Wir entnehmen *QR_level* immer die kleinste Schranke größer als der aktuell betrachtete Level. Neu eingefügte Knoten, deren auslaufende Kanten eine weitere Schranke überschreiten, werden beim Bearbeiten ihres Levels betrachtet (Abbildung 8.3). Die levelweise Betrachtung der Knoten in aufsteigender Reihenfolge der Levelnummern stellt dies sicher.

Ein Beispiel zeigt Abbildung 8.3. Der aktuell betrachtete Level ist *i* und alle Level sind vollständig zu quasireduzieren. Die aktuelle Schranke

ist $j$. Die rechte auslufende Kante des Knotens in Level $i$ im linken Teil
der Abbildung übergreift Level $j$. Sie ist durch einen neuen Knoten in
Level $j$ zu unterbrechen (mittlerer Teil ·der Abbildung). Der nächste zu
betrachtende Level ist Level $j$. Die Schranke ist nun Level $k$. Die auslaufenden Kanten des neuen Knotens übergreifen Level $k$ und müssen
in diesem Level unterbrochen werden (rechter Teil der Abbildung). Im
weiteren Verlauf sind noch weitere Kanten zu ünterbrechen.

Erreichen wir beim Traversieren einen Level, der der betrachteten
Schranke entspricht, so entnehmen wir $QR\_level$ die nächste Schranke.

Für vollständiges Quasireduzieren aller Level ist die Schranke immer
um eins größer als der gerade betrachtete Level.

## Partielles Quasireduzieren

Beim partiellen Quasireduzieren betrachten wir stets alle Level als Schranke. Es werden aber nicht unbedingt alle Kanten unterbrochen. In Definition 2.15 beschreiben wir die Bedingungen, die die Kanten eines OKFDDs
erfüllen müssen, damit es bezüglich einer BMM – Reihenfolge $\Re$ partiell
quasireduziert ist. Diese Bedingungen verwalten wir mit Hilfe eines zweidimensionalen booleschen Feldes $good\_edges$ (Abbildung 5.2, Seite 65).
In diesem Feld befindet sich an der Stelle $i, j$ genau dann ein Eintrag
TRUE, wenn eine Kante von Level $i$ nach Level $j$ nicht durch einen
Knoten unterbrochen werden muß. Ein solcher Eintrag bedeutet, daß die
Abhängigkeitsmatrix $R_{ij}$ in $\Re$ enthalten ist. Da das partielle Quasireduzieren in Bezug zu einer fest gewählten BMM – Reihenfolge steht, ist
diese vorher zu bestimmen. In Kapitel 5 beschreiben wir, wie mit der
Funktion $OKFDD\_declare\_BMM\_flow$ verschiedene Reihenfolgen gewählt
werden können.

Wir betrachten zunächst die Wurzeln. Eine Wurzel darf nur auf einen
Knoten in einem Level $i$ zeigen, für den gilt $R_{iT} \in \Re$. Bei der Ausführung
der Booleschen Matrix Multiplikation, die die Matrix $R_{iT}$ erzeugt, kann
ein entsprechender primärer Ausgang für die Wurzel erzeugt werden. Die
letzte Spalte des Feldes $good\_edges$ enthält für alle Matrizen $R_{iT} \in \Re$
den Eintrag TRUE. Erfüllt eine Wurzel diese Bedingung nicht, so ist in

*good_edges* das größte $j$ kleiner $i$ zu suchen, für das gilt $R_j T \in \Re$. In Level
$j$ wird dieser Wurzelzeiger durch einen neuen Knoten unterbrochen. Die
Wurzel wird also in einem möglichst großen Level unterbrochen, um so
wenig wie möglich redundante Knoten einfügen zu müssen. (siehe hierzu
Abbildung 4.9 auf Seite 49)

Für jede auslaufende Kante $e$ eines Knotens $v$ stellen wir fest, in welchem Level der Knoten $w$ liegt, auf den die auslaufende Kante zeigt. Ist
der Eintrag in *good_edges* an der Stelle $Level(v)$. $Level(w)$ TRUE, so muß
die Kante nicht verändert werden. Ist dies jedoch nicht der Fall, so liefert *good_edges* die Information, auf welchem Level ein Knoten eingefügt
werden muß. Dazu suchen wir den nächst kleineren Level zu $Level(w)$,
zu dem die Kante $e$ führen darf, damit sie die Definition erfüllt. Diesen finden wir durch das nächste TRUE in *good_edges* an der Stelle
$Level(v), k$  $k < Level(w)$. Die Kante $e$ muß also in Level k durch einen
neu einzufügenden Knoten unterbrochen werden.

Auch hier gilt, daß das OKFDD von den Wurzeln zu den Söhnen hin
traversiert wird. Die auslaufenden Kanten von neu eingefügten Knoten
werden somit ebenfalls auf ihre Korrektheit überprüft.

**Das Einfügen eines Knotens**

Der Zerlegungstyp des Levels, in dem ein Knoten eine levelübergreifende Kante unterbrechen soll, entscheidet, welcher Typ inverser Reduktion
Verwendung findet (siehe Seite 17). Im allgemeinen gilt, daß eine Komplementmarke auf dieser Kante nach oben geschoben wird. Das heißt, daß
die Marke auf der ursprünglichen Kante bleibt und die Söhne des neu-
en Knotens nicht komplementiert werden. Die Ausnahmen bilden Kanten
auf terminale Knoten und Kanten auf Knoten konstanter Funktionalität.

**Die Knoten konstanter Funktionalität** stellen ein besonderes Problem dar. Bevor ein solcher Knoten neu erzeugt wird. muß überprüft
werden, ob es einen solchen Knoten im entsprechenden Level schon gibt.
Ebenso muß der high–Sohn eines neuen redundanten Davio – Knotens auf
den Knoten konstanter Funktionalität in dem nächsthöheren Level, der

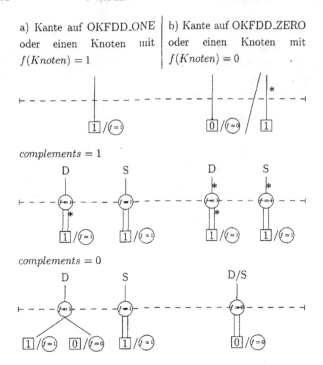

Abbildung 8.4: Sonderfälle der Quasireduzierung
Obere Zeile: Eine levelübergreifende Kante vor der Quasireduzierung.
Mittlere Zeile: Entstehung der Eins–Kette mit komplementierten Kanten.
ten. Untere Zeile: Entstehung der Null–Kette und der Eins–Kette ohne
komplementierte Kanten.

einen solchen Knoten enthält, zeigen. Wie Kanten auf konstante Knoten
unterbrochen werden, zeigt Abbildung 8.4.

Um Knoten konstanter Funktionalität ohne Zeitverlußt zu erkennen,
verwalten wir diese in zwei eigenen Feldern, die wir nach ihrer Funktion *zero_chain* beziehungsweise *one_chain* genannt haben. Sie repräsentieren die Null – beziehungsweise die Eins – Kette. Beide Felder sind
zunächst leer bis auf die Terminalknoten. Im Verlauf der Quasireduktion

werden nach und nach Knoten in die Felder eingetragen. Im Verlauf der
Komplementkantenentfernung werden diese Felder ebenfalls geändert. In
bezüglich Komplementmarken normierten OKFDDs ist die Null–Kette
leer, andernfalls kann sowohl die Null–Kette als auch die Eins–Kette
gefüllt sein.

# 8.4 Erzeugen von Schaltkreis – Beschreibungen

Wir stellen hier die Grundzüge der Erzeugung einer Schaltkreisbeschreibung mit der Datenstruktur Test_Circ vor. Dabei ist zu beachten, daß
gewisse Konventionen eingehalten werden müssen. So sind zum Beispiel
Zell – und Signalnamen, die mit numerischen Zeichen beginnen, nicht
erlaubt.

Die Erzeugung einer Schaltkreisbeschreibung mit Test_Circ läuft nach
folgendem Schema ab:

- *start_reading*, die Initialisierung einer Variablen vom Typ *test_circ*

- *declare_cell*, deklariert das Vorkommen einer Zelle mit Namen und
  Zelltyp

- *declare_signal*, deklariert das Vorkommen eines Signals mit Namen

- *set_connection*, verbindet die Signale mit den Anschlüssen von Zellen

- *end_reading* beendet die Initialisierung des Schaltkreises

Direkt im Anschluß daran können die primären Ein – und Ausgänge in
eine vom Benutzer gewünschte Reihenfolge gebracht werden. Davon ma-
chen wir in Abhängigkeit von der Variablen *Get_PI_PO_Names_from_Blif*
gebrauch. Hat diese Variable den Wert TRUE, so werden die Ein –
und Ausgänge der Test_Circ – Beschreibung analog der Reihenfolge in
der BLIF Beschreibung sortiert. Dies ist zur Verifizierung der erzeugten
Schaltkreisbeschreibungen nötig.

Weiterhin stellte sich für uns die Problematik, daß einmal definierte Schaltkreiselemente nicht mehr gelöscht werden können, wir jedoch bei der Synthese noch nicht absehen können, welche Elemente am Ende wirklich gebraucht werden. Gelöst wurde das Problem durch eine Traversierung der Ergebnisschaltkreise von den Ausgängen zu den Eingängen. Dabei werden alle erreichten Elemente in eine zweite Instanz von Test_Circ kopiert, unnötige Elemente werden so eliminiert (*TC_Clean*). Ein Beispiel hierzu zeigt Abbildung 8.7.

Dabei werden auch Primäre Eingänge, die keine Auswirkung auf die Funktionalität haben, mit entfernt. Wenn wir allerdings eine so erzeugte Schaltkreisbeschreibung auf ihre Korrektheit überprüfen wollen (siehe Abschnitt 8.5.2), ist das nicht möglich, da das benutzte Tool zuerst überprüft, ob die Anzahl der Eingänge übereinstimmt. Dies ist dann jedoch sicher nicht der Fall.

Mit Hilfe der Elementvariablen *create_useless_inputs* kann vom Benutzer gesteuert werden, ob solche Eingänge eliminiert werden oder erhalten bleiben. Die Funktionalität des Schaltkreises ändert sich dadurch nicht.

Auch liefert Test_Circ Fehlermeldungen, wenn die Schaltkreisbeschreibung abgeschlossen wird und noch unverbundene Signale vorhanden sind. Um diese Fehlermeldung zu unterdrücken wird jedes neu definierte Signal mit einer Projektion verbunden. Diese Elemente werden durch die Bereinigung ebenfalls eliminiert.

## 8.4.1  Parameter

Wir liefern verschiedene Möglichkeiten zur Steuerung der Schaltkreissynthese. Die dazu benutzten Parameter werden im folgenden vorgestellt und ihre Auswirkungen auf die Art der Synthese beschrieben. Wir erreichen dadurch ein breites Spektrum strukturell verschiedener Beschreibungen eines Schaltkreises. Im Kapitel 10 zeigen wir einige experimentelle Ergebnisse.

**Die Ausgaben** der verschiedenen während der Synthese aufgerufenen Funktionen lassen sich durch die Variable *OKFDD_to_TC_Output-*

*flags* steuern. Diese Variable hat keinen Einfluß auf die erzeugten Schaltkreise und die Laufzeit der Synthese. Sie liefert nur Infomationen über den Ablauf während der Synthese.

**Für die primären Anschlüsse** erzeugen wir die Namen nach dem gleichen Schema, wie für alle anderen Test_Circ – Zellen (Abschnitt 8.4.2), es sei denn, die Variable *get_PIPO_Names_from_BLIF* ist TRUE. Dann verwenden wir die Namen aus den BLIF bzw. PLA Beschreibungen der Schaltkreise. Test_Circ läßt allerdings keine mit Zahlen beginnenden Zellnamen zu. Solche Zellnamen ergänzen wir durch führende Buchstaben.

Durch die Bereinigung der Schaltkreise mittels *TC_Clean* ist es möglich, nicht benötigte Eingänge wegzulassen. Wir erzeugen sie dennoch, wenn die Variable *create_useless_inputs* gesetzt ist.

Um bei BDDs Zwei – Weg Logik (siehe Abschnitt 4.2 auf Seite 33) zu erzeugen oder bei OKFDDs die $\sigma$-Funktion zu realisieren, kann mit *logic_type* die Zahl der primären Anschlüsse verdoppelt werden.

**Die Verwendung von Or – Gattern** ist nur möglich, wenn entweder alle Variablen des DDs nach Shannon zerlegt sind oder die Reihenfolge der Booleschen Matrix Multiplikationen (letzter Punkt) so gewählt wird, daß die Pfade linear von den Terminalen ausgehend kombiniert werden (siehe hierzu Abschnitt 4.1).

Wird die Variable *use_ORs* auf TRUE gesetzt, so überprüfen wir die gewählte BMM–Reihenfolge und gegebenenfalls, ob alle Variablen nach Shannon zerlegt sind. Andernfalls erzeugen wir die Schaltkreise nur mit Exor – Gattern, auch da wo Or – Gatter möglich sind.

**Projektionen** haben keinen Einfluß auf die Funktionalität der erzeugten Schaltkreise. Wir verbinden standardmäßig jedes neu deklarierte Signal mit einer Projektion, da es ansonsten vorkommen kann, daß Signale unverbunden bleiben. Dieses Problem wird grundsätzlich durch *TC_Clean* gelöst. es käme aber schon vorher zu Fehlermeldungen von Test_Circ. Tritt das Problem des Speichermangels auf. so kann dieser Parameter beim Sparen helfen.

**Die Gatterbreiten** werden durch die verwendete Zellbibliothek vorgegeben. Für OKFDD – Schaltkreise werden nur AND – Gatter mit
zwei Eingängen benötigt. Es werden eventuell jedoch breitere OR
– bzw. EXOR – Gatter gebraucht. Die Variable $max\_OR\_width$ legt
die maximale Anzahl von Eingängen der OR – Gatter fest. Für die
Zellbibliothek $tc\_to\_tc.lib$ ist dieser Wert durch 11 nach oben beschränkt. Die maximale Anzahl von Eingängen der EXOR – Gatter,
bestimmt durch $max\_XOR\_width$, beträgt bei dieser Zellbibliothek
zwei.

**BDDs** als Grundlage zur Schaltkreissythese werden von uns auch zur
Beurteilung von OKFDD – Schaltkreisen herangezogen. Die Um-
wandlung eines OKFDDs in ein BDD erfolgt durch die PUMA –
Funktion $OKFDD\_DD\_to\_BDD$. Diese wird direkt nach dem Aufbau des OKFDD aufgerufen.

**Die Art der Quasireduzierung** wird durch zwei verschiedene Funktionen ausgewählt. Zum vollständigen Quasireduzieren sind die zu
betrachtenden Level mit $OKFDD\_Select\_Levels\_for\_Quasi\_reduce\_full$
auszuwählen und im Anschluß daran ist die Quasireduzierung mit
$OKFDD\_Quasi\_reduce\_full$ durchzuführen. Zur partiellen Quasireduzierung ist zunächst eine BMM–Reihenfolge zu wählen und dann
mittels $OKFDD\_Quasi\_reduce\_partiell$ die Quasireduzierung durchzuführen.

**Die BMM–Reihenfolge** wird durch $OKFDD\_declare\_BMM\_flow$ bestimmt. Zur partiellen Quasireduzierung muß diese Wahl vorher getroffen werden. Die BMM–Reihenfolge hat den größten Einfluß auf
die Struktur der zu erzeugenden Schaltkreise.

Eine Auflistung aller oben vorgestellten Variablen und deren zulässige
Werte findet sich in Abschnitt 8.6.1.

Die Methode $STEP\_DD\_Synthesis$ ist eine interaktive Syntheserouti-
ne, die nacheinander alle hier genannten Parameter abfragt und schließlich alle erforderlichen Schritte der Synthese ausführt. Diese bestehen aus
dem Entfernen der Komplementmarken, dem Quasireduzieren und der eigentlichen Synthese. Zusätzlich zu den oben genannten Parametern kann

noch angegeben werden, daß nach jedem Teilschritt eine Kommandoshell von PUMA geöffnet wird und es ist möglich, auf die Abspeicherung des erzeugten Test_Circ Schaltkreises zu verzichten.

Die folgende Abbildung 8.4.1 zeigt einen Beispieldialog der Methode *STEP_DD_Synthesis*. Auf alle Fragen wurde der Standartwert bestätigt.

---

≫    PUMA * OKFDD_Manager V2.21 Copyright (C)'95 by   ≪
≫          Andreas HETT & Konrad NOWAK        ≪

---

≫     STEP * (KFDD=>SK) V1.3 Copyright (C)'96 by    ≪
≫          Stefan Eckrich & Tonja Pfeiffer        ≪

---

Circuit: apex6

Reading order ...

CONSTRUCTION of hierarchy in progress ...

ANALYSATIONS of hierarchy in progress ...

SYNTHESIS OP.s of DDs now in progress ...

≫ STEP_DD_synthesis ≪ The synthesis needs some parameters!
If you want to correct a previous value just enter-1.
The values in parenthesis are defaults. Enter ? for help

1) standard output: OKFDD_to_TC_Outputflags <8> :
using default: 8

2) the fan-in, fan-out: logic_type <1> :
using default: 1

3) get_PIPO_Names_from_BLIF ? (Yes/No) <y> :
using default: 1

4) create_useless_inputs ? (Yes/No) <y> :
using default: 1

5) use_ORs if it is possible ? (Yes/No) <y> :
using default: 1

6) create always pojections (PROMode) ? (Yes/No) <y> :

using default: 1

8) max_OR_width to use ? <2> :
using default: 2

9) transform the DD to a BDD ? (Yes/No) <n> :
using default: 0

10) partial quasireduction ? (Yes/No) <y>´:
using default: 1

11) type of BMM flow: <0> :
using default: 0

12) open PUMA Shells ? (Yes/No) <n> :
using default: 0

13) save the circuit ? (Yes/No) <y> :
using default: 1

starting the synthesis ...

Funktion No_Complements ...
Funktion OKFDD_declare_BMM_flow ...
Funktion OKFDD_Quasi_reduce_partiell ...
Funktion DD_to_TC_QRp ...
circuit saved as apex6

... ending the STEP_DD_synthesis

Deallocation of OKFDD_Manager in progress ...

Abbildung 8.5: Beispieldialog von *STEP_DD_Synthesis*

## 8.4.2  Zellnamenskonventionen

Die von uns deklarierten Zellen und Signale entsprechen den im folgenden vorgestellten Namenskonventionen. Diese entstanden zum einen aus
programmiertechnischen Gründen, zum anderen läßt sich so die Struktur
der erzeugten Schaltkreise besser erkennen.

**Zellnamen** setzen sich zusammen aus einem Buchstaben, der dem Typ
des deklarierten Gatters entspricht, einem Zähler, der die Eindeutig-

keit des Namens sicher stellt, und den beiden Leveln, die die Grenzen der Matrix bilden. Alle Gatter mit übereinstimmenden Levelnummern bilden gemeinsam einen BMM – Teilschaltkreis.

$$< Gattertyp >< Z\ddot{a}hler >\_< von >\_< nach >$$

Die für Gattertyp verwendeten Bezeichner sind X, O, A, I und Y für die Gatter EXOR , OR , AND , Inverter und Projektionen.

**Portnamen** können über zwei verschiedene Wege erzeugt werden. Zum einen können die Namen aus der BLIF – Beschreibung verwendet werden. Diese müssen, wenn sie mit einem numerischen Zeichen beginnen, durch führende Buchstaben ergänzt werden. Werden die Namen generiert, so bestehen sie aus den Präfixen PI, PIn, PO oder POs für primäre Eingänge, deren negierte Pendanten (nur bei Zwei – Weg Logik an den Eingängen), primäre Ausgänge und den korrespondierenden $\sigma$–Ausgängen (nur bei Zwei – Weg Logik an den Ausgängen) und der Labelnummer aus PUMA. Werden keine negierten Eingänge erzeugt, so werden Inverter benötigt. Diese erhalten das Präfix „inv".

**Signalnamen** sind nach der Initialisierung einer Test_Circ Instanz (die Deklarationen zwischen *start_reding* und *end_reading*) nicht mehr zugreifbar. Aus diesem Grund genügt es, für jedes Signal einen eindeutigen Namen zu wählen. Wir zählen die Signale durch und geben ihnen als Namen den Buchstaben S gefolgt von einer Nummer.

Während der Schaltkreissynthese müssen sehr viele Namen verwaltet werden. Deshalb haben wir die Strings zu deren Aufnahme relativ klein gehalten. Die voreingestellten Längen der Zeichenketten reichen aus, um eindeutige Namen bei Schaltkreisbeschreibungen mit ungefähr 1000 Ein – und Ausgängen zu erhalten.

Sollen größere Schaltkreise synthetisiert werden, ist es jedoch sehr einfach möglich die Länge der Strings zu modifizieren. Die dazu nötigen Änderungen müssen lediglich in der Datei *step.h* an den Variablen *signal_name_length*, *cell_name_length*, *pipo_name_length* und *port_name_lenght* vorgenommen werden.

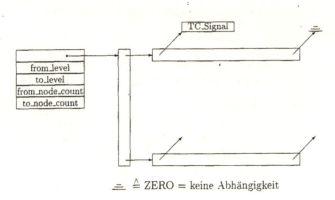

$\doteq \; \triangleq$ ZERO = keine Abhängigkeit

Abbildung 8.6: Struktur einer Abhängigkeitsmatrix

### 8.4.3   Eine Klasse für Abhängigkeitsmatrizen

Die Abhängigkeitsmatrizen werden durch die Klasse *dependancy* realisiert. Diese liefert die Funktionen:

- *read_elmt(i.j)*, das Element an der Stelle $i, j$ auslesen

- *write_elmt(i.j, inhalt)*, Inhalt an der Stelle $i, j$ in die Matrix eintragen

- *cout_matrix()*, Ausgabe einer Instanz auf die Standardausgabe

- Standardkonstruktor, er initialisiert jedes Element des Feldes mit ZERO. so daß für davon verschiedene Einträge die entsprechende Stelle nur überschrieben werden muß.

- Destruktor

Eine Instanz $R_{ij}$ der Klasse *dependancy* besteht aus einem zweidimensionalen Feld von Zeigern auf Strings (Abbildung 8.6), einer Information über die Größe der Instanz und den Levelnummern, über die die repräsentierten Abhängigkeiten bestimmt sind. Ein String $r_{zs}$ enthält den Namen des Signals am Ausgang des Teilschaltkreises, der die Abhängigkeit vom Knoten Nummer $z$ in Level $i$ nach Knoten Nummer $s$ in Level $j$ realisiert.

Die sehr häufig vorkommenden Abhängigkeiten ZERO und ONE werden für jede Instanz nur einmal im Speicher gehalten. Dadurch wird der Speicherbedarf der Matrizen stark reduziert.

Um die Signale für die Abhängigkeit eines Knotens $z$ in Level $i$ zu einem Knoten $s$ in Level $j$ einem Matrizenelement zuordnen zu können, werden die Knoten des OKFDDs durchnummeriert. Dies geschieht mit Hilfe der Funktion *Node_Numbering*. Die Knoten werden levelweise von Null bis #Knoten im Level − 1 durchnummeriert. Zur Speicherung der Knotennummer benutzen wir das von PUMA für jeden Knoten zur Verfügung gestellte *Assesory Field*. Nach Erzeugung des Schaltkreises werden die Knotennummern wieder gelöscht und das Assesory Field freigegeben.

## 8.4.4  Primäre Abhängigkeitsmatrizen

Die Abhängigkeiten zwischen zwei benachbarten Leveln $i$ und $i + 1$ werden in einer primären Matrix $R_{i\,i+1}$ aufgenommen. Die Initialisierung der Matrix mit dem Standartkonstruktor von *dependancy* bewirkt, daß alle Abhängigkeiten zunächst Null sind. Es genügt nun, die Abhängigkeiten auf den Kanten zwischen den beiden Leveln zu ermitteln und in die Matrix einzutragen.

Hierfür besuchen wir jeden Knoten des Levels $i$ genau einmal. Für die Söhne eines Knotens, die in Level $i + 1$ liegen, ermitteln wir die Abhängigkeiten vom Vater zum Sohn und tragen diese in die Matrix ein. Dabei liefert die Knotennummer des Vaters den Zeilenindex in der Matrix und die Knotennummer des Sohnes liefert den Spaltenindex in der Matrix.

Die Einträge in der Matrix entsprechen den Namen der Signale, die die korrespondierenden Abhängigkeiten realisieren. Wir erzeugen zu Be-

ginn der Synthese alle primären Eingänge und, abhängig vom Logik –
Typ *logic_type*, pro Eingang je einen Inverter für negierte Variablen und
Signale, die von diesen Zellen gespeist werden.

## 8.4.5    Sekundäre Abhängigkeitsmatrizen

Der Ablauf der Booleschen Matrix Multiplikationen erfolgt rekursiv beginnend mit der terminalen Matrix $R_{0\,n}$. Betrachten wir die Matrix $R_{i\,k}$.
Ist diese eine primäre Matrix, so wird sie wie oben beschrieben (Abschnitt
8.4.4) erzeugt. Andernfalls geht $R_{i\,k}$ aus der Multiplikation der Matrizen
$R_{i\,j}$ und $R_{j\,k}$ hervor. Der Schnitt $j$ ergibt sich aus dem Feld der BMM
– Reihenfolge, *good_edges*. Nach dem rekursiven Erzeugen dieser beiden
Matrizen erfolgt die eigentliche Boolesche Matrix Multiplikation.

Die Ausführung der Booleschen Matrix Multiplikation $R_{i\,j} \times R_{j\,k}$ erfolgt nach der Schul – Methode, wobei wir nicht tatsächlich boolesche Terme verknüpfen, sondern die Boolesche Matrix Multiplikation in Test_Circ
Zellen festhalten (siehe Abschnitt 4.3.1).

Zu Beginn der Booleschen Matrix Multiplikation wird die Matrix $R_{i\,k}$
als neue Instanz der Klasse *dependancy* angelegt. Deren Initialisierung
bewirkt, daß alle Abhängigkeiten zunächst Null sind. Für ein einen Eintrag in der neuen Matrix wird die Anzahl der benötigten AND – Gatter
und der Leitungen, die ohne AND – Gatter auskommen, gezählt. Diese
Zahl bestimmt die Anzahl der Eingänge für das OR / EXOR – Gatter,
das das einzutragende Signal speist.

Ein AND – Gatter wird gebraucht, wenn die beiden Signale aus den
zu multiplizierenden Matrizen verschieden von ZERO und verschieden
von ONE sind. Wir erzeugen diese AND – Gatter und speichern deren
ausgehende Signale in einem Feld *or_in*.

Ist jedoch mindestens eines der beiden Signale gleich ZERO, so wäre
der Ausgang des zugehörigen AND – Gatters immer Null. Die Null verhält
sich neutral zum OR – Gatter, weshalb in diesem Fall die beiden Signale
unberücksichtigt bleiben. An dieser Stelle werden die zuvor beschriebenen
Projektionen benötigt.

Ist eines der Signale gleich ONE und das andere weder ZERO noch ONE, so wird kein And – Gatter erzeugt, da sich die Eins neutral zum And – Gatter verhält. Das von ONE verschiedene Signal bedarf einer besonderen Betrachtung.

- Wenn dieses Signal schon einmal als Eingangssignal für dieses OR / Exor – Gatter auftrat, dann finden wir es im Feld *or_in*. Als Eingangssignal für ein OR – Gatter bewirkt das eine Signal, daß das andere redundant wird. In diesem Fall tragen wir das neue Signal nicht in *or_in* ein. Bei einem Exor – Gatter neutralisieren sich beide Signale gegenseitig. Wir tragen das neue Signal nicht ein und entfernen das alte Signal aus dem Feld *or_in*. Wir erkennen gleiche Signale an ihren gleichen Namen. Dazu vergleichen wir alle bisherigen Einträge im Feld *or_in* mit dem neu einzutragenden Signalnamen.

- Wenn das zu diesem Signal invertierte Signal schon einmal als Eingangssignal zu diesem OR / Exor – Gatter auftrat, so heben sich die beiden Signale zu einer Eins auf. Wir entfernen das invertierte Signal aus dem Feld *or_in* und erhöhen den Zähler für Einsen (siehe unten) am Eingang des OR / Exor – Gatters. Inverse Eingangssignale erkennen wir daran, daß sie sich in ihrem Namen an der ersten Stelle unterscheiden. Das positive Signal beginnt mit einem 'P', das negative mit einem 'N'. Ansonsten sind sie gleich. Auch hier vergleichen wir alle bisherigen Einträge im Feld *or_in* mit dem neu einzutragenden Signalnamen.

- In allen anderen Fällen führen wir das neue Signal weiter und tragen es in das Feld *or_in* ein.

Sind beide Signale ONE, wird auch kein And – Gatter erzeugt. In diesem Fall liegt eine Eins an einem Eingang des OR bzw. Exor – Gatters an. Kommt ein OR – Gatter zur Verwendung, so sparen wir dieses auch ein und tragen in der neuen Matrix direkt ONE ein. Bei einem Exor – Gatter entscheidet die Parität der Anzahl solcher Fälle (Zähler *one_one_count*), ob die Einsen am Eingang des Exor – Gatters dessen Funktion invertieren (*one_one_count* ist ungerade), oder nicht.

Ist die Zahl der Signale, die das OR bzw. EXOR – Gatter speisen,
berechnet und größer Null, so kann ein entsprechend breites EXOR / OR
– Gatter (oder ein entsprechender Baum, siehe unten) erzeugt werden
(bei OR – Gattern natürlich nur, wenn die Anzahl der doppelten Einsen
gleich Null ist). Die Signale aus *or_in* speisen die Eingänge des Gatter
– Baumes. Dessen Ausgangssignal wird direkt in die Matrix eingetragen
(*one_one_count* ist gerade) oder an den Eingáng eines neuen Inverters
angeschloßen (*one_one_count* ist ungerade), dessen Ausgangssignal dann
in die Matrix eingetragen wird.

Ist die Zahl der Signale, die das OR bzw. EXOR – Gatter speisen,
jedoch gleich Null, so kann in die Matrix entweder ONE (OR – Gatter
beziehungsweise EXOR – Gatter mit ungerade vielen doppelten Einsen)
oder ZERO (sonst) eingetragen werden.

Da uns keine beliebig breiten Gatter zur Verfügung stehen, erzeugen
wir OR bzw. EXOR Gatter – Bäume logarithmischer Tiefe. Die Syn-
theseparameter *max_OR_width* und *max_XOR_width* geben die maximale
Breite der OR – Gatter beziehungsweise der EXOR – Gatter an. Die
Verwendete Zellbibliothek liefert die maximalen Werte für die beiden
Parameter.

Nach Bearbeitung aller Felder der neuen Matrix werden die beiden
alten Matrizen $R_{ij}$ und $R_{jk}$ nicht mehr benötigt. Ihre *dependancy* –
Instanzen werden an dieser Stelle freigegeben, um den Speicherbedarf zu
verringern.

### 8.4.6    Terminale Abhängigkeitsmatrizen

Die Matrizen $R_{iT}$ $i \in \{0, \ldots, T-1\}$ sind terminale Matrizen. Da sie die
Abhängigkeiten zu den Terminalen beinhalten und somit die Funktionen
der Knoten in Level $i$ darstellen, dürfen Wurzeln auf diese Knoten zeigen.
Deshalb durchlaufen wir die Wurzeln beim Ermitteln einer terminalen
Matrix und erzeugen einen primären Ausgang und gegebenenfalls einen
zweiten Ausgang für die Abhängigkeit zur terminalen Null für diejenigen
Wurzeln, deren Endpunkt in Level $i$ liegt. Da nach einer vollständigen
Quasireduktion alle Wurzeln in Knoten in Level 0 enden, genügt es dann,

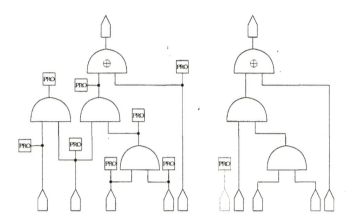

Abbildung 8.7: Schaltkreis vor und nach der Bereinigung

die Wurzeln nach Abschluß aller Booleschen Matrix Multiplikationen einmal zu durchlaufen und die entsprechenden Ausgänge zu erzeugen.

Die Abhängigkeitsmatrizen enthalten die Test_Circ Namen der Signale, an die die Ausgänge anzuschließen sind. Die Namen ONE und ZERO repräsentieren konstante Signale. Diese werden durch die Test_Circ Zellen *Preset_0* und *Preset_1* zur Verfügung gestellt. Wir erzeugen sie für jeden Schaltkreis maximal einmal.

## 8.4.7 Abschließende Optimierungen

Zum Verifizieren der erzeugten Schaltkreise mit den an späterer Stelle vorgestellten Werkzeugen ist es wichtig, daß die primären Anschlüsse in einer vorgegebenen Reihenfolge liegen. Zum Abschluß der Synthese sortieren wir deshalb zusammen mit der Schaltkreisbereinigung die Anschlüsse nach der Reihenfolge der Namen aus der BLIF – Beschreibung. Werden nicht benötigte Eingänge nicht miterzeugt, so fallen sie aus der Reihenfolge der Eingänge heraus. Nachfolgende Anschlüsse nehmen dann deren Positionen ein.

Die Bereinigung der Schaltkreisbeschreibung läuft rekursiv. Da wir nicht benötigte Test-Circ Elemente nicht aus einer Instanz löschen können (dies ist eine Eigenschaft von Test-Circ), kopieren wir die benötigten Elemente in eine neue Instanz und geben die alte Instanz frei. Der Speicheraufwand liegt dabei unterhalb des Speicherbedarfs der Abhängigkeitsmatrizen und stellt somit kein Problem dar.

In einem Booleschen Feld merken wir uns zu jedem Signal, ob es schon kopiert wurde, da Test-Circ während der Instanziierung keine Möglichkeit bietet, zu prüfen, welche Signale bereits existieren.

Beginnend mit den primären Ausgängen kopieren wir die benötigten Zellen. Ist eine kopierte Zelle kein primärer Eingang, so wird sie von Signalen gespeist. Für jedes dieser Signale überprüfen wir, ob wir es schon kopiert haben. Ist dies nicht der Fall, so kopieren wir das Signal, verbinden es mit dem entsprechenden Eingang der kopierten Zelle, kopieren rekursiv die Zelle, die das Signal speist und schließen den Ausgang dieser Zelle an das Signal. Schließlich vermerken wir noch, daß wir das Signal kopiert haben.

Sowohl die Bereinigung als auch das Sortieren der Anschlüsse laufen in linearer Zeit ab, da wir beim Bereinigen jede Zelle und jedes Signal genau einmal betrachten und beim Sortieren der Anschlüsse die Reihenfolge schon kennen.

## 8.5   Verifizieren der Korrektheit

In diesem Abschnitt stellen wir kurz die Hilfsmittel und Methoden vor, mit deren Hilfe wir die Korrektheit der Implementierung unserer Schaltkreissythese überprüft haben.

Es erschien uns dabei sinnvoll, möglichst jeden Schritt der Synthese einzeln zu überprüfen. Die einzelnen Schritte lassen sich in den beiden folgenden Abschnitten zusammenfassen.

## 8.5.1 Verifizieren der Vorbereitungen an den OKFDDs

Da wir die OKFDDs stark modifizieren, war es nötig diese Modifikationen auf ihre Korrektheit zu überprüfen. Dazu haben wir die PUMA–Funktion *OKFDD_SAT_all* so verändert, daß auch bei Komplementmarken auf high – Nachfolgern keine Speicherfehler auftreten. Unsere Funktion heißt *OKFDD_Sat_all_no_norm* und arbeitet analog zur originalen Funktion von PUMA.

Diese Funktion zählt die Anzahl der erfüllenden Belegungen einer ihr übergebenen Wurzel. Zusätzlich kann sie noch die erfüllenden Belegungen selbst ausgeben. Wir haben die Funktion zunächst für das original OKFDD, dann nach dem Entfernen der Komplementmarken und zum Schluß nach dem Quasireduzieren für alle Wurzeln des OKFDDs aufgerufen.

Für kleinere Schaltkreisbeschreibungen war es möglich, die jeweils erfolgte Ausgabe der erfüllenden Belegungen direkt zu vergleichen. Bei großen Schaltkreisbeschreibungen sahen wir es als ausreichend an, wenn die Anzahl der erfüllenden Belegungen jeweils für jede Wurzel übereinstimmte.

## 8.5.2 Verifizieren der erzeugten Schaltkreise

Zum Verifizieren der von uns erzeugten Schaltkreise benutzten wird die Werkzeuge *blif2tc* und *skdiff*.

Mit Hilfe von *blif2tc* wandelten wir die unserer Schaltkreissynthese als Grundlage dienenden Schaltkreisbeschreibungen im BLIF – Format in eine Test_Circ – Beschreibung um. Diese Test_Circ – Beschreibung wurde dann mit Hilfe von *skdiff* auf funktionale Äquivalenz zu einer mit STEP erzeugten Schaltkreisbeschreibung untersucht. Das Werkzeug *skdiff* baut für beide Schaltkreisbeschreibungen reduzierte OBDDs gleicher Variablenordnung auf und prüft, ob diese gleich sind.

Wir haben diese Untersuchungen für die in Kapitel 10 aufgeführten Schaltkreise durchgeführt. Es zeigte sich, daß wir unsere Methoden korrekt implementiert haben.

# 8.6 Öffentliche Variablen und Funktionen

Zur kompakteren Beschreibung der Variablen und Funktionen verwenden wir sowohl im Listing des Quellcodes als auch in der folgenden Beschreibung diese Kurzformen:

**usint:** unsigned short int

**ulint:** unsigned long int

Diese Klassen aus den zugrundeliegenden Datenstrukturen finden als Parameter beziehungsweise Rückgabetyp Verwendung:

**utnode:** Ein Unique Table Knoten (siehe Abschnitt 7.1, Seite 85).

**test_circ:** Eine Instanz der Klasse Test_Circ (Abschnitt 7.2, Seite 88).

## 8.6.1 Elementvariablen der Klasse OKFDD_to_TC

| Typ | Name | Beschreibung |
|-----|------|--------------|
| int | get_PIPO_Names_from_BLIF | Regelt die Namensvergabe für PIs und POs. Der Defaultwert ist 0. In diesem Fall erfolgt die Namensvergabe mnemonisch. Ansonsten werden die Namen aus PUMA übernommen. Dies funktioniert nur, wenn die Wurzeln des OKFDDs Namen erhalten haben, wie z.B. beim Aufbau des OKFDDs durch OKFDD_Read_Blif. |

| Typ | Name | Beschreibung |
| --- | --- | --- |
| int | create_useless_inputs | Erzeuge auch solche PIs, von denen die Funktionalität des Schaltkreises nicht abhängt. Schließe sie an Projektionen an. |
| int | use_ORs | Handelt es sich bei dem DD um ein OBDD, oder ist die BMM – Reihenfolge linear gewählt worden, so können zur Booleschen Matrix Multiplikation OR – Gatter für die Shannonsche Zerlegung verwendet werden (diskutiert in 4.3.4, Seite 40). Mit Hilfe dieser Variablen kann der Benutzer jedoch festlegen, daß trotzdem EXOR – Gatter verwendet werden. |
| int | logic_type | Die Variable logic_type regelt die Schaltkreiserzeugung. Es bedeutet:<br>$\leq$ 0: Ein - Weg Logik<br>1: Ein - Weg Eingänge, $\sigma-$Ausgänge (default)<br>2: Zwei - Weg Eingänge<br>$\geq$ 3: Zwei - Weg Eingänge, $\sigma-$Ausgänge |
| int | PROMode | Die Variable PROMode legt fest, daß für jedes Signal eine Projektion erzeut wird. Nicht benötigte Projektionen werden durch die Schaltkreisbereinigung wieder gelöscht (siehe Abschnitt 8.4.7, Seite 115). Wird PROMode nicht gewählt, so kann es zu Test_Circ Fehlermeldungen kommen, aber es wird während der Synthese etwas Speicher gespart. |

| Typ | Name | Beschreibung |
|-----|------|--------------|
| ulint | OKFDD_to_TC_Outputflags | Variable zur Aktivierung von Kontroll-ausgaben verschiedener Routinen. Jede Bitstelle aktiviert eine bestimmte Ausgabe wie folgt:<br><br>Bit<br>0  Ausgabe der Abhängigkeitsmatrizen.<br>1  Ausgabe der Knotennummern von Node_Numbering.<br>3  Ausgabe der öffentlichen Funktionen über ihren Aufruf.<br>4  Meldungen, welche Zellen, Signale und Verbindungen deklariert wurden.<br>5  Meldungen, welche Zellen, Signale und Verbindungen benötigt wurden.<br>6  Ausgabe der BMM – Reihenfolge.<br>7  Daten des Freilosalgorithmus. |

| Typ | Name | Beschreibung |
|------|------|--------------|
| usint | max_OR_width | Für OKFDD – Schaltkreise werden breite OR – Gatter benötigt. Durch diese Variable wird die maximale Gatterbreite angegeben. Breitere Gatter werden durch Gatter–Bäume erzeugt. Die verwendete Gatterbibliothek tc_to_tc stellt OR – Gatter der Breiten 2 bis 11 zur Verfügung. |
| usint | max_XOR_width | Für OKFDD – Schaltkreise werden breite EXOR – Gatter benötigt. Durch diese Variable wird die maximale Gatterbreite angegeben. Breitere Gatter werden durch Gatter–Bäume erzeugt. Die verwendete Gatterbibliothek tc_to_tc stellt EXOR – Gatter der Breite 2 zur Verfügung. |

## 8.6.2   Methoden der Klasse OKFDD_to_TC

Die hier beschriebenen Methoden ermöglichen zusammen mit den Elementvariablen aus dem vorangegangenen Abschnitt alle zur Schaltkreissynthese benötigten Schritte.

| Typ | Funktionsname | Argumente | |
|---|---|---|---|
| | OKFDD_to_TC | uchar | ut_hashsize_init=0 |
| | | ulint | ct_hashsize_init=5003 |
| | | ulint | rc_cachesize_init=10 |
| | | uchar | ct_searchlen_init=3 |
| | | usint | pi_limit_init=5000 |
| | | ulint | ML_nodes_init=$10^8$ |
| | | ulint | ML_MB_init=$10^4$ |

*Funktionsbeschreibung:*
Konstruktor der Klasse OKFDD_to_TC. Die vorgegebenen Werte entsprechen den Standardeinstellungen der PUMA – Klasse dd_man, und ermöglichen eine effiziente Repräsentantion von OKFDDs mit dieser Datenstruktur. Die Parameter werden in [Hett95] beschrieben und sollten beim benutzen dieser Funktion nur verändert werden, wenn ihre Auswirkungen dem Benutzer bekannt sind.

| Typ | Funktionsname | Argumente | |
|---|---|---|---|
| void | OKFDD_SAT_all_ | utnode* | Root |
| | no_norm | char | Method_Count_Show |

*Funktionsbeschreibung:*
Der durch Root angegebene OKFDD wird analysiert und alle erfüllenden Belegungen gezählt bzw. als Datei gespeichert. Der Übergabeparamter Method_Count_Show kann zu diesem Zweck die Werte 1 = Zählen, 2 = erfüllende Belegungen abspeichern, 3 = 2 und 1 annehmen.

Ist Root = NULL, dann werden beim ersten Aufruf die Anzahl der erfüllenden Belegungen für die Wurzel *root* gemerkt. Bei allen folgenden Aufrufen wird geprüft, ob die Anzahl der erfüllenden Belegungen für *root* gleich geblieben ist.

| Typ | Funktionsname | Argumente | |
|---|---|---|---|
| void | **OKFDD_DTL_Sifting_FL** | usint | from_level |
| | | usint | to_level |
| | | float | faktor |
| | | char | rel |
| | | char | abs |
| | | int | tiefe=1 |

*Funktionsbeschreibung:*
Für das OKFDD wird Varirablenreihenfolge und DTL gesucht, für die die Gatter-zahl im vollständigen Schaltkreis minimal ist (Abschnitt 6.4.1). Einschränkung ist, der Aufruf ist nur für ein reduziertes OKFDD möglich, da diese Funktion auf den PUMA Routinen aufbaut. Der Parameter *tiefe* bestimmt die angestrebte Schaltkreistiefe (siehe *OKFDD_declare_BMM_flow* Seite 126). Die Parameter fak-tor, rel und abs sind so zu wählen wie zum DTL_Sifting in Puma (siehe [Hett95]).

| Typ | Funktionsname | Argumente | |
|---|---|---|---|
| ulint | **gate_count** | usint | from_level |
| | | usint | to_level |

*Funktionsbeschreibung:*
Die Anzahl der Gatter im vollständigen BMM – Teilschaltkreis wird vorausbe-rechnet. Mit den Parametern *from_level* und *to_level* wird bestimmt von welchem Level bis zu welchem Level die Gatteranzahl der entsprechenden BMM – Teil-schaltkreis berechnet wird. Dabei werden EXOR / OR – Gatter beliebiger Breite angenommen, da die Anzahl der AND Gatter die EXOR / OR – Gatter Bäume dominiert. Die Anzahl der Gatter bezieht sich auf einen nicht reduzierten Schalt-kreis. Dieser kann aus Speicherbeschränkung allerdings nicht erzeugt werden.
*Bedingungen:*
Das OKFDD wurde quasireduziert und es ist eine BMM – Rheihenfolge festgelegt worden.

| Typ | Funktionsname | Argumente |
|---|---|---|
| void | **OKFDD_to_TC_Quit** | |

*Funktionsbeschreibung:*
Destruktor der Klasse OKFDD_to_TC.

## Entfernen der Komplementmarken

| Typ | Funktionsname | Argumente |
|-----|---------------|-----------|
| void | OKFDD_No_Complements | |

*Funktionsbeschreibung:*

Entfernt die Komlementmarken des OKFDDs. Aufgrund der Implementierung von PUMA werden alle Kanten auf die terminale Null als komplementierte Kante zur terminalen Eins realisiert. Es ist es nicht möglich, diese Komplementmarken ebenfalls zu entfernen. Weiterhin ist zu beachten, daß diese Funktion die normalisierte Struktur des von PUMA erzeugten OKFDDs nicht erhält (siehe Abschnitt 7.1, Seite 85).

Nach Aufruf von OKFDD_No_Complements können keine Analyse– und Reorderingfunktionen von PUMA mehr ausgeführt werden.

## Quasireduzierung

Die verschiedenen Arten der Quasireduzierung wurden in Abschnitt 4.5, Seite 53 vorgestellt. In Abschnitt 8.3.2, Seite 97 wurde die Implementierung diskutiert. Die Quasireduzierungen sind in jeweils zwei Methoden aufgeteilt. Eine Methode zur Auswahl der Level bzw. der BMM – Reihenfolge und eine Methode, die die Quasireduzierung durchführt.

| Typ | Funktionsname | Argumente | |
|-----|---------------|-----------|---|
| void | OKFDD_Select_Levels_ | int | sel_typ |
| | for_Quasi_reduce_full | int | n_level |
| | | char* | level_file |

*Funktionsbeschreibung:*

Auswahl der zu quasireduzierenden Level.

| sel_type | n_level | level_file | |
|----------|---------|------------|---|
| 1 | | | jeder Level |
| 1 | n | | jeder n-te Level |
| 1 | n | "first_last" | jeder n-te Level, auch der erste und letzte |
| 2 | | | Leveleingabe durch Tastatur |
| 3 | | <file> | Leveleingabe durch eine Datei |

| *Typ* | *Funktionsname* | *Argumente* |
|---|---|---|
| void | **OKFDD_Quasi_reduce_full** | |

*Funktionsbeschreibung:*

Diese Funktion eliminiert sämtliche levelübergreifenden Kanten für die ausgewählten Level. Die Levelauswahl wird durch OKFDD_Select_Levels_for_Quasi_reduce_full getroffen. Sind alle Level ausgewählt, so wird ein vollständig quasireduziertes OKFDD erzeugt.

| *Typ* | *Funktionsname* | *Argumente* | |
|---|---|---|---|
| void | **OKFDD_declare_ BMM_flow** | int | methode = 0 |

*Funktionsbeschreibung:*

Diese Funktion legt die BMM – Reihenfolge fest.

| *methode* | *BMM-Reihenfolge* |
|---|---|
| 0 | logarithmisch, trivial (siehe Abschnitt 10.3.1, Seite 158) (default) |
| 1 | logarithmisch, kleinste BMM – Kosten |
| 2 | logarithmisch, zufällig |
| 11 | kleinste BMM – Kosten, beliebige Tiefe |
| 12 | zufällig, beliebige Tiefe |
| 100 | linear, von den Terminalen ausgehend |

| *Typ* | *Funktionsname* | *Argumente* |
|---|---|---|
| void | **OKFDD_Quasi_reduce_ partiell** | |

*Funktionsbeschreibung:*

Diese Funktion erzeugt ein bezüglich einer zuvor festgelegten BMM – Reihenfolge partiell quasireduziertes OKFDD.

*Bedingungen:*

Die BMM – Reihenfolge wurde mit OKFDD_declare_BMM_flow festgelegt.

**Schaltkreissynthese**

Die verschiedenen Arten der Quasireduzierung erfordern verschiedene Arten der Synthese. Es folgen Methoden, die aus partiell beziehungsweise vollständig quasireduzierten OKFDDs Schaltkreisebeschreibungen synthetisieren.

| *Typ* | *Funktionsname* | *Argumente* | |
|---|---|---|---|
| test_circ* | **DD_to_TC_QRv** | char* | circuit_name |
| | | char* | library |

*Funktionsbeschreibung:*
Konvertiert ein quasireduziertes OKFDD in eine Schaltkreis – Beschreibung in Test_Circ – Format. Die Funktion liefert einen Zeiger auf eine TC – Instanz zurück oder NULL, falls ein Fehler auftrat. Der Parameter *library* muß den Namen inclusive Pfad der Test_Circ Bibliothek *tc_to_tc.lib* (siehe Abschnitt 7.2, Seite 88) enthalten. Der Parameter *circuit_name* legt den Namen der Schaltkreis – Beschreibung fest. Er muß mit einem Buchstaben beginnen.

*Bedingungen:*
Das OKFDD wurde vollständig quasireduziert und es ist eine BMM – Reihenfolge festgelegt worden.

| *Typ* | *Funktionsname* | *Argumente* | |
|---|---|---|---|
| test_circ* | **DD_to_TC_QRp** | char* | circuit_name |
| | | char* | library |

*Funktionsbeschreibung:*
Konvertiert ein partiell quasireduziertes OKFDD in eine Test_Circ – Beschreibung. Die Funktion liefert einen Zeiger auf eine TC – Instanz zurück oder NULL, falls ein Fehler auftrat. Der Parameter *library* muß den Namen inclusive Pfad der Test_Circ Bibliothek *tc_to_tc.lib* (siehe Abschnitt 7.2, Seite 88) enthalten. Der Parameter *circuit_name* legt den Namen der Schaltkreis – Beschreibung fest. Er muß mit einem Buchstaben beginnen.

*Bedingungen:*
Das OKFDD wurde partiell quasireduziert.

| Typ  | Funktionsname      | Argumente |              |
|------|--------------------|-----------|--------------|
| void | **STEP_DD_Synthesis** | char*   | circuit_name |
|      |                    | char*     | library      |

*Funktionsbeschreibung:*

Konvertiert ein beliebiges OKFDD in eine Test_Circ – Beschreibung. Diese Funktion fragt interaktiv alle zur Schaltkreissynthese benötigten Parameter ab und ruft die entsprechenden Teilfunktionen der Synthese auf. Die Test_Circ – Beschreibung wird im Normalfall abgespeichert. Der Parameter *library* muß den Namen inclusive Pfad der Test_Circ Bibliothek *tc_to_tc.lib* (siehe Abschnitt 7.2, Seite 88) enthalten. Der Parameter *circuit_name* legt den Namen der Schaltkreis – Beschreibung fest. Er muß mit einem Buchstaben beginnen.

## 8.6.3 Hilfsfunktionen und globale Konstrukte

| Typ | Funktionsname | Argumente | |
|---|---|---|---|
| void | **statistik** | OKFDD_to_TC* | Instanz |

*Funktionsbeschreibung:*
Funktion zur Ausgabe der Zerlegungstypen je Level, der Knotenanzahl pro Level und der Gesamtknotenzahl im OKFDD.

| Typ | Funktionsname | Argumente | |
|---|---|---|---|
| void | **report_error** | int | errorlevel |

*Funktionsbeschreibung:*
Funktion zur Auswertung der PUMA – Variablen errorlevel.

| Typ | Funktionsname | Argumente | |
|---|---|---|---|
| void | **root_info** | OKFDD_to_TC* | Instanz |

*Funktionsbeschreibung:*
Funktion zur Ausgabe der Wurzeln, kann der PUMA–Shell (Abschnitt 7.1 übergeben werden (Shell–Option E).

| Typ | Funktionsname | Argumente | |
|---|---|---|---|
| usint | **low_pow2** | usint | ganzZahl |

*Funktionsbeschreibung:*
Berechnet die größte Zweierpotenz echt kleiner als die natürliche Zahl *ganzZahl*.

| Typ | Funktionsname | Argumente | |
|---|---|---|---|
| usint | **og_log2** | ulint | ganzZahl |

*Funktionsbeschreibung:*
Berechnet die obere Gaussklammer des Logarithmus Dualis der natürlichen Zahl *ganzZahl*

| Typ | Funktionsname | Argumente | |
|-----|---------------|-----------|---|
| ulint | **int_pow** | usint | Basis |
| | | usint | Exponent |

**Funktionsbeschreibung:**
Berechnet $Basis^{Exponent}$.

| Typ | Funktionsname | Argumente | |
|-----|---------------|-----------|---|
| int | **str_cpow** | char* | String_a |
| | | char* | String_b |

**Funktionsbeschreibung:**
Kopiert *String_b* nach *String_a*. Alle Tabulator-, Zeilenend- und Leerzeichen am Ende von String_b werden ignoriert. Tritt ein Fehler auf, so ist die Rückgabe 1. sonst 0. Für *String_a* muß Speicherplatz von ausreichender Größe vor dem Aufruf der Funktion zur Verfügung gestellt werden.

| Typ | Funktionsname | Argumente | |
|-----|---------------|-----------|---|
| int | **str_cpalpha** | char* | String_a |
| | | char* | String_b |
| | | usint | #Zeichen |

**Funktionsbeschreibung:**
Kopiert #Zeichen viele Zeichen vom Anfang von *String_b* nach *String_a*. Alle Tabulator-, Zeilenend- und Leerzeichen am Ende von String_b werden ignoriert. Ist das erste Zeichen von *String_b* numerisch, so wird *String_a* um einen führenden nichtnumerischen String erweitert. Tritt ein Fehler auf, so ist die Rückgabe 1, sonst 0.

Diese Funktion konvertiert String_b in ein Format, das für Test_Circ Zell- und Signalnamen zulässig ist. Für *String_a* muß Speicherplatz von ausreichender Größe vor dem Aufruf der Funktion zur Verfügung gestellt werden.

| Typ | Funktionsname | Argumente | |
|-----|---------------|-----------|---|
| int | **str_eq** | char* | String_a |
| | | char* | String_b |
| | | int | special = 0 |

*Funktionsbeschreibung:*
Vergleicht zwei Strings. Im Modus *special, special ¿* 0 ist die Gleichheit nur dann erfüllt, wenn *Strin_b* um das Zeichen 's' länger ist als *String_a*. Für Gleichheit ist die Rückgabe 1, sonst 0. Für *String_a* muß Speicherplatz von ausreichender Größe vor dem Aufruf der Funktion zur Verfügung gestellt werden.

| Typ | Funktionsname | Argumente | |
|-----|---------------|-----------|---|
| int | **size** | const char* | String |

*Funktionsbeschreibung:*
Berechnet die Länge einer Folge von alphanumerischen Zeichen ohne Stringende Zeichen ('\0').

| Typ | Funktionsname | Argumente | |
|-----|---------------|-----------|---|
| void | **sort** | long int* | Zahlenfeld |
| | | usint | Feldgröße |

*Funktionsbeschreibung:*
Sortieren eines Feldes von ganzen Zahlen nach ihrer Größe aufsteigend.

| Typ | Funktionsname | Argumente | |
|-----|---------------|-----------|---|
| int | **cin_int** | char* | Ausgabe |
| | | int | Standardwert |
| | | int | Ja/Nein = 0 |

*Funktionsbeschreibung:*
Diese Funktion fordert den Benutzer zur Eingabe einer ganzen Zahl auf. Der String *Ausgabe* wird als Eingabeaufforderung zur Standardausgabe ausgegeben. Besteht die Eingabe lediglich aus einer Bestätigung (Enter), so wird der Standardwert zurückgegeben. Es werden auch negative Zahlen akzeptiert. Die Eingabe eines Fragezeichens ergibt als Rückgabe den Wert −1. Für *Ja/Nein* = 1 werden die Zeichen 'y', 'Y', 'j' und 'J' als 1 und 'n' bzw. 'N' als 0 interpretiert.

| Typ | Funktionsname | Argumente | |
|---|---|---|---|
| void | **Check_DD_for_SAT** | OKFDD_to_TC* | Instanz |

*Funktionsbeschreibung:*

Die Funktion *OKFDD_to_TC::OKFDD_SAT_all_no_norm* (Beschreibung in Abschnitt 8.6.2 auf Seite 123) wird in einer Schleife über alle Wurzeln des übergebenen OKFDDs aufgerufen. Es werden die erfüllenden Belegungen aller Wurzeln überprüft. Wird das letzte Bit des zu übergebenden Zeigers auf das OKFDD gesetzt, so werden beim ersten Aufruf dieser Funktion die Anzahl der erfüllenden Belegungen aller Wurzeln gespeichert. Das letzte Bit des zu übergebenden Zeigers wird dann zurückgesetzt und jeder weitere Aufruf von *Check_DD_for_SAT* überprüft dann nur noch, ob die Zahl der erfüllenden Belegungen noch stimmt.

## 8.6.4 Eine besondere Boolesche Matrixklasse

Diese Klasse dient der effizienten Speicherung einer BMM – Reihenfolge.
Das Feld *good_edges* ist eine Instanz dieser Klasse.

| *Typ* | *Funktionsname* | *Argumente* | |
|---|---|---|---|
| | **strange_boole_matrix** | int | size |

*Funktionsbeschreibung:*
Der Konstruktor initialisiert die Felder einer Instanz der Klasse mit FALSE (0).

| *Typ* | *Funktionsname* | *Argumente* |
|---|---|---|
| | **~strange_boole_matrix** | |

*Funktionsbeschreibung:*
Der Destruktor.

| *Typ* | *Funktionsname* | *Argumente* | |
|---|---|---|---|
| int | **istrue** | usint | line |
| | | usint | col |

*Funktionsbeschreibung:*
Überprüfen, ob ein Eintrag einer Booleschen Matrix wahr ist, *line:* 0 .. (*size-1*);
*col:* 1 .. *size.*

| *Typ* | *Funktionsname* | *Argumente* | |
|---|---|---|---|
| int | **isfalse** | usint | line |
| | | usint | col |

*Funktionsbeschreibung:*
Überprüfen, ob ein Eintrag einer Booleschen Matrix falsch ist, *line:* 0 .. (*size-1*);
*col:* 1 .. *size.*

| *Typ* | *Funktionsname* | *Argumente* | |
|---|---|---|---|
| void | **set** | usint | line |
| | | usint | col |

*Funktionsbeschreibung:*
Schreiben von TRUE in eine Boolesche Matrix. *line:* 0 .. (*size-1*); *col:* 1 .. *size.*

| Typ  | Funktionsname | Argumente |
|------|---------------|-----------|
| void | **Fill_LD**   |           |

**Funktionsbeschreibung:**
Funktion zum Füllen einer Boolschen Matrix so, daß die triviale logarithmische BMM – Reihenfolge repräsentiert wird (siehe Kapitel 5, Seite 63).

| Typ  | Funktionsname  | Argumente |
|------|----------------|-----------|
| void | **Fill_linear** |           |

**Funktionsbeschreibung:**
Funktion zum Füllen einer Boolschen Matrix so, daß die lineare BMM – Reihenfolge repräsentiert wird (siehe Kapitel 5, Seite 63).

| Typ  | Funktionsname       | Argumente |       |
|------|---------------------|-----------|-------|
| void | **BMM_Folge_cout**  | usint     | line  |
|      |                     | usint     | col   |

**Funktionsbeschreibung:**
Diese Funktion dient zur Ausgabe der in der Matirx festgehaltenen BMM – Rheihenfolge zur Standardausgabe.

## 8.6.5   Eine Klasse ganzzahliger Matrizen

Diese Klasse dient der effizienten Speicherung einer BMM – Kosten, dem besten Schnitt, sowie der oberen beziehungsweise der unteren Schranken für den besten Schnitt (siehe Abschnitt 5.4.2, Seite 70).

| Typ | Funktionsname | Argumente | |
|---|---|---|---|
| | strange_usint_matrix | int | size |

Funktionsbeschreibung:
Der Konstruktor initialisiert die Felder der Instanz der Klasse mit 0.

| Typ | Funktionsname | Argumente |
|---|---|---|
| | ~strange_usint_matrix | |

Funktionsbeschreibung:
Der Destruktor.

| Typ | Funktionsname | Argumente | |
|---|---|---|---|
| usint | get | usint | line |
| | | usint | col |

Funktionsbeschreibung:
Rückgabe ist die Zahl die in der Matrix an der Stelle *(line, col)* gespeichert ist. *line:* 0 .. (*size*-1); *col:* 1 .. *size*.

| Typ | Funktionsname | Argumente | |
|---|---|---|---|
| void | write | usint | line |
| | | usint | col |
| | | usint | new_contents |

Funktionsbeschreibung:
In der Matrix an der Stelle *(line, col)* den Wert *new_contents* speichern, *line:* 0 .. (*size*-1); *col:* 1 .. *size*.

## 8.6.6   Die Klasse der Abhängigkeitsmatrizen

Diese Klasse realisiert die Abhängigkeitsmatrizen. Diese werden in Abschnitt 8.4.3 beschrieben.

| Typ | Funktionsname | Argumente | |
|---|---|---|---|
| | **dependancy** | usint | from_level |
| | | usint | to_level |
| | | usint | from_node_count |
| | | usint | to_node_count |

*Funktionsbeschreibung:*
Konstruktor der Klasse dependancy. Die Übergabeparameter enthalten die Level, die von einer Abhängigkeitsmatrix überspannt werden (*from_level, to_level*), die Anzahl der Knoten im Startlevel (*from_node_count*) und die Anzahl der Knoten im Ziellevel (*to_node_count*) der Abhängigkeitsmatrix.

| Typ | Funktionsname | Argumente |
|---|---|---|
| | **~dependancy** | |

*Funktionsbeschreibung:*
Destruktor der Klasse dependancy.

| Typ | Funktionsname | Argumente |
|---|---|---|
| void | **cout_matrix** | |

*Funktionsbeschreibung:*
Ausgabe aller Abhängigkeitsmatrizen zur Standardausgabe.

| Typ | Funktionsname | Argumente | |
|---|---|---|---|
| char* | **read_elmt** | usint | line |
| | | usint | col |

*Funktionsbeschreibung:*
Ein Element an der Stelle *line, col* auslesen, es wird der Inhalt des Elementes zurückgegeben. Existiert das mit *line* und *col* spezifizierte Element nicht, so wird die Fehlermeldung: "ERROR read out of ..." ausgegeben.

| *Typ* | *Funktionsname* | *Argumente* | |
|-------|-----------------|-------------|--------|
| char* | **write_elmt** | usint | line |
|       |                 | usint | col |
|       |                 | char* | contents |

*Funktionsbeschreibung:*

Ein Element mit *contents* beschreiben. Es wird NULL zurückgegeben, wenn dabei kein Fehler auftrat. Existiert das mit *line* und *col* spezifizierte Element nicht, so wird die Fehlermeldung: "ERROR read out of ..." ausgegeben.

# Kapitel 9

# Ein Synthesebeispiel

In diesem Kapitel wollen wir die einzelnen Schritte unserer Methode zur
Schaltkreissynthese anhand eines kleinen Beispiels beschreiben. Zunächst
wurde diese BLIF – Beschreibung eingelesen:

```
.model example
.inputs m1 m2 m3
.outputs o1
.names m1 m2 m3 o1
011 1
1-0 1
-00 1
.end
```

Durch *.model* wird der Schaltkreisname angegeben. In den beiden
nächsten Zeilen findet sich die Spezifizierung der primären Ein – und
Ausgänge. Die folgenden Zeilen beschreiben das Verhalten des Schaltkreises.

Daraus generiert PUMA das reduzierte OKFDD in Abbildung 9.1 (a).
Dann werden durch STEP die Komplementmarken entfernt, Abbildung
9.1 (b). Teil (c) der Abbildung 9.1 zeigt das OKFDD nach partiellem
Quasireduzieren bezüglich der dort angegebenen BMM – Reihefolge. Teil
(d) zeigt das OKFDD nach vollständigem Quasireduzieren.

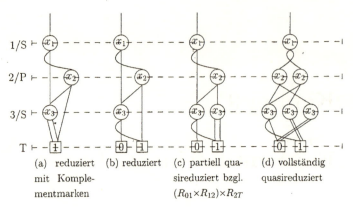

(a) reduziert     (b) reduziert     (c) partiell qua-     (d) vollständig
mit Komple-                         sireduziert bzgl.      quasireduziert
mentmarken                         $(R_{01} \times R_{12}) \times R_{2T}$

Abbildung 9.1: Verschiedene OKFDDs für „example"

Die Struktur der OKFDDs in Abbildung 9.1 wurden jeweils mit Hilfe
der interaktiven PUMA – Shell ermittelt. Die Knoten sind innerhalb der
Level jeweils von links nach rechts mit 0 beginnend durchnummeriert.

Für das partiell quasireduzierte OKFDD ergeben sich die Abhängigkeitsmatrizen aus Abbildung 9.2. Die drei linken Matrizen sind primäre
Abhängigkeitsmatrizen. Durch erweiterte Boolesche Matrix Multiplikationen ergeben sich die sekundären Abhängigkeitsmatrizen rechts der geschweiften Klammern.

Für den vollständig quasireduzierten OKFDD ergeben sich die Abhängigkeitsmatrizen aus Abbildung 9.3. Auch hier sind die drei linken
Matrizen primäre Abhängigkeitsmatrizen. Durch Boolesche Matrix Multiplikationen ergeben sich die sekundären Abhängigkeitsmatrizen rechts
der geschweiften Klammern.

Werden für Boolesche Matrix Multiplikationen BMM – Teilschaltkreise ohne Schaltkreisreduktionen erzeugt, so ergeben sich vollständige
Schaltkreise. Abbildung 9.4 zeigt den vollständigen Schaltkreis, der sich
aus den Booleschen Matrix Multiplikationen in Abbildung 9.2 ergibt. Die
Rechtecke kennzeichnen die einzlenen BMM – Teilschaltkreise. Die Signale, die nach oben die Rechtecke verlassen, realisieren die Terme aus den

Abhängigkeitsmatrizen in Abbildung 9.2.

Abbildung 9.5 zeigt den vollständigen Schaltkreis, der sich aus den Booleschen Matrix Multiplikationen in Abbildung 9.3 ergibt. Die Rechtecke kennzeichnen die einzlenen BMM – Teilschaltkreise. Die Signale, die nach oben die Rechtecke verlassen, realisieren die Terme aus den Abhängigkeitsmatrizen in Abbildung 9.3.

Werden auf die vollständigen Schaltkreise in den Abbildungen 9.4 und 9.5 Reduktionen konstanter Signale durchgeführt, so ergibt sich für beide der reduzierte Schaltkreis in Abbildung 9.6 (a). Dieser Schaltkreis enthält noch eine Tautologie. Das hervorgehobene EXOR – Gatter wird sowohl von $x_1$ als auch von $\overline{x}_1$ gespeist und ist somit redundant. Teil (b) der Abbildung 9.6 zeigt den reduzierten Schaltkreis für „example". wie wir ihn durch unsere Implementierung von STEP erzeugen. Er hat die Tiefe drei und die Größe vier.

$$
\left.
\begin{array}{l}
(\overline{x}_1) \\[2.5em]
(1 \quad x_2) \\[2.5em]
\left( \begin{array}{cc} x_3 & \overline{x}_3 \\ 0 & 1 \end{array} \right)
\end{array}
\right\}
\left.
\begin{array}{l}
(1 \quad \overline{x}_1 x_2)
\end{array}
\right\}
\left.
\begin{array}{l}
(x_3 \quad \overline{x}_3 \oplus \overline{x}_1 x_2)
\end{array}
\right.
$$

Abbildung 9.2: Die Abhängigkeitsmatrizen für „example", auf Grundlage eines bezüglich der in Abbildung 9.1 (c) angegebenen BMM – Reihenfolge partiell quasireduzierten OKFDDs.

$$
\left.
\begin{array}{l}
(x_1 \quad \overline{x}_1) \\[2.5em]
\left( \begin{array}{ccc} 1 & 0 & x_2 \\ 1 & x_2 & 0 \end{array} \right) \\[3em]
\left( \begin{array}{cc} x_3 & \overline{x}_3 \\ 0 & 1 \\ 1 & 0 \end{array} \right)
\end{array}
\right\}
\left.
\begin{array}{l}
(1 \quad \overline{x}_1 x_2 \quad x_1 x_2)
\end{array}
\right\}
\left.
\begin{array}{l}
(x_3 \oplus x_1 x_2 \quad \overline{x}_3 \oplus \overline{x}_1 x_2)
\end{array}
\right.
$$

Abbildung 9.3: Die Abhängigkeitsmatrizen für „example", auf Grundlage eines vollständig quasireduzierten OKFDDs.

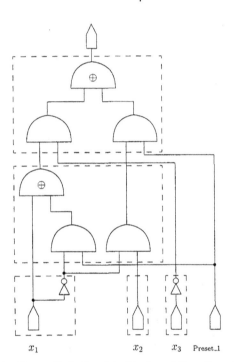

Abbildung 9.4: Der vollständige Schaltkreis auf Grundlage des partiell quasireduzierten OKFDDs für „example"

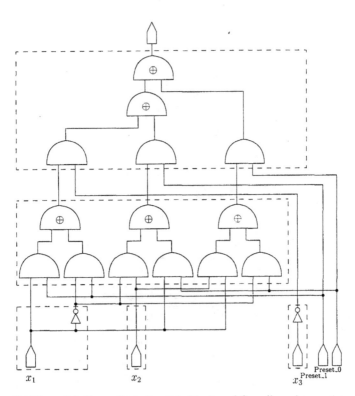

Abbildung 9.5: Der vollständige Schaltkreis auf Grundlage des quasireduzierten OKFDDs für „example"

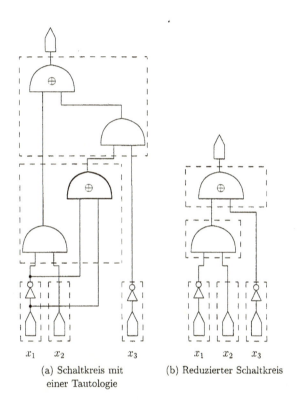

(a) Schaltkreis mit
einer Tautologie

(b) Reduzierter Schaltkreis

Abbildung 9.6: Reduzierte Schaltkreise für „example"

# Kapitel 10

# Meßergebnisse

In diesem Kapitel fassen wir die Ergebnisse unserer Messungen zusammen und stellen sie zur einfachen Übersicht in Tabellen dar.

Dazu haben wir aus der Menge der von uns zur Überprüfung und zur Messung benutzten Schaltkreise einen repräsentativen Teil ausgewählt, um die Tabellengröße übersichtlich gestalten zu können.

Sind in einer Tabelle Durchschnittswerte angegeben, so sind diese in allen Spalten über die selbe Menge von Schaltkreisen gebildet worden. Enthält zum Beispiel eine Spalte für den Schaltkreis rot keinen gültigen Wert (n.t.), so sind in dieser Tabelle die Werte von rot in keiner Spalte in den Durchschnitt eingeflossen. Dies ermöglicht einen fairen Vergleich der Spalten.

Wir haben folgende Benchmarkschaltkreise betrachtet:

| | | | | | |
|---|---|---|---|---|---|
| 5xp1 | 9sym | add6 | adr4 | alu1 | alu2 |
| alu3 | alu4 | amd | apex1 | apex2 | apex3 |
| apex4 | apex5 | apex6 | apex7 | b1 | b2 |

| | | | | | |
|---|---|---|---|---|---|
| b3 | b4 | b7 | b9 | b10 | b11 |
| b12 | c8 | c17 | c432 | c499 | c880 |
| c1355 | c1908 | c2670 | c3540 | c5315 | c6288 |
| c7552 | cc | chkn | cht | cm42a | cm82a |
| cm85a | cm138a | cm150a | cm151a | cm152a | cm162a |
| cm163a | cmb | comp | cordic | count | cps |
| cu | decod | des | dist | dk17 | dk27 |
| dk48 | duke2 | e64 | ex1010 | ex4 | ex5 |
| ex7 | exep | exp | f51m | fout | frg1 |
| frg2 | gary | i1 | i2 | i3 | i4 |
| i5 | i6 | i7 | i8 | i9 | i10 |
| ibm | in0 | in1 | in2 | in3 | in4 |
| in5 | in6 | in7 | inc | lal | luc |
| m1 | m2 | m3 | m4 | majority | mark1 |
| max46 | max128 | max512 | max1024 | misg | mish |
| misj | mlp4 | mp2d | mux | o64 | opa |
| p1 | p3 | p82 | pair | parity | pcle |
| pcler8 | pdc | pm1 | pope.rom | prom1 | prom2 |
| radd | rckl | rd53 | rd73 | rd84 | risc |
| root | rot | s27 | s298 | s344 | s349 |
| s382 | s1196 | s1423 | s1488 | s1494 | s38417 |
| sao2 | sct | seq | shift | signet | soar |
| sqn | sqr6 | sym10 | t1 | t2 | t3 |
| t4 | t481 | tcon | te | term1 | tms |
| ts10 | ttt2 | unreg | vda | vg2 | x1 |
| x2 | x3 | x4 | xor5 | xparc | z4 |

Einige dieser Benchmarks wurden in [Brayton84] im dort näher erläuterten BLIF- beziehungsweise PLA–Format vorgestellt. Die cXXXX – Schaltkreise entstammen [Brglez85] und sind auf der Konferenz *International Symposium Circuits and Systems, ISCAS* 1985 vorgestellt worden. Sie wurden nach BLIF konvertiert. Die sXXXXX sind die kombinatorischen Teile der auf der ISCAS 1989 vorgestellten kombinatorischen Schaltkreise. Zur Konvertierung nach BLIF wurden die Flip – Flops durch Inputs und Outputs ersetzt.

Um auch bei verschiedenen Synthesedurchläufen vergleichbare Ergebnisse zu erhalten, haben wir sowohl für OKFDDs als auch für OBDDs Variablenordnungen und DTLs in Ordnungsfiles gespeichert. Diese werden bei jedem erneuten Syntheseprozess eingelesen und stellen so sicher, daß wir als Ausgangspunkt immer das gleiche OKFDD beziehungsweise OBDD erhalten. Außerdem liefern diese Ordungsfiles Variablenreihenfolgen, für die die entsprechenden OKFDDs beziehungsweise OBDDs bezüglich ihrer Größe minimiert sind.

Die Ordungsfiles wurden mit Hilfe des in Anhang A.3 gelisteten Programms *main.c* generiert. Die eingelesenen OKFDDs beziehungsweise OBDDs wurden zunächst solange gesiftet, bis sich keine Reduktion der Größe mehr zeigte. Für OKFDDs verwendeten wir das DTL Sifting von PUMA, für die OBDDs das Sifting. Dann wurde die aktuelle Ordnung gespeichert und die Variablenreihenfolge invertiert. Dieser Vorgang wurde vier mal wiederholt. Wurde dabei eine bessere Ordnung gefunden, so wurde diese abgespeichert. Unsere Messungen haben ergeben, daß weiteres Invertieren und Siften für keinen der oben aufgeführten Schaltkreisbeschreibungen Verbesserungen in der Größe der OKFDDs beziehungsweise OBDDs bringt.

Da zu unserer Schaltkreissynthese quasireduzierte OKFDDs ohne Komplementmarken nötig sind, betrachten wir zunächst die Auswirkungen der Veränderungen, die wir an den OKFDDs vornehmen. Anschließend untersuchen wir die unterschiedlichen Schritte zur Schaltkreissynthese und vergleichen die Ergebnisse bei verschiedenen Parametern.

## 10.1  Größenveränderung an OKFDDs und OBDDs

Das Entfernen der Koplementmarken und das Quasireduzieren führt zu deutlichen Veränderungen der OKFDDs. Diese Veränderungen werden durch die Tabellen 10.1 bis 10.4 dokumentiert. Für die Messungen wurde für jeden Schaltkreis die vorausberechnete Variablenordnung eingelesen.

Die erste Spalte der Tabellen 10.1 und 10.2 gibt den Schaltkreisnamen an. Die anderen Spalten zeigen die Größe der OKFDDs beziehungsweise OBDDs nach den verschiedenen Schritten. Die Spalte $r_{ce}$ zeigt die Größe des OKFDDs beziehungsweise des OBDDs in reduzierter Form mit negierten Kanten und Spalte $r$ ohne negierte Kanten. Die Spalten $qr_p$ $ld_t$ und $qr_p$ *linear* zeigen die Größe nach partiellem Quasireduzieren, einmal bezüglich einer logarithmischen und einmal bezüglich einer linearen BMM – Reihenfolge. Die Spalte $qr_v$ zeigt die Größe nach vollständigem Quasireduzieren. Das vollständige Quasireduzieren ist unabhängig von der BMM – Reihenfolge.

Die Spalte $\frac{r}{r_{ce}}$ der Tabellen 10.3 und 10.4 beschreibt das Größenwachstum durch Entfernen der Koplementmarken in Prozent. Die Spalten mit dem Zähler $qr_p$ bzw. $qr_v$ beschreiben das Größenwachstum durch partielles bzw. vollständiges Quasireduzieren. Grundlage der Werte in den Spalten mit dem Nenner $r_{ce}$ ist jeweils die Größe des reduzierten OKFDDs mit Komplementmarken, Grundlage der Spalten mit dem Nenner $r$ ist jeweils die Größe des reduzierten OKFDDs ohne Komplementmaken.

Im Anhang B.1 finden sich die Programme, mit deren Hilfe wir die Messungen durchgeführt haben. Die Ergebnisse zeigen, daß die DDs durch das Entfernen der Komplementmarken etwas größer werden. Im Schnitt wachsen sie um ca. 15%. Die Varianz ist dabei allerdings recht hoch. Während apex6 um 1% größer wird, wächst rd84 um fast die Hälfte seiner ursprünglichen Größe (48% Wachstum).

Das Größenwachstum durch das Quasireduzieren zeigt eine noch viel größere Varianz. Einige Schaltkreise wachsen bei partieller Quasireduzierung — besonders bezüglich einer linearen BMM – Reihenfolge — überhaupt nicht (z.B. die Schaltkreise rdXX), während pair seine Größe verneunfacht und apex6 um den Faktor 16 wächst. Das Größenwachstum durch vollständiges Quasireduzieren ist ca. 1,5 mal so groß wie das durch partielles Quasireduzieren.

Aus diesen Ergebnissen läßt sich schließen, daß die Schaltkreissynthese über partiell quasireduzierte OKFDDs schneller abläuft. Dies bestätigen die Ergebnisse auf Seite 181.

| $SK$ | $r_{ce}$ | r | $qr_p$ $ld_t$ | $qr_p$ linear | $qr_v$ |
|------|------|------|------|------|------|
| 9sym | 24 | 33 | 35 | 33 | 38 |
| add6 | 23 | 34 | 45 | 34 | 86 |
| alu2 | 119 | 136 | 169 | 173 | 196 |
| alu4 | 358 | 411 | 509 | 698 | 740 |
| apex6 | 405 | 409 | 1661 | 7025 | 11481 |
| apex7 | 184 | 206 | 596 | 1296 | 1578 |
| b1 | 5 | 8 | 8 | 8 | 13 |
| c17 | 6 | 7 | 13 | 11 | 16 |
| c8 | 62 | 68 | 219 | 339 | 540 |
| count | 51 | 68 | 182 | 240 | 495 |
| f51m | 25 | 36 | 45 | 36 | 78 |
| frg1 | 72 | 75 | 159 | 217 | 272 |
| gary | 279 | 293 | 400 | 451 | 477 |
| in7 | 64 | 76 | 178 | 221 | 323 |
| majority | 7 | 8 | 9 | 8 | 14 |
| pair | 2036 | 2273 | 6395 | 24204 | 31838 |
| rd53 | 13 | 19 | 22 | 19 | 26 |
| rd73 | 21 | 31 | 36 | 31 | 42 |
| rd84 | 29 | 43 | 47 | 43 | 56 |
| rot | 2299 | 2405 | 5317 | 10666 | 15834 |
| s1423 | 1391 | 1530 | 3566 | 8888 | 9238 |
| sao2 | 78 | 87 | 100 | 93 | 109 |
| vda | 432 | 448 | 861 | 1530 | 1548 |
| vg2 | 75 | 82 | 160 | 187 | 263 |

Tabelle 10.1: Die Anzahl der Knoten im OKFDD im Ablauf der Synthese.

| $SK$ | $r_{ce}$ | r | $qr_p$ $ld_t$ | $qr_p$ linear | $qr_v$ |
|---|---|---|---|---|---|
| 9sym | 24 | 33 | 35 | 33 | 38 |
| add6 | 40 | 64 | 98 | 88 | 132 |
| alu2 | 159 | 192 | 267 | 266 | 287 |
| alu4 | 357 | 469 | 609 | 717 | 743 |
| apex6 | 598 | 605 | 2122 | 8922 | 10802 |
| apex7 | 239 | 267 | 582 | 1391 | 1670 |
| b1 | 6 | 8 | 10 | 8 | 14 |
| c17 | 6 | 7 | 12 | 11 | 16 |
| c8 | 79 | 101 | 307 | 658 | 755 |
| count | 80 | 96 | 215 | 608 | 673 |
| f51m | 38 | 70 | 79 | 70 | 106 |
| frg1 | 72 | 74 | 174 | 349 | 401 |
| gary | 289 | 310 | 420 | 435 | 461 |
| in7 | 76 | 95 | 204 | 315 | 388 |
| majority | 7 | 7 | 9 | 9 | 11 |
| pair | 3214 | 3845 | 9986 | 39303 | 41078 |
| rd53 | 16 | 23 | 26 | 23 | 27 |
| rd73 | 30 | 43 | 45 | 43 | 49 |
| rd84 | 41 | 59 | 63 | 59 | 69 |
| rot | 7623 | 8111 | 15548 | 28738 | 33045 |
| s1423 | 2236 | 2586 | 4733 | 10396 | 10829 |
| sao2 | 80 | 90 | 104 | 97 | 114 |
| vda | 477 | 515 | 782 | 878 | 907 |
| vg2 | 79 | 81 | 158 | 181 | 259 |

Tabelle 10.2: Die Anzahl der Knoten im OBDD im Ablauf der Synthese.

| $SK$ | $\dfrac{r}{r_{ce}}$ | $\dfrac{qr_p{}^{ld_t}}{r_{ce}}$ | $\dfrac{qr_p{}^{ld_t}}{r}$ | $\dfrac{qr_p\,linear}{r_{ce}}$ | $\dfrac{qr_p\,linear}{r}$ | $\dfrac{qr_v}{r_{ce}}$ | $\dfrac{qr_v}{r}$ |
|---|---|---|---|---|---|---|---|
| 9sym | 137.5 | 145.83 | 106.06 | 137.5 | 100 | 158.33 | 115.15 |
| add6 | 147.83 | 195.65 | 132.35 | 147.83 | 100 | 373.91 | 252.94 |
| alu2 | 114.29 | 142.02 | 124.26 | 145.38 | 127.21 | 164.71 | 144.12 |
| alu4 | 114.8 | 142.18 | 123.84 | 194.97 | 169.83 | 206.7 | 180.05 |
| apex6 | 100.99 | 410.12 | 406.11 | 1734.6 | 1717.6 | 2834.8 | 2807.1 |
| apex7 | 111.96 | 323.91 | 289.32 | 704.35 | 629.13 | 857.61 | 766.02 |
| b1 | 160 | 160 | 100 | 160 | 100 | 260 | 162.5 |
| c17 | 116.67 | 216.67 | 185.71 | 183.33 | 157.14 | 266.67 | 228.57 |
| c8 | 109.68 | 353.23 | 322.06 | 546.77 | 498.53 | 870.97 | 794.12 |
| count | 133.33 | 356.86 | 267.65 | 470.59 | 352.94 | 970.59 | 727.94 |
| f51m | 144 | 180 | 125 | 144 | 100 | 312 | 216.67 |
| frg1 | 104.17 | 220.83 | 212 | 301.39 | 289.33 | 377.78 | 362.67 |
| gary | 105.02 | 143.37 | 136.52 | 161.65 | 153.92 | 170.97 | 162.8 |
| in7 | 118.75 | 278.12 | 234.21 | 345.31 | 290.79 | 504.69 | 425 |
| majority | 114.29 | 128.57 | 112.5 | 114.29 | 100 | 200 | 175 |
| pair | 111.64 | 314.1 | 281.35 | 1188.8 | 1064.8 | 1563.8 | 1400.7 |
| rd53 | 146.15 | 169.23 | 115.79 | 146.15 | 100 | 200 | 136.84 |
| rd73 | 147.62 | 171.43 | 116.13 | 147.62 | 100 | 200 | 135.48 |
| rd84 | 148.28 | 162.07 | 109.3 | 148.28 | 100 | 193.1 | 130.23 |
| rot | 104.61 | 231.27 | 221.08 | 463.94 | 443.49 | 688.73 | 658.38 |
| s1423 | 109.99 | 256.36 | 233.07 | 638.96 | 580.92 | 664.13 | 603.79 |
| sao2 | 111.54 | 128.21 | 114.94 | 119.23 | 106.9 | 139.74 | 125.29 |
| vda | 103.7 | 199.31 | 192.19 | 354.17 | 341.52 | 358.33 | 345.54 |
| vg2 | 109.33 | 213.33 | 195.12 | 249.33 | 228.05 | 350.67 | 320.73 |

Tabelle 10.3: Das Größenwachstum der OKFDDs im Ablauf der Synthese.

| $SK$ | $\frac{r}{r_{ce}}$ | $\frac{qr_p\,ld_t}{r_{ce}}$ | $\frac{qr_p\,ld_t}{r}$ | $\frac{qr_p\,linear}{r_{ce}}$ | $\frac{qr_p\,linear}{r}$ | $\frac{qr_v}{r_{ce}}$ | $\frac{qr_v}{r}$ |
|---|---|---|---|---|---|---|---|
| 9sym | 137.5 | 145.83 | 106.06 | 137.5 | 100 | 158.33 | 115.15 |
| add6 | 160 | 245 | 153.12 | 220 | 137.5 | 330 | 206.25 |
| alu2 | 120.75 | 167.92 | 139.06 | 167.3 | 138.54 | 180.5 | 149.48 |
| alu4 | 131.37 | 170.59 | 129.85 | 200.84 | 152.88 | 208.12 | 158.42 |
| apex6 | 101.17 | 354.85 | 350.74 | 1492 | 1474.7 | 1806.4 | 1785.5 |
| apex7 | 111.72 | 243.51 | 217.98 | 582.01 | 520.97 | 698.74 | 625.47 |
| b1 | 133.33 | 166.67 | 125 | 133.33 | 100 | 233.33 | 175 |
| c17 | 116.67 | 200 | 171.43 | 183.33 | 157.14 | 266.67 | 228.57 |
| c8 | 127.85 | 388.61 | 303.96 | 832.91 | 651.49 | 955.7 | 747.52 |
| count | 120 | 268.75 | 223.96 | 760 | 633.33 | 841.25 | 701.04 |
| f51m | 184.21 | 207.89 | 112.86 | 184.21 | 100 | 278.95 | 151.43 |
| frg1 | 102.78 | 241.67 | 235.14 | 484.72 | 471.62 | 556.94 | 541.89 |
| gary | 107.27 | 145.33 | 135.48 | 150.52 | 140.32 | 159.52 | 148.71 |
| in7 | 125 | 268.42 | 214.74 | 414.47 | 331.58 | 510.53 | 408.42 |
| majority | 100 | 128.57 | 128.57 | 128.57 | 128.57 | 157.14 | 157.14 |
| pair | 119.63 | 310.7 | 259.71 | 1222.9 | 1022.2 | 1278.1 | 1068.3 |
| rd53 | 143.75 | 162.5 | 113.04 | 143.75 | 100 | 168.75 | 117.39 |
| rd73 | 143.33 | 150 | 104.65 | 143.33 | 100 | 163.33 | 113.95 |
| rd84 | 143.9 | 153.66 | 106.78 | 143.9 | 100 | 168.29 | 116.95 |
| rot | 106.4 | 203.96 | 191.69 | 376.99 | 354.31 | 433.49 | 407.41 |
| s1423 | 115.65 | 211.67 | 183.02 | 464.94 | 402.01 | 484.3 | 418.75 |
| sao2 | 112.5 | 130 | 115.56 | 121.25 | 107.78 | 142.5 | 126.67 |
| vda | 107.97 | 163.94 | 151.84 | 184.07 | 170.49 | 190.15 | 176.12 |
| vg2 | 102.53 | 200 | 195.06 | 229.11 | 223.46 | 327.85 | 319.75 |

Tabelle 10.4: Das Größenwachstum der OBDDs im Ablauf der Synthese.

## 10.2  Belegung der Abhängigkeitsmatrizen

Die Anzahl der von Null verschiedenen Einträge einer Zeile in einer Abhängigkeitsmatrix hat Einfluß auf die Größe der erzeugten Schaltkreise. Nur von Null verschiedene Einträge können Schaltkreiselemente erzeugen. Deshalb haben wir für die Benchmarkschaltkreise die Anzahl der von Null verschiedenen Einträge in den Zeilen berechnet. Die Werte in den Spalten der Tabellen 10.5 und 10.6 repräsentieren die druchschnittliche Zahl der von Null verschiedenen Einträge in einer Zeile für alle Matrizen einer Klammerungstiefe in der BMM – Reihenfolge.

Im Anhang B.2 findet sich das Programm, mit dessen Hilfe wir die Messungen durchgeführt haben.

Ein Vergleich der beiden Tabellen zeigt, daß die Werte für partielles und vollständiges Quasireduzieren keine signifikanten Unterschiede aufweisen. Die Matrizen sind aber beim vollständigen Quasireduzieren um den gleichen Faktor größer wie die entsprechenden DDs (sie haben im Schnitt 1,5 mal so viele Zeilen).

Daraus können wir schließen, daß das partielle Quasireduzieren tatsächlich einen Laufzeitvorteil gegenüber dem vollständigen Quasireduzieren hat, da die Matrizen selbst wesentlich kleiner sind, bei einer Multiplikation aber nicht mehr Aufwand anfällt, als bei den größeren Matrizen des vollständigen Quasireduzierens.

Interessant ist auch zu beobachten, das die Zahlen mit zunehmender Klammerungstiefe in der BMM – Reihenfolge kaum wachsen, auch wenn es vereinzelte Abweichungen gibt (alu2 und alu4). Wir schließen daraus, daß auch für die meisten Multiplikationen von sekundären Matrizen keine allzugroßen EXOR / OR – Gatter Bäume benötigt werden. Dies hat positive Auswirkungen auf die Schaltkreistiefe.

| SK | Klammrungstiefe der BMM–Reihenfolge | | | | | | | | |
|---|---|---|---|---|---|---|---|---|---|
| | 1 | 2 | 3 | 4 | 5 | 6 | 7 | 8 | 9 |
| 9sym | 1.85 | 2.79 | 4 | 4 | 2 | | | | |
| add6 | 1.37 | 1.88 | 2.47 | 3.8 | 2 | | | | |
| alu2 | 1.52 | 2.37 | 4.98 | 7.33 | 2 | | | | |
| alu4 | 1.37 | 2.36 | 5.35 | 13.6 | 2 | | | | |
| apex6 | 1.07 | 1.26 | 1.5 | 1.67 | 1.77 | 2.03 | 2.54 | 2.75 | 2 |
| apex7 | 1.16 | 1.29 | 1.57 | 2.22 | 2.8 | 3.12 | 2 | | |
| b1 | 1.42 | 1.5 | 1.75 | | | | | | |
| c17 | 1.33 | 2.17 | 3.5 | 2 | | | | | |
| c8 | 1.13 | 1.41 | 1.69 | 2.36 | 2.89 | 2 | | | |
| count | 1.16 | 1.41 | 1.8 | 2.2 | 2.91 | 3.94 | 2 | | |
| f51m | 1.4 | 2.12 | 3.2 | 2 | | | | | |
| frg1 | 1.25 | 1.64 | 2.41 | 4.09 | 4.95 | 2 | | | |
| gary | 1.51 | 2.26 | 3.22 | 4.57 | 2 | | | | |
| in7 | 1.06 | 1.42 | 1.91 | 2.69 | 4.02 | 2 | | | |
| majority | 1.57 | 2.25 | 3 | 2 | | | | | |
| pair | 1.12 | 1.41 | 1.66 | 2 | 2.29 | 2.97 | 3.23 | 5.83 | 2 |
| rd53 | 1.7 | 2.58 | 3.67 | 2 | | | | | |
| rd73 | 1.66 | 2.32 | 2.76 | 2 | | | | | |
| rd84 | 1.55 | 2.07 | 2.57 | 2 | | | | | |
| rot | 1.11 | 1.33 | 1.64 | 2.08 | 2.81 | 3.43 | 3.18 | 3.37 | 1.99 |
| s1423 | 1.13 | 1.43 | 1.86 | 2.43 | 3.02 | 2.87 | 3.99 | 2 | |
| sao2 | 1.49 | 2.38 | 4.36 | 7 | 2 | | | | |
| vda | 1.27 | 1.87 | 3.49 | 6.39 | 3.35 | 2 | | | |
| vg2 | 1.23 | 1.59 | 2.23 | 2.69 | 3.51 | 2 | | | |
| Durchschnitt | 1.72 | 2.12 | 2.64 | 3.16 | 3.26 | 3.25 | 2.44 | 2.92 | 2.00 |

Tabelle 10.5: Besetzung der Abhängigkeitsmatrizen. Die Werte geben die durchschnittliche Anzahl der von Null verschiedenen Abhängigkeiten pro Zeile aller Matrizen einer Klammerungstiefe der BMM – Reihenfolge an. Die Werte wurden für vollständig quasireduzierte OKFDDs ermittelt.

| SK | Klammerungstiefe der BMM–Reihenfolge | | | | | | | | |
|---|---|---|---|---|---|---|---|---|---|
| | 1 | 2 | 3 | 4 | 5 | 6 | 7 | 8 | 9 |
| 9sym | 1.89 | 2.79 | 4 | 4 | 2 | | | | |
| add6 | 1.74 | 2.2 | 2.48 | 3.29 | 2 | | | | |
| alu2 | 1.8 | 2.69 | 5.42 | 7.67 | 2 | | | | |
| alu4 | 1.86 | 2.73 | 5.15 | 10.7 | 2 | | | | |
| apex6 | 1.9 | 2.02 | 2.06 | 2.13 | 2.24 | 2.37 | 2.68 | 2.75 | 2 |
| apex7 | 1.54 | 1.86 | 2.13 | 2.42 | 2.89 | 3.09 | 2 | | |
| b1 | 1.68 | 2.75 | 2 | | | | | | |
| c17 | 1.45 | 2.17 | 3.5 | 2 | | | | | |
| c8 | 1.81 | 2.05 | 2.25 | 2.68 | 2.81 | 2 | | | |
| count | 1.9 | 2.14 | 2.28 | 2.64 | 3.16 | 3.94 | 2 | | |
| f51m | 1.84 | 2.37 | 2.77 | 2 | | | | | |
| frg1 | 1.48 | 1.88 | 2.54 | 4.12 | 4.97 | 2 | | | |
| gary | 1.78 | 2.54 | 3.33 | 4.58 | 2 | | | | |
| in7 | 1.7 | 2.05 | 2.38 | 2.91 | 3.82 | 2 | | | |
| majority | 1.7 | 2.67 | 4 | 2 | | | | | |
| pair | 1.79 | 2 | 2.16 | 2.29 | 2.51 | 3.15 | 3.26 | 5.53 | 2 |
| rd53 | 1.8 | 2.62 | 3.67 | 2 | | | | | |
| rd73 | 1.82 | 2.68 | 2.76 | 2 | | | | | |
| rd84 | 1.75 | 2.25 | 2.57 | 2 | | | | | |
| rot | 1.7 | 1.96 | 2.17 | 2.4 | 3.14 | 3.69 | 3.38 | 3.4 | 2 |
| s1423 | 1.67 | 2.03 | 2.33 | 2.68 | 3.18 | 2.88 | 4.01 | 2 | |
| sao2 | 1.7 | 2.5 | 4.36 | 7 | 2 | | | | |
| vda | 1.93 | 2.51 | 3.81 | 6.39 | 3.35 | 2 | | | |
| vg2 | 1.55 | 1.97 | 2.78 | 3.17 | 3.69 | 2 | | | |
| Durchschnitt | 1.26 | 1.64 | 2.31 | 3.07 | 3.21 | 3.33 | 2.44 | 2.99 | 2.00 |

Tabelle 10.6: Besetzung der Abhängigkeitsmatrizen. Die Werte geben die durchschnittliche Anzahl der von Null verschiedenen Abhängigkeiten pro Zeile aller Matrizen einer Klammerungstiefe der BMM – Reihenfolge an. Die Werte wurden für partiell quasireduzierte OKFDDs ermittelt.

## 10.3  Vergleich der Synthesemethoden

Wir untersuchen in diesem Abschnitt die Auswirkungen der verschiedenen Synthesemethoden auf die erzeugten Schaltkreise. Dabei haben wir festgestellt, daß sich einige Parameter gegenseitig beeinflussen und so gemeinsam zu betrachten sind. Zwei wichtige Parameter zum Vergleich sind die Schaltkreistiefe und die Schaltkreisgröße.

Die Schaltkreistiefe ist durch die Anzahl der Gatter, die ein Signal von einem der primären Eingänge zu einem der primären Ausgänge maximal durchlaufen muß, bestimmt. Die Schaltkreistiefe hat Einfluß auf die Signallaufzeiten. Je tiefer die Schaltkreise sind, desto länger dauert es, bis sich Signaländerungen an den primären Eingängen an den primären Ausgängen auswirken und desto länger dauert es, bis die primären Ausgänge wieder stabile Zustände erreicht haben. Es ist daher ein Ziel der Schaltkreissynthese, die Tiefe der Schaltkreise gering zu halten.

Die Schaltkreisgröße messen wir in der Anzahl der Gatter. Die primären Eingänge und die primären Ausgänge werden dabei nicht mitgezählt, da sie für jeden Schaltkreis jeweils den gleichen Beitrag zur Schaltkreisgröße liefern.

### 10.3.1  Auswirkungen der BMM–Reihenfolgen

Unser Verfahren zur Synthese von Schaltkreisen bietet die Möglichkeit, verschiedene BMM – Reihenfolgen zu wählen, um Schaltkreisgröße und Tiefe zu beeinflussen. Im einzelnen sind dies die lineare BMM – Reihenfolge, fünf verschiedene logarithmische BMM – Reihenfolgen und vier verschiedene andere BMM – Reihenfolgen. Wir haben die Tiefe und Größe der Schaltkreise aller dieser BMM – Reihenfolgen gemessen und stellen sie in den Tabellen 10.7 und 10.8 gegenüber.

Die Spalten der beiden Tabellen bedeuten im einzelnen:

$ld_t$: logarithmisch, trivial (unabhängig von den Kosten der Booleschen Matrix Multiplikation) — feste Reihenfolge

$ld_b$: logarithmisch mit geringsten Kosten bei den Booleschen Matrix Multiplikationen

$ld_r$: logaritmisch, zufällig

$bmm - k$: geringste Kosten der Booleschen Matrix Multiplikation, nicht zwingend logarithmisch oder linear ,

$rand$: völlig zufällig

$linear$: linear, bei den Terminalen beginnend — feste Reihenfolge

Eine BMM – Reihenfolge ist fest, wenn sie für alle OKFDDs mit gleicher Anzahl Variablen und für alle deren Variablenordnungen immer gleich ist. Dies bedeutet insbesondere auch, daß sich bei partiellem Quasireduzieren der gleiche Schaltkreis wie bei vollständigem Quasireduzieren ergibt. Für die nicht festen BMM – Reihenfolgen haben wir diese beiden Fälle noch einmal unterschieden ($par$ und $vol$).

Tabelle 10.7 liefert die Werte für die erzielten Schaltkreistiefen. Die logarithmischen Verfahren führen im Durchschnitt alle zu den gleichen Schaltkreistiefen. Die nur an den Kosten orientierte BMM – Reihenfolge führt zu fast doppelt so tiefen Schaltkreisen, wie die logarithmischen BMM – Reihenfolgen. Wie zu erwarten, werden die Schaltkreise durch die lineare BMM – Reihenfolge am tiefsten.

Interessant ist, das die völlig zufällig gewählte BMM – Reihenfolge ($rand$) im Durchschnitt etwas tiefere Schaltkreise als die logarithmischen BMM – Reihenfolgen ($ld_t$, $ld_b$, $ld_r$) liefern. Dabei ist hier allerdings eine größere Varianz gegeben (in7, s1423).

Bei der Betrachtung der Schaltkreisgröße in Tabelle 10.8 steht die lineare BMM – Reihefolge außer Konkurrenz, sie liefert deutlich kleinere Schaltkreise als alle anderen BMM – Reihenfolgen.

Als nächstes fällt auf, daß die logarithmischen BMM – Reihenfolgen alle dicht beinander liegen, mit der Ausnahme $ld_t$. Diese liefert größere Schaltkreise als die anderen logarithmischen BMM – Reihenfoglen, und das sowohl im Durchschnitt als auch für die Schaltkreise im einzelnen. Besonders der Schaltkreis rot ist sehr viel größer.

Auch was die Größe betrifft ist die nur an den Kosten orientierte BMM – Reihenfolge beliebiger Tiefe uninteressant. Die Schaltkreise sind im Durchschnitt die größten.

## Zusammenfassung

Die lineare BMM – Reihenfolge liefert hier die kleinsten Schaltkreise. Dabei ist in Kauf zu nehmen, daß die Tiefe in etwa doppelt so groß ist, wie die Tiefe, die bei den logarithmischen BMM – Reihenfolgen erreicht wird.

Alle anderen nicht logarithmischen BMM – Reihenfolgen liefern Schaltkreise. die sowohl bezüglich ihrer Tiefe als auch ihrer Größe von den logarithmischen BMM – Reihenfolgen unterboten werden. Deshalb sollte man eine logarithmische BMM – Reihenfolge wählen. wenn die Gewichtung bei der Tiefe liegt, die lineare BMM – Reihenfolge sonst.

Unter den logarithmischen BMM – Reihenfolgen zeigt $ld_t$ mit im Durchschnitt größeren Schaltkreisen, daß eine variable BMM – Reihenfolge den festen trivialen Reihenfolge vorzuziehen ist. Die guten Ergebnisse von $ld_r$ zeigen dabei, daß die geringsten Kosten bei den Booleschen Matrix Multiplikationen nicht zwangsläufig die kleinsten Schaltkreise liefert. Ebenso variieren die Ergebnisse zwischen der Synthese über partielle und vollständige OKFDDs.

| SK | $ld_t$ | $ld_b$ | | $ld_r$ | | $bmm-k$ | | $rand$ | | $linear$ |
|---|---|---|---|---|---|---|---|---|---|---|
| | | par | vol | par | vol | par | vol | par | vol | |
| 9sym | 12 | 12 | 13 | 12 | 12 | 18 | 18 | 16 | 12 | 17 |
| add6 | 10 | 13 | 11 | 12 | 10 | 19 | 19 | 10 | 12 | 19 |
| alu2 | 15 | 13 | 13 | 13 | 14 | 18 | 17 | 14 | 18 | 17 |
| alu4 | 15 | 15 | 15 | 15 | 15 | 23 | 20 | 17 | 18 | 23 |
| apex6 | 14 | 15 | 12 | 12 | 14 | 21 | 16 | 13 | 15 | 24 |
| apex7 | 11 | 13 | 13 | 13 | 11 | 24 | 25 | 14 | 13 | 26 |
| b1 | 4 | 4 | 4 | 4 | 4 | 4 | 4 | 4 | 4 | 4 |
| c17 | 5 | 6 | 6 | 6 | 6 | 6 | 6 | 6 | 6 | 6 |
| c8 | 9 | 9 | 8 | 9 | 9 | 10 | 12 | 9 | 8 | 12 |
| count | 10 | 10 | 10 | 9 | 9 | 14 | 20 | 9 | 11 | 20 |
| f51m | 10 | 10 | 10 | 10 | 10 | 13 | 13 | 10 | 11 | 13 |
| frg1 | 15 | 17 | 16 | 15 | 18 | 34 | 42 | 19 | 17 | 42 |
| gary | 13 | 13 | 13 | 14 | 13 | 23 | 22 | 14 | 13 | 23 |
| in7 | 11 | 10 | 10 | 10 | 13 | 15 | 22 | 15 | 16 | 22 |
| majority | 8 | 7 | 6 | 7 | 8 | 9 | 9 | 8 | 9 | 9 |
| pair | 23 | 20 | 20 | 21 | 20 | 39 | 46 | 22 | 21 | 63 |
| rd53 | 8 | 8 | 7 | 8 | 7 | 10 | 9 | 7 | 7 | 9 |
| rd73 | 8 | 9 | 8 | 8 | 8 | 12 | 11 | 12 | 8 | 11 |
| rd84 | 9 | 9 | 9 | 9 | 9 | 11 | 11 | 11 | 11 | 11 |
| rot | 27 | 21 | 24 | 24 | 25 | 77 | 46 | 27 | 25 | 84 |
| s1423 | 21 | 22 | 22 | 21 | 23 | 68 | 29 | 29 | 27 | 79 |
| sao2 | 12 | 12 | 12 | 12 | 11 | 16 | 17 | 12 | 12 | 17 |
| vda | 13 | 12 | 12 | 12 | 12 | 13 | 18 | 13 | 13 | 19 |
| vg2 | 13 | 14 | 13 | 14 | 14 | 16 | 28 | 16 | 16 | 28 |
| Ø | 12.3 | 12.3 | 12.0 | 12.1 | 12.3 | 21.4 | 20.0 | 13.6 | 13.5 | 24.9 |

Tabelle 10.7: Schaltkreistiefen bei verschiedenen BMM – Reihenfolgen

| SK | $ld_t$ | $ld_b$ | | $ld_r$ | | $bmm - k$ | | $rand$ | | $linear$ |
|---|---|---|---|---|---|---|---|---|---|---|
| | | par | vol | par | vol | par | vol | par | vol | |
| 9sym | 142 | 115 | 120 | 134 | 119 | 94 | 94 | 171 | 139 | 88 |
| add6 | 118 | 100 | 100 | 96 | 118 | 132 | 56 | 114 | 94 | 56 |
| alu2 | 517 | 406 | 406 | 383 | 399 | 425 | 291 | 493 | 547 | 291 |
| alu4 | 1434 | 1291 | 1227 | 1161 | 1156 | 1413 | 1077 | 1417 | 1324 | 805 |
| apex6 | 912 | 924 | 922 | 919 | 935 | 1067 | 990 | 882 | 909 | 732 |
| apex7 | 672 | 506 | 495 | 557 | 582 | 665 | 333 | 649 | 537 | 332 |
| b1 | 8 | 7 | 7 | 7 | 7 | 7 | 7 | 8 | 8 | 7 |
| c17 | 24 | 17 | 16 | 16 | 16 | 17 | 16 | 17 | 16 | 16 |
| c8 | 141 | 140 | 139 | 141 | 140 | 144 | 135 | 142 | 139 | 135 |
| count | 145 | 152 | 147 | 159 | 157 | 140 | 133 | 162 | 161 | 133 |
| f51m | 81 | 81 | 81 | 81 | 81 | 132 | 62 | 124 | 121 | 62 |
| frg1 | 354 | 318 | 306 | 318 | 313 | 329 | 195 | 289 | 271 | 195 |
| gary | 785 | 772 | 772 | 774 | 785 | 716 | 604 | 862 | 747 | 574 |
| in7 | 230 | 233 | 225 | 241 | 205 | 232 | 141 | 217 | 234 | 141 |
| majority | 18 | 16 | 17 | 16 | 17 | 16 | 17 | 18 | 17 | 16 |
| pair | 8880 | 6906 | 8232 | 7478 | 7935 | 8772 | 9554 | 8225 | 7402 | 3967 |
| rd53 | 48 | 48 | 35 | 48 | 40 | 58 | 35 | 39 | 39 | 35 |
| rd73 | 69 | 61 | 61 | 69 | 62 | 98 | 56 | 83 | 61 | 56 |
| rd84 | 80 | 80 | 80 | 80 | 80 | 69 | 69 | 75 | 104 | 69 |
| rot | 14629 | 8061 | 8992 | 9087 | 7590 | 12963 | 8052 | 10321 | 7590 | 4065 |
| s1423 | 5993 | 4676 | 5344 | 4937 | 5326 | 15718 | 5305 | 9409 | 5076 | 2562 |
| sao2 | 294 | 224 | 224 | 220 | 233 | 277 | 179 | 263 | 269 | 179 |
| vda | 1739 | 1400 | 1666 | 1304 | 1649 | 1734 | 1541 | 1735 | 1831 | 972 |
| vg2 | 352 | 340 | 213 | 291 | 343 | 244 | 175 | 277 | 347 | 175 |
| Ø | 1569 | 1120 | 1243 | 1188 | 1179 | 1894 | 1213 | 1500 | 1166 | 653 |

Tabelle 10.8: Schaltkreisgrößen bei verschiedenen BMM – Reihenfolgen

## 10.3.2   Vergleich zwischen OKFDD und OBDD

Zur Erzeugung der Schaltkreise auf Grundlage von OKFDDs beziehungsweise OBDDs wurden diese jeweils mit den entsprechenden vorausberechneten Ordnungen erstellt. Die Schaltkreissynthese erfolgte einmal durch
partielles Quasireduzieren mittels logarithmischer BMM – Reihenfolge
und einmal mittels linearer BMM – Reihenfolge. Daraus ergeben sich die
Tabellen 10.9 und 10.10.

Die beiden genannten BMM – Reihenfolgen bieten einen guten Vergleich zwischen Schaltkreisen, die aus OKFDDs synthetisiert wurden,
gegenüber Schaltkreisen, die aus OBDDs synthetisiert wurden. Andere
Reihenfolgen liefern in dieser Hinsicht keine neuen Erkenntnisse.

Die Spalte #*Knoten* enthält die Knotenzahlen in den partiell quasireduzierten DDs. Im Anhang B.3 findet sich das Programm, mit dessen
Hilfe wir die Messungen durchgeführt haben.

Sowohl die Knotenzahlen als auch die Gatterzahlen der durch OKFDDs
erzeugten Schaltkreise sind deutlich kleiner, als die durch OBDDs erzeugten Schaltkreise. Auch die Tiefe der OKFDD Schaltkreise ist bis auf
die Ausnahme von add6 bei logarithmischer BMM – Reihenfolge nicht
größer, zum Teil sogar deutlich kleiner. Der Schaltkreis für rot ist ein
besonders deutliches Beispiel, was durch die Verwendung von OKFDDs
an Schaltkreisgröße und Tiefe gespart werden kann.

| SK | PIs | OKFDD | | | OBDD | | |
|---|---|---|---|---|---|---|---|
| | | #Knoten | #Gatter | Tiefe | #Knoten | #Gatter | Tiefe |
| 9sym | 9 | 33 | 88 | 17 | 33 | 88 | 17 |
| add6 | 12 | 34 | 56 | 19 | 88 | 168 | 23 |
| alu2 | 10 | 173 | 291 | 17 | 266 | 515 | 19 |
| alu4 | 14 | 698 | 805 | 23 | 717 | 1177 | 27 |
| apex6 | 135 | 7025 | 732 | 24 | 8922 | 1530 | 38 |
| apex7 | 49 | 1296 | 332 | 26 | 1391 | 575 | 38 |
| b1 | 3 | 8 | 7 | 4 | 8 | 11 | 4 |
| c17 | 5 | 11 | 16 | 6 | 11 | 16 | 6 |
| c8 | 28 | 339 | 135 | 12 | 658 | 170 | 19 |
| count | 35 | 240 | 133 | 20 | 608 | 208 | 37 |
| f51m | 8 | 36 | 62 | 13 | 70 | 158 | 13 |
| frg1 | 28 | 217 | 195 | 42 | 349 | 227 | 47 |
| gary | 15 | 451 | 574 | 23 | 435 | 653 | 25 |
| in7 | 26 | 221 | 141 | 22 | 315 | 206 | 25 |
| majority | 5 | 8 | 16 | 9 | 9 | 20 | 9 |
| pair | 173 | 24204 | 3967 | 63 | 39303 | 9779 | 93 |
| rd53 | 5 | 19 | 35 | 9 | 23 | 58 | 9 |
| rd73 | 7 | 31 | 56 | 11 | 43 | 118 | 13 |
| rd84 | 8 | 43 | 69 | 11 | 59 | 157 | 15 |
| rot | 135 | 10666 | 4065 | 84 | 28738 | 21816 | 110 |
| s1423 | 91 | 8888 | 2562 | 79 | 10396 | 6623 | 102 |
| sao2 | 10 | 93 | 179 | 17 | 97 | 202 | 18 |
| vda | 17 | 1530 | 972 | 19 | 878 | 1261 | 24 |
| vg2 | 25 | 187 | 175 | 28 | 181 | 192 | 30 |

Tabelle 10.9: OKFDD und OBDD – Schaltkreise im Größenvergleich bei linearer BMM – Reihenfolge.

| SK | PIs | OKFDD | | | OBDD | | |
|---|---|---|---|---|---|---|---|
| | | #Knoten | #Gatter | Tiefe | #Knoten | #Gatter | Tiefe |
| 9sym | 9 | 35 | 115 | 12 | 35 | 115 | 12 |
| add6 | 12 | 45 | 100 | 13 | 98 | 221 | 12 |
| alu2 | 10 | 169 | 406 | 13 | 267 | 727 | 14 |
| alu4 | 14 | 509 | 1291 | 15 | 609 | 1943 | 15 |
| apex6 | 135 | 1661 | 924 | 15 | 2122 | 2098 | 20 |
| apex7 | 49 | 596 | 506 | 13 | 582 | 896 | 14 |
| b1 | 3 | 8 | 7 | 4 | 10 | 11 | 4 |
| c17 | 5 | 13 | 17 | 6 | 12 | 17 | 6 |
| c8 | 28 | 219 | 140 | 9 | 307 | 214 | 10 |
| count | 35 | 182 | 152 | 10 | 215 | 382 | 14 |
| f51m | 8 | 45 | 81 | 10 | 79 | 210 | 10 |
| frg1 | 28 | 159 | 318 | 17 | 174 | 438 | 18 |
| gary | 15 | 400 | 772 | 13 | 420 | 874 | 14 |
| in7 | 26 | 178 | 233 | 10 | 204 | 319 | 13 |
| majority | 5 | 9 | 16 | 7 | 9 | 25 | 8 |
| pair | 173 | 6395 | 6906 | 20 | 9986 | 18555 | 23 |
| rd53 | 5 | 22 | 48 | 8 | 26 | 76 | 8 |
| rd73 | 7 | 36 | 61 | 9 | 45 | 155 | 9 |
| rd84 | 8 | 47 | 80 | 9 | 63 | 220 | 10 |
| rot | 135 | 5317 | 8061 | 21 | 15548 | 56202 | 30 |
| s1423 | 91 | 3566 | 4676 | 22 | 4733 | 12268 | 23 |
| sao2 | 10 | 100 | 224 | 12 | 104 | 262 | 12 |
| vda | 17 | 861 | 1400 | 12 | 782 | 1953 | 14 |
| vg2 | 25 | 160 | 340 | 14 | 158 | 362 | 14 |

Tabelle 10.10: OKFDD und OBDD – Schaltkreise im Größenvergleich bei logarithmischer BMM – Reihenfolge.

### 10.3.3 Logiktyp und Schaltkreisgröße

Wir haben in Kapitel 3.2 beschrieben, daß für ein OBDD zu einer Funktion die zugehörige invertierte Funktion ohne großen Aufwand mit erzeugt werden kann (Zwei – Weg Logik). Ist dies jedoch nicht gewünscht (Ein – Weg Logik), so werden alle Schaltkreiselemente, die nur für die invertierte Funktion benötigt werden, nicht in die Schaltkreisbeschreibung mit aufgenommen. In Tabelle 10.11 vergleichen wir die Anzahl der Gatter, die für die Ein – Weg Logik benötigt werden. mit der Anzahl der Gatter, die für die Zwei – Weg Logik benötigt werden. und die Tiefe der jeweiligen Schaltkreise.

Zum Vergleich zwischen Ein – Weg Logik und Zwei – Weg Logik haben wir Schaltkreise über OBDDs mittels BMM – Kosten orientierter logarithmischer BMM – Reihenfolge berechnet. Dabei dienten uns wieder die vorausberechneten Ordnungen zum Aufbau der OBDDs. Die Synthese lief über partiell quasireduzierte OBDDs.

Für andere BMM – Reihenfolgen und für OKFDDs sind die Ergebnisse entsprechend. Bei OKFDDs ist jedoch zu beachten, daß die Funktionalität der zweiten Ausgänge nicht die Negation der Funktionalität der ersten Ausgänge darstellt, sondern die $\sigma$–Funktion. und dies auch nur bei der Synthese auf Grundlage vollständig quasireduzierter OKFDDs.

Tabelle 10.11 zeigt die Messergebnisse. Die Spalten *Ein – Weg* zeigen die Tiefe und Größe der Ein – Weg Logik Schaltkreise, die Spalten *Zwei – Weg* Tiefe und Größe der Zwei – Weg Logik Schaltkreise und die Spalte $\frac{Ein-Weg}{Zwei-Weg}$ zeigt, um welchen Faktor die Zwei – Weg Logik Schaltkreise tiefer beziehungsweise größer als die Ein – Weg Logik Schaltkreise sind. Die unterste Zeile bildet den Durchschnitt.

Im Durchschnitt sind die erzeugten Zwei – Weg Logik Schaltkreise 1.34 mal so groß wie die entsprechenden Ein – Weg Logik Schaltkreise. Nur wenige Schaltkreise weichen von diesem Mittel stark ab. Die durchschnittliche Tiefe der Zwei – Weg Logik Schaltkreise ist um 6% kleiner als die Tiefe der zugehörigen Ein – Weg Logik Schaltkreise. Auch hier gibt es wenige Abweichungen.

Der Schaltkreis majority ist um 12% kleiner und flacher, wenn er in Zwei – Weg Logik erzeugt wird und stellt somit eine der Ausnahmen dar. Die Schaltkreise gary und in7 sind in Zwei – Weg Logik um mehr als die Hälft größer als in Ein – Weg Logik. Auch die Tiefe nimmt bei in7 um 9% zu.

Die Tabelle 10.11 zeigt, daß es sinnvoll ist, die Gatter, die nur bei Zwei – Weg Logik gebraucht werden, nicht in die Schaltkreise mit aufzunehmen, wenn nur Ein – Weg Logik erforderlich ist. Die jeweils zweiten Eingänge beeinflussen die Gatterzahl nur soweit, daß sie die eventuell benötigten Inverter an den Eingängen ersetzen.

| SK | PIs | POs | Ein – Weg Tiefe | Ein – Weg Größe | Zwei – Weg Tiefe | Zwei – Weg Größe | $\frac{Zwei-Weg}{Ein-Weg}$ Tiefe | $\frac{Zwei-Weg}{Ein-Weg}$ Größe |
|---|---|---|---|---|---|---|---|---|
| 9sym | 9 | 1 | 12 | 142 | 11 | 158 | 0.92 | 1.11 |
| add6 | 12 | 7 | 10 | 206 | 9 | 275 | 0.90 | 1.33 |
| alu2 | 10 | 6 | 13 | 735 | 12 | 885 | 0.92 | 1.20 |
| alu4 | 14 | 8 | 15 | 2134 | 14 | 2891 | 0.93 | 1.35 |
| apex6 | 135 | 99 | 20 | 2058 | 20 | 3028 | 1.00 | 1.47 |
| apex7 | 49 | 37 | 13 | 847 | 12 | 1273 | 0.92 | 1.50 |
| b1 | 3 | 4 | 4 | 11 | 4 | 18 | 1.00 | 1.64 |
| c17 | 5 | 2 | 5 | 24 | 5 | 27 | 1.00 | 1.13 |
| c8 | 28 | 18 | 10 | 218 | 9 | 340 | 0.90 | 1.56 |
| count | 35 | 16 | 13 | 355 | 12 | 490 | 0.92 | 1.38 |
| f51m | 8 | 8 | 10 | 210 | 9 | 336 | 0.90 | 1.60 |
| frg1 | 28 | 3 | 17 | 417 | 16 | 479 | 0.94 | 1.15 |
| gary | 15 | 11 | 14 | 916 | 14 | 1540 | 1.00 | 1.68 |
| in7 | 26 | 10 | 11 | 336 | 12 | 518 | 1.09 | 1.54 |
| majority | 5 | 1 | 8 | 24 | 7 | 21 | 0.88 | 0.88 |
| pair | 173 | 137 | 25 | 20592 | 24 | 26851 | 0.96 | 1.30 |
| rd53 | 5 | 3 | 8 | 76 | 7 | 92 | 0.88 | 1.21 |
| rd73 | 7 | 3 | 9 | 163 | 8 | 201 | 0.89 | 1.23 |
| rd84 | 8 | 4 | 10 | 220 | 9 | 291 | 0.90 | 1.32 |
| rot | 135 | 107 | 28 | 46189 | 27 | 55503 | 0.96 | 1.20 |
| s1423 | 91 | 79 | 22 | 12603 | 21 | 15879 | 0.95 | 1.26 |
| sao2 | 10 | 4 | 13 | 345 | 12 | 471 | 0.92 | 1.37 |
| vda | 17 | 39 | 14 | 2178 | 13 | 3196 | 0.93 | 1.47 |
| vg2 | 25 | 8 | 13 | 364 | 12 | 504 | 0.92 | 1.38 |
| ∅ | 35.5 | 25.6 | 13.2 | 3806.8 | 12.5 | 4802.8 | 0.94 | 1.34 |

Tabelle 10.11: Schaltkreise in Ein–Weg und Zwei–Weg Logik, OBDD basiert

## 10.3.4  Vergleich mit anderen Synthesemethoden

In diesem Abschnitt vergleichen wir unsere Synthesemethoden mit anderen Ansätzen zur Schaltkreissynthese bezüglich der Tiefe, der Größe und der Testbarkeit der erzeugten Schaltkreise. Zum Vergleich zogen wir zwei andere Synthesemethoden heran. Dies war zum einen der in [Brayton84] vorgestellte zwei–Level Minimierer ESPRESSO. Zum anderen zogen wir den multi–Level Minimierer SIS aus [Sentovich92] heran. Für SIS haben wir das Skript *rugged* verwendet. Für eine nähere Beschreibung dieser beiden Synthesemethoden verweisen wir auf die angegebene Literatur. Unsere eigene Methode trägt den Namen STEP. Als BMM – Reihenfolge haben wir die lineare (*linear*), die logarithmische ($ld_t$) und die logarithmische BMM – Reihenfolge mit den geringsten Kosten bei den Booleschen Matrix Multiplikationen ($ld_b$) gewählt.

In allen Messungen zu unseren eigenen Methoden haben wir uns auf Gatter mit maximal zwei Eingängen beschränkt. Dies ermöglicht uns einen fairen Vergleich unserer Methoden untereinander. Um diesen Vergleich auch mit den Methoden SIS und ESPRESSO zu ermöglichen, haben wir in diesen Methoden alle Gatter, die mehr als zwei Eingänge haben, tiefer und größer gewertet als Gatter, die nur zwei Eingänge haben. Breitere Gatter können durch Gatter Bäume schmälerer Gatter gleichen Typs ersetzt werden. Die Tiefe eines Gatters mit n Eingängen haben wir aus diesem Grund mit $\lceil log_2(n) \rceil$ und die Größe mit $n-1$ gewertet. Für die Messungen zur Testbarkeit der Schaltkreise haben wir eine maximale Gatterbreite von elf Eingängen für die Gatter AND und OR für die Methoden SIS und ESPRESSO vorgesehen.

Die Einträge *n.t.* in den folgenden Tabellen bedeuten, daß die entsprechende Synthesemethode keine Schaltkreisbeschreibung erzeugen konnte, weil entweder der Speicherplatz des Systems nicht ausreichte oder aber das Programm nicht innerhalb einer angemessenen Zeit terminierte. In den Tabellen zur Testbarkeit bedeutet ein solcher Eintrag, daß die Messung der Fehlerüberdeckung beziehungsweise der Anzahl redundanter Fehler nicht in angemessener Zeit terminierte.

**Die Schaltkreistiefe**

Die Zahlen in Tabelle 10.12 geben die Anzahl der primären Eingänge (Spalte *PIs*), die Anzahl der primären Ausgänge (Spalte *POs*) und die Tiefe der erzeugten Schaltkreise an. Die Durchschnittswerte wurden über alle Zeilen gebildet, zu denen alle Verfahren Werte liefern konnten.

Die Tabelle 10.12 zeigt, daß die von STEP mit den logarithmischen Methoden erzeugten Schaltkreise im Schnitt nur halb so Tief sind, wie die von SIS erzeugten Schaltkreise. Dabei gibt es allerdings zum Teil große Abweichungen von diesem Schnitt. In drei Fällen (frg1, majority und vg2) ist die Tiefe von STEP $ld_t$ und $ld_b$ um bis zu fünf größer als bei SIS. Für den Schaltkreis alu4 ist die Tiefe von STEP $ld_t$ und $ld_b$ um ca. 60 % kleiner als die Tiefe von SIS.

Interessant ist, daß auch die lineare Methode von STEP im Schnitt ca. 8.6% flachere Schaltkreise gegenüber SIS liefert. Dabei gibt es allerdings starke Abweichungen sowohl nach oben als auch nach unten. So hat z.B. der Schaltkreis frg1 eine Tiefe von 11 bei SIS und eine Tiefe von 42 bei STEP *linear* im Gegensatz zum Schaltkreis f51m mit Tiefe 28 bei SIS und Tiefe 13 bei STEP *linear*.

Im Vegleich zu ESPRESSO sind die Schaltkreise von STEP $ld_t$ und $ld_b$ im Durchschnitt um eins flacher. Für die Schaltkreise add6, count und rd84 ist ESPRESSO sogar um fünf tiefer als STEP $ld_t$ und $ld_b$. Es gibt aber auch Schaltkreise, für die ESPRESSO die besseren Werte liefert. Dies sind die Schaltkreise 9sym, alu2, frg1, majority und vg2. STEP $ld_t$ und $ld_b$ liefert für diese Schaltkreise eine um bis zu drei größere Tiefe als ESPRESSO.

| SK | PIs | POs | SIS rugged | STEP linear | STEP $ld_t$ | STEP $ld_b$ | ESPRESSO |
|---|---|---|---|---|---|---|---|
| 9sym | 9 | 1 | 12 | . 17 | 12 | 12 | 11 |
| add6 | 12 | 7 | 28 | 19 | 10 | 11 | 15 |
| alu2 | 10 | 6 | 25 | 17 | 15 | 13 | 12 |
| alu4 | 14 | 8 | 37 | 23 | 15 | 15 | 17 |
| apex6 | 135 | 99 | 21 | 24 | 14 | 12 | 15 |
| apex7 | 49 | 37 | 22 | 26 | 11 | 13 | 16 |
| b1 | 3 | 4 | 8 | 4 | 4 | 4 | 5 |
| c17 | 5 | 2 | 7 | 6 | 5 | 6 | 5 |
| c8 | 28 | 18 | 15 | 12 | 9 | 8 | 8 |
| count | 35 | 16 | 35 | 20 | 10 | 10 | 15 |
| f51m | 8 | 8 | 28 | 13 | 10 | 10 | 11 |
| frg1 | 28 | 3 | 11 | 42 | 15 | 16 | 14 |
| gary | 15 | 11 | 29 | 23 | 13 | 13 | 14 |
| in7 | 26 | 10 | 16 | 22 | 11 | 10 | 14 |
| majority | 5 | 1 | 4 | 9 | 8 | 6 | 5 |
| pair | 173 | 137 | 35 | 63 | 23 | 20 | n.t. |
| rd53 | 5 | 3 | 14 | 9 | 8 | 7 | 10 |
| rd73 | 7 | 3 | 26 | 11 | 8 | 8 | 11 |
| rd84 | 8 | 4 | 16 | 11 | 9 | 9 | 14 |
| rot | 135 | 107 | 29 | 84 | 27 | 21 | n.t. |
| s1423 | 91 | 79 | n.t. | 79 | 21 | 22 | n.t. |
| sao2 | 10 | 4 | 17 | 17 | 12 | 12 | 12 |
| vda | 17 | 39 | 24 | 19 | 13 | 12 | 12 |
| vg2 | 25 | 8 | 12 | 28 | 13 | 13 | 11 |
| Durchschnitt | 21.62 | 13.90 | 19.38 | 17.71 | 10.71 | 10.48 | 11.76 |

Tabelle 10.12: Tiefe der Schaltkreise

**Die Schaltkreisgröße**

Die Schaltkreisgröße vergleichen wir in Tabelle 10.13. Zu beobachten ist, daß Step *linear* in der Mehrheit der Fälle (66%) kleinere Gatterzahlen liefert als Sis. Für die Schaltkreise alu4, gary, majority, pair, rot, sao2, vda und vg2 ist die Gatterzahl von Step *linear* jedoch sehr viel größer als die von Sis. Bei dem Schaltkreis rot vervierfacht sie sich sogar. Deshalb ist die druchschnittliche Gatteranzahl von Step *linear* etwas größer als die von Sis. Für die Schaltkreise 9sym, add6, b1, f51m und rd84 hat sie sich allerdings auch halbiert.

Die Methoden $ld_t$ und $ld_b$ von Step führen im Durchschnitt zu ca. 65% beziehungsweise 41% größeren Gatterzahlen gegenüber Sis. Die kleineren Schaltkreise mit einer Gatteranzahl unter 200 werden allerdings durch Step $ld_t$ beziehungsweise $ld_b$, teilweise erheblich (c8, count), kleiner als durch Sis.

Espresso liefert von allen Synthesemethoden die größten Gatterzahlen. Diese sind im Durchschnitt mehr als vier mal größer als die durch Step $ld_t$ erzeugten Gatterzahlen und fünf mal größer als die von Sis erzeugten Gatterzahlen. Dies liegt daran, daß wir die Gatter mit mehr als zwei Eingängen zum Zählen durch Gatter Bäume ersetzen. Aber auch dann, wenn wir Gatter mit bis zu elf Eingängen zulassen, erreicht Espresso mit einer durchschnittlichen Gatterzahl von 388 den höchsten Wert.

In Abbildung 10.1 lassen sich die fünf Synthesemethoden bezüglich ihrer Schaltkreisgrößen und Tiefen vergleichen. Die Durchschnittswerte der Tabellen 10.12 und 10.13 lieferten die Koordinaten für die Punkte, die die verschiedenen Verfahren darstellen. Hier ist deutlich zu sehen, das Step $ld_t$ von Step $ld_b$ durch dessen geringere Schaltkreisgrößen dominiert wird. Wir schließen daraus, daß geringere Kosten der Booleschen Matrix Multiplikation zu kleineren Schaltkreisen führen.

Im unteren Diagramm haben wir die Skalen beider Dimensionen logarithmisch aufgetragen. Espresso liegt dabei außerhalb des Diagramms, da seine durchschnittliche Gatterzahl zu hoch ist.

| SK | PIs | POs | SIS rugged | STEP | | | ESPRESSO |
|---|---|---|---|---|---|---|---|
| | | | | linear | $ld_t$ | $ld_b$ | |
| 9sym | 9 | 1 | 139 | 88 | 142 | 115 | 515 |
| add6 | 12 | 7 | 101 | 56 | 118 | 100 | 2189 |
| alu2 | 10 | 6 | 340 | 291 | 517 | 406 | 895 |
| alu4 | 14 | 8 | 656 | 805 | 1434 | 1227 | 4863 |
| apex6 | 135 | 99 | 903 | 732 | 912 | 922 | 3705 |
| apex7 | 49 | 37 | 357 | 332 | 672 | 495 | 2894 |
| b1 | 3 | 4 | 21 | 7 | 8 | 7 | 21 |
| c17 | 5 | 2 | 18 | 16 | 24 | 16 | 20 |
| c8 | 28 | 18 | 229 | 135 | 141 | 139 | 236 |
| count | 35 | 16 | 225 | 133 | 145 | 145 | 608 |
| f51m | 8 | 8 | 125 | 62 | 81 | 81 | 311 |
| frg1 | 28 | 3 | 162 | 195 | 354 | 306 | 789 |
| gary | 15 | 11 | 353 | 574 | 785 | 772 | 1890 |
| in7 | 26 | 10 | 163 | 141 | 230 | 225 | 600 |
| majority | 5 | 1 | 12 | 16 | 18 | 17 | 12 |
| pair | 173 | 137 | 2025 | 3967 | 8880 | 6906 | n.t. |
| rd53 | 5 | 3 | 43 | 35 | 48 | 35 | 157 |
| rd73 | 7 | 3 | 74 | 56 | 69 | 61 | 893 |
| rd84 | 8 | 4 | 137 | 69 | 80 | 80 | 2095 |
| rot | 135 | 107 | 1014 | 4065 | 14629 | 8061 | n.t. |
| s1423 | 91 | 79 | n.t. | 2562 | 5993 | 4676 | n.t. |
| sao2 | 10 | 4 | 147 | 179 | 294 | 224 | 507 |
| vda | 17 | 39 | 642 | 972 | 1739 | 1400 | 5406 |
| vg2 | 25 | 8 | 106 | 175 | 352 | 213 | 796 |
| Durchschnitt | 21.62 | 13.90 | 235.86 | 241.38 | 388.71 | 332.67 | 1.400.10 |

Tabelle 10.13: Anzahl der Gatter

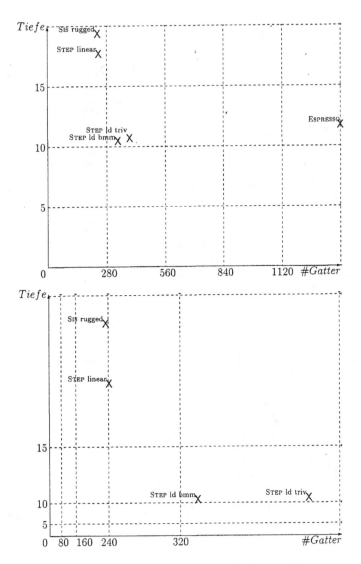

Abbildung 10.1: Vergleich verschiedener Syntheseverfahren

**Die Testbarkeit der Schaltkreise**

Das Testen produzierter Schaltkreise auf Fehler ist ein wichtiger Schritt im Prozeß der Schaltkreiserzeugung. Gute Testbarkeit von Schaltkreisen vereinfacht den Vorgang des Testens sowohl nach der Produktion als auch während des Betriebs eines Schaltkreises. Wir haben die erzeugten Schaltkreise auf ihre Testbarkeit bezüglich single stuck–at Fehlern untersucht. Dieses Fehlermodell betrachtet Signale, die durch einen Produktionsfehler einen konstanten Wert und nicht mehr die gewünschte Funktionalität annehmen.

In [Abramovici] wird dieses Fehlermodell näher erläutert. An dieser Stelle sei nur erwähnt, das viele andere Fehlermodelle auf dieses abgebildet werden können. Somit sind Schaltkreise, die nach diesem Fehlermodell gut testbar sind, auch nach anderen Fehlermodellen gut testbar.

Tabelle 10.14 zeigt, wie viel single stuck–at Fehler im jeweiligen Schaltkreis nicht entdeckt werden können.

Die Fehlerüberdeckung gibt die Wahrscheinlichkeit an, mit einer bestimmten Anzahl zufälliger Belegungen der Eingänge (Testmuster) alle single stuck–at Fehler zu entdecken. Wir haben 1024 zufällig erzeugte Testmuster auf jeden Schaltkreis angewendet und ermittelt, wieviel Prozent der single stuck–at Fehler durch diese Testmuster aufgedeckt werden. Tabelle 10.15 zeigt die Ergebnisse. Sie gibt an, wie gut ein Schaltkreis durch Zufallsmuster getestet werden kann. Die Zufallsmuster–Testbarkeit wird in [Touba94] erläutert.

Für die lineare BMM – Reihenfolge ergeben sich unterschiedliche Fehlerüberdeckungen je nachdem ob ausschleißlich Exor – Gatter Verwendung finden ($linear_x$) oder ob Exor und Or – Gatter benutzt werden ($linear_o$).

Wie schon in [Touba94] festgestellt, haben die durch Espresso erzeugten Schaltkreise die schlechtesten Fehlerüberdeckungen. Die besten Ergebnisse erzielen hier Schaltkreise, die durch Sis oder Step erzeugt wurden. Die verschiedenen BMM – Reihenfolgen beeinflussen die Fehlerüberdeckung nur wenig. Die von Step erzeugten Schaltkreise für rot

zeigen eine schlechte Fehlerüberdeckung (42 bis 67%). Der durch Sis
erzeugte Schaltkreis für rot dagegen hat eine gute Fehlerüberdeckung
(97%). Der Schaltkreis rot stellt allerdings die einzige Ausnahme dar.

Für die meisten anderen durch Step erzeugten Schaltkreise ist die
Fehlerüberdeckung etwas besser als für die von Sis erzeugten Schaltkreise. Im Durchschnitt liegt die Fehlerüberdeckung der durch Step $linear_o$,
$linear_x$, $ld_b$, $ld_t$ und durch Sis erzeugten Schaltkreise dicht beieinander.
Step $linear_x$ hat dabei die überhaupt beste Fehlerüberdeckung.

Fast alle durch Step $ld_t$, $ld_b$ und Sis erzeugten Schaltkreise sind frei
von redundanten Fehlern. Ausnahmen bei Step sind die Schaltkreise
9sym, pair und s1423 und bei Sis die Schaltkreise alu4, alu2, apex6 und
pair.

Die durch Step $linear_o$ erzeugten Schaltkreise enthalten im Gegensatz zu den durch logarithmische BMM – Reihenfolgen erzeugten Schaltkreisen Or – Gatter. Sie enthalten fast alle redundante Fehler. Werden
die Schaltkreise allerdings mit Step $linear_x$ erzeugt, so zeigt sich, daß
sie gar keine redundanten Fehler enthalten.

Die von Espresso erzeugten Schaltkreise enthalten im Durchschnitt
die meisten redundanten Fehler.

## Zusammenfassung

Schaltkreistiefe, Schaltkreisgröße und Testbarkeit sollten nicht nur im
einzelnen betrachtet werden. Vor allem Schaltkreistiefe und Schaltkreisgröße stehen in direktem Zusammenhang. Eine Verringerung des einen
Parameters zieht sofort die Vergrößerung des anderen Parameters nach
sich. Wir stellen mit Step eine Möglichkeit vor, Schaltkreise zu erzeugen,
die kleiner sind als die von Espresso erzeugten (selbst wenn Gatter mit
mehr als zwei Eingängen als jeweils ein Gatter gezählt werden) und die
flacher sind als die von Sis erzeugten Schaltkreise. Die Testbarkeit unserer Schaltkreise liegt im Bereich der Testbarkeit, die durch Sis erreicht
wird.

Die Messungen zeigen, daß durch STEP mit logarithmischer BMM –
Reihenfolge und minimalen Kosten bei den Booleschen Matrix Multiplikationen gut testbare Schaltkreise mit geringerer Tiefe als durch SIS
erzeugt werden können. Die Zunahme an Größe ist dabei in der Regel
vertretbar und die Testbarkeit im Vergleich mit SIS ebenfalls gut. Durch
STEP mit linearer BMM – Reihenfolge 'unter ausschließlicher Verwendung von EXOR und AND – Gattern und Invertern können Schaltkreise
erzeugt werden, die bei gleicher Größe und geringerer Tiefe besser testbar
bezüglich stuck–at Fehlern sind als die von SIS erzeugten Schaltkreise.

| SK | SIS | STEP | | | | ESPRESSO |
| | rugged | $linear_o$ | $linear_x$ | $ld_t$ | $ld_b$ | |
|---|---|---|---|---|---|---|
| 9sym | 0 | 18 | 0 | 52 | 32 | 0 |
| add6 | 0 | 1 | 0 | 0 | 0 | 0 |
| alu2 | 8 | 20 | 0 | 0 | 0 | 2 |
| alu4 | 21 | 60 | 0 | 0 | 0 | 8 |
| apex6 | 0 | 9 | 0 | 0 | 0 | 2 |
| apex7 | 1 | 29 | 0 | 0 | 0 | 15 |
| b1 | 0 | 0 | 0 | 0 | 0 | 0 |
| c17 | 0 | 4 | 0 | 0 | 0 | 0 |
| c8 | 0 | 5 | 0 | 0 | 0 | 0 |
| count | 0 | 1 | 0 | 0 | 0 | 0 |
| f51m | 0 | 0 | 0 | 0 | 0 | 0 |
| frg1 | 0 | 63 | 0 | 0 | 0 | 0 |
| gary | 0 | 30 | 0 | 0 | 0 | 232 |
| in7 | 0 | 7 | 0 | 0 | 0 | 48 |
| majority | 0 | 2 | 0 | 0 | 0 | 0 |
| pair | 34 | 299 | 0 | 3 | 3 | n.t. |
| rd53 | 0 | 1 | 0 | 0 | 0 | 12 |
| rd73 | 0 | 1 | 0 | 0 | 0 | 60 |
| rd84 | 0 | 0 | 0 | 0 | 0 | 145 |
| rot | 1 | n.t. | n.t. | n.t. | n.t. | n.t. |
| s1423 | n.t. | 190 | n.t. | 23 | 2 | n.t. |
| sao2 | 0 | 12 | 0 | 0 | 0 | 19 |
| vda | 0 | 11 | 0 | 0 | 0 | 1326 |
| vg2 | 0 | 21 | 0 | 0 | 0 | 0 |
| Durchschnitt | 1.43 | 14.05 | 0.00 | 2.48 | 1.52 | 89.00 |

Tabelle 10.14: Anzahl redundanter Fehler

| SK | Sis | Step | | | | Espresso |
| | rugged | linear_o | linear_x | $ld_t$ | $ld_b$ | |
|---|---|---|---|---|---|---|
| 9sym | 95.86 | 91.30 | 99.30 | 84.18 | 85.40 | 86.73 |
| add6 | 100.00 | 99.56 | 100.00 | 100.00 | 100.00 | 78.56 |
| alu2 | 98.52 | 97.24 | 99.78 | 99.60 | 99.39 | 95.75 |
| alu4 | 98.18 | 94.78 | 98.12 | 95.27 | 94.48 | 65.07 |
| apex6 | 95.70 | 96.67 | 97.07 | 92.65 | 96.06 | 71.05 |
| apex7 | 98.14 | 95.13 | 98.41 | 95.08 | 93.86 | 59.58 |
| b1 | 100.00 | 100.00 | 100.00 | 100.00 | 100.00 | 100.00 |
| c17 | 100.00 | 90.00 | 100.00 | 100.00 | 100.00 | 100.00 |
| c8 | 96.88 | 97.76 | 99.03 | 98.81 | 99.05 | 95.27 |
| count | 85.02 | 90.96 | 91.27 | 88.01 | 87.62 | 59.75 |
| f51m | 100.00 | 100.00 | 100.00 | 100.00 | 100.00 | 100.00 |
| frg1 | 79.41 | 76.05 | 89.93 | 75.35 | 81.98 | 58.78 |
| gary | 86.07 | 85.40 | 89.48 | 86.25 | 86.37 | 57.21 |
| in7 | 91.01 | 92.93 | 94.91 | 92.31 | 90.43 | 59.38 |
| majority | 100.00 | 95.00 | 100.00 | 100.00 | 100.00 | 100.00 |
| pair | 95.06 | 89.15 | 91.89 | 81.07 | 84.89 | n.t. |
| rd53 | 100.00 | 99.14 | 100.00 | 100.00 | 100.00 | 94.85 |
| rd73 | 100.00 | 99.46 | 100.00 | 100.00 | 100.00 | 94.57 |
| rd84 | 100.00 | 100.00 | 100.00 | 100.00 | 100.00 | 93.38 |
| rot | 97.54 | 67.77 | 71.14 | 42.38 | 55.77 | n.t. |
| s1423 | n.t. | 76.30 | 79.83 | 67.09 | 69.84 | n.t. |
| sao2 | 93.29 | 90.45 | 95.49 | 94.62 | 95.18 | 78.54 |
| vda | 98.19 | 99.00 | 99.59 | 99.31 | 97.64 | 74.52 |
| vg2 | 88.18 | 90.60 | 95.86 | 94.99 | 95.52 | 69.13 |
| Durchschnitt | 95.45 | 94.35 | 97.54 | 95.07 | 95.38 | 80.58 |

Tabelle 10.15: Fehlerüberdeckungen

## 10.4  Synthesezeiten

In diesem Abschnitt betrachten wir die Laufzeiten der einzlenen Synthesemethoden von STEP. Dabei haben wir unsere Messungen unterteilt in die
Abschnitte *Entfernen der Komplementmarken (nc)*, *Quasireduzieren* ($qr_p$
beziehungsweise $qr_v$) und die Synthese über Abhängigkeiten selbst. Wir
vergleichen dabei die verschiedenen Möglichkeiten des Quasireduzierens
und der BMM – Reihenfolgen und die Ein – Weg und Zwei – Weg Logik.
Die Werte in den Tabellen geben an, wieviele Sekunden die entsprechende
Funktion auf unserem System (HP 9000 755) benötigte.

In den Tabellen 10.17 und 10.18 stehen die Zeiten der einzelnen Schritte. Die Spalten *linear*, $ld_t$ und $ld_b$ geben an, welche BMM – Reihenfolge
gewählt wurde (linear, logarithmisch oder logarithmisch mit geringsten
Kosten der Booleschen Matrix Multiplikationen).

Die Tabelle 10.16 gibt die Durchschnittliche Dauer der gesamten Synthese beginnend mit einem reduzierten OKFDD geeigneter Ordnung an.
Die Laufzeit für das Auffinden einer guten Ordnung wird von der Siftingstrategie beeinflußt. In [Hett95] werden verschiedene Strategien und ihre
Laufzeiten vorgestellt.

Aus den Tabellen 10.17 und 10.18 ist zu sehen, daß der Zeitaufwand für
das Entfernen der Komplementmarken und das Quasireduzieren für alle
Schaltkreise vernachlässigbar ist, außer für den Schaltkreis pair. Selbst
die beiden anderen großen Schaltkreise rot und s1423 brauchen dafür
nicht annähernd so lange.

Die Synthese mittels partiell quasireduzierter OKFDDs mit Zwei –
Weg Logik dauert durchschnittlich ca. 13% länger als die Synthese mit
Ein – Weg Logik für alle BMM – Reihenfolgen. Bei der Synthese mittels
vollständig quasireduzierter OKFDDs ist der Unterschied von Ein – Weg
zu Zwei – Weg Logik noch etwas größer und liegt bei ca. 22%.

Betrachtet man die Werte für die BMM – Reihenfolgen in den Tabellen 10.17 und 10.18, so läuft die Synthese mit der linearen BMM – Reihenfolge am schnellsten, gefolgt von $ld_t$. Am längsten braucht $ld_b$. Beim
Vergleich der beiden Tabellen miteinander sieht man, das die Synthese

mittels vollständig quasireduzierter OKFDDs und den logarithmischen BMM – Reihenfolgen $ld_t$ und $ld_b$ ungefähr zehn mal länger dauert als die Synthese mittels partiell quasireduzierter OKFDDs. Für die lineare BMM – Reihenfloge braucht die Synthese mittels vollständig quasireduzieter OKFDDS nur drei mal länger als die Synthese mittels partiell quasireduzierter OKFDDs.

Die Tabelle 10.16 zeigt eine Übersicht über die durchschnittlichen Gesamtlaufzeiten der verschiedenen Synthesemöglichkeiten. Das insge-

|  | partiell | | vollständig | |
|---|---|---|---|---|
|  | Ein – Weg | Zwei – Weg | Ein – Weg | Zwei – Weg |
| linear | 11.53 | 14.74 | 26.69 | 42.15 |
| $ld_t$ | 17.99 | 19,21 | 187.00 | 192.93 |
| $ld_b$ | 18.49 | 19.29 | 186.42 | 193.31 |

Tabelle 10.16: Gesamtlaufzeiten von STEP

samt schnellste Verfahren ist die Synthese mittels partiell quasireduzierten OKFDDs, linearer BMM – Reihenfolge und Ein – Weg Logik. Hier benötigt auch die Synthese von Zwei – Weg Logik Schaltkreisen kaum mehr Zeit.

Das insgesamt langsamste Verfahren ist die Synthese mittels vollständig quasireduzierter OKFDDs, der logarithmischen BMM – Reihefolge unter Berücksichtigung der Kosten für die Booleschen Matrix Multiplikationen und Zwei – Weg Logik. Das schnellste Syntheseverfahren unterscheidet sich vom langsamsten um den Faktor 17.

Hier bestätigt sich unsere Erwartung von Abschnitt 10.2, daß die Synthese mittels partiell quasireduzierter OKFDDs weniger Zeit in Anspruch nimmt, als die Synthese mittels vollständig quasireduzierter OKFDDs.

| SK | $qr_p$ | | | Synthese partiell quasireduzierter OKFDDs | | | | | |
| | | | | Ein – Weg | | | Zwei – Weg | | |
| | linear | $ld_t$ | $ld_b$ | linear | $ld_t$ | $ld_b$ | linear | $ld_t$ | $ld_b$ |
|---|---|---|---|---|---|---|---|---|---|
| 9sym | 0.0 | 0.0 | 0.0 | 0.3 | 0.2 | 0.2 | 0.3 | 0.2 | 0.2 |
| add6 | 0.0 | 0.0 | 0.0 | 0.2 | 0.2 | 0.2 | 0.3 | 0.2 | 0.2 |
| alu2 | 0.0 | 0.0 | 0.0 | 0.8 | 0.6 | 0.5 | 1.0 | 0.7 | 0.7 |
| alu4 | 0.1 | 0.0 | 0.0 | 3.2 | 5.0 | 4.6 | 3.9 | 5.3 | 4.9 |
| apex6 | 1.6 | 0.2 | 0.2 | 19.6 | 11.8 | 10.3 | 25.5 | 13.4 | 11.4 |
| apex7 | 0.2 | 0.0 | 0.0 | 2.4 | 2.0 | 1.7 | 3.0 | 2.4 | 2.0 |
| b1 | 0.0 | 0.0 | 0.0 | 0.1 | 0.1 | 0.1 | 0.1 | 0.1 | 0.1 |
| c17 | 0.0 | 0.0 | 0.0 | 0.2 | 0.1 | 0.1 | 0.2 | 0.1 | 0.1 |
| c8 | 0.0 | 0.0 | 0.0 | 0.7 | 0.4 | 0.4 | 1.0 | 0.5 | 0.5 |
| count | nt | nt | nt | nt | nt | nt | nt | nt | nt |
| f51m | 0.0 | 0.0 | 0.0 | 0.2 | 0.1 | 0.1 | 0.3 | 0.1 | 0.1 |
| frg1 | 0.0 | 0.0 | 0.0 | 0.6 | 0.4 | 0.4 | 0.7 | 0.4 | 0.4 |
| gary | 0.0 | 0.0 | 0.0 | 1.9 | 1.8 | 1.8 | 2.3 | 2.0 | 2.1 |
| in7 | 0.0 | 0.0 | 0.0 | 0.6 | 0.3 | 0.4 | 0.7 | 0.4 | 0.5 |
| majority | 0.0 | 0.0 | 0.0 | 0.1 | 0.1 | 0.1 | 0.1 | 0.1 | 0.1 |
| pair | 13.2 | 0.8 | 0.9 | 120.9 | 169.6 | 158.9 | 158.2 | 178.7 | 165.3 |
| rd53 | 0.0 | 0.0 | 0.0 | 0.2 | 0.1 | 0.1 | 0.2 | 0.1 | 0.1 |
| rd73 | 0.0 | 0.0 | 0.0 | 0.2 | 0.1 | 0.1 | 0.2 | 0.1 | 0.1 |
| rd84 | 0.0 | 0.0 | 0.0 | 0.2 | 0.1 | 0.1 | 0.3 | 0.1 | 0.1 |
| rot | 2.7 | 0.3 | 0.5 | 48.1 | 139.8 | 165.1 | 65.9 | 151.8 | 171.8 |
| s1423 | 2.8 | 0.4 | 0.4 | 35.0 | 68.0 | 66.4 | 43.8 | 71.4 | 68.4 |
| sao2 | 0.0 | 0.0 | 0.0 | 0.5 | 0.3 | 0.3 | 0.6 | 0.3 | 0.3 |
| vda | 0.2 | 0.0 | 0.1 | 7.3 | 10.1 | 10.6 | 9.0 | 10.8 | 11.2 |
| vg2 | 0.0 | 0.0 | 0.0 | 0.6 | 0.4 | 0.4 | 0.7 | 0.4 | 0.6 |
| ∅ | 0.9 | 0.1 | 0.1 | 10.6 | 17.9 | 18.4 | 13.8 | 19.1 | 19.2 |

Tabelle 10.17: Dauer der Synthese über partiell quasireduzierte OKFDDs

| SK | nc | $qr_v$ | Synthese vollständig quasireduzierter OKFDDs | | | | | |
|---|---|---|---|---|---|---|---|---|
| | | | Ein – Weg | | | Zwei – Weg | | |
| | | | linear | $ld_t$ | $ld_b$ | linear | $ld_t$ | $ld_b$ |
| 9sym | 0.0 | 0.0 | 0.3 | 0.2 | 0.1 | 0.3 | 0.2 | 0.1 |
| add6 | 0.0 | 0.0 | 0.3 | 0.2 | 0.2 | 0.4 | 0.2 | 0.2 |
| alu2 | 0.0 | 0.0 | 0.9 | 0.7 | 0.6 | 1.2 | 0.8 | 0.7 |
| alu4 | 0.1 | 0.1 | 3.8 | 8.3 | 8.3 | 4.8 | 9.0 | 8.9 |
| apex6 | 0.0 | 4.5 | 62.1 | 255.5 | 260.0 | 105.3 | 269.8 | 281.8 |
| apex7 | 0.0 | 0.3 | 3.5 | 6.4 | 6.0 | 4.7 | 7.1 | 6.9 |
| b1 | 0.0 | 0.0 | 0.1 | 0.1 | 0.1 | 0.1 | 0.1 | 0.1 |
| c17 | 0.0 | 0.0 | 0.2 | 0.1 | 0.1 | 0.2 | 0.1 | 0.1 |
| c8 | 0.0 | 0.0 | 1.4 | 1.1 | 1.1 | 2.0 | 1.4 | 1.4 |
| count | nt | nt | nt | nt | nt | nt | nt | nt |
| f51m | 0.0 | 0.0 | 0.3 | 0.2 | 0.2 | 0.4 | 0.2 | 0.2 |
| frg1 | 0.0 | 0.0 | 0.7 | 0.5 | 0.5 | 0.8 | 0.6 | 0.5 |
| gary | 0.0 | 0.0 | 2.3 | 2.3 | 2.3 | 3.0 | 2.6 | 2.6 |
| in7 | 0.0 | 0.0 | 0.8 | 0.6 | 0.6 | 1.2 | 0.9 | 0.8 |
| majority | 0.0 | 0.0 | 0.2 | 0.1 | 0.1 | 0.2 | 0.1 | 0.1 |
| pair | 0.2 | 23.2 | 332.5 | 2966.0 | 2955.4 | 560.8 | 3042.7 | 3058.3 |
| rd53 | 0.0 | 0.0 | 0.2 | 0.1 | 0.1 | 0.2 | 0.1 | 0.1 |
| rd73 | 0.0 | 0.0 | 0.2 | 0.1 | 0.1 | 0.3 | 0.1 | 0.1 |
| rd84 | 0.0 | 0.0 | 0.3 | 0.1 | 0.1 | 0.3 | 0.1 | 0.2 |
| rot | 0.1 | 5.9 | 104.4 | 688.2 | 687.7 | 162.5 | 719.5 | 707.2 |
| s1423 | 0.1 | 4.7 | 50.2 | 296.5 | 289.6 | 69.0 | 306.5 | 298.5 |
| sao2 | 0.0 | 0.0 | 0.5 | 0.3 | 0.3 | 0.7 | 0.4 | 0.3 |
| vda | 0.0 | 0.2 | 8.4 | 33.3 | 34.3 | 10.9 | 34.8 | 37.0 |
| vg2 | 0.0 | 0.0 | 0.7 | 0.5 | 0.4 | 0.9 | 0.6 | 0.5 |
| ∅ | 0.0 | 1.7 | 25.0 | 185.3 | 184.7 | 40.4 | 191.2 | 191.6 |

Tabelle 10.18: Synthesedauer bei vollständig quasireduzierten OKFDDs

## 10.5   Gatteranzahl in vollständigen Schaltkreisen

In Abschnitt 6.1 haben wir vollständige Schaltkreise vorgestellt. Für die vollständigen Schaltkreise haben wir die Anzahl der Gatter gemessen. Tabelle 10.19 zeigt unsere Ergebnisse für die lineare (*linear*), die logarithmische (*$ld_t$*) und die logarithmische BMM – Reihenfolge mit den geringsten Kosten bei den Booleschen Matrix Multiplikationen (*$ld_b$*). Die Spalten $n$ zeigen die Ergebnisse für OKFDDs, die wir ohne Ordnung erstellt haben. Die Spalten $o$ zeigen die Ergebnisse mittels OKFDDs mit den von uns ermittelten Ordnungen.

Es ist zu beobachten, das die Gatteranzahlen für steigende Schaltkreiskomplexität stark anwachsen und überhaupt sehr groß sind. Zum Vergleich, der Schalkreis majority in Tabelle 10.13 hat dort durchschnittlich 17 Gatter, in Tabelle 10.19 hat er durchschnittlich 36 Gatter. Noch gravierender sind die Unterschiede bei den großen Schaltkreisen, so hat der Schaltkreis rot in Tabelle 10.13 durchschnittlich 9000 Gatter, in Tabelle 10.19 hat er druchschnittlich 42 Millionen Gatter.

Ein Vergleich der Spalten $n$ und $o$ zeigt, wie wichtig es ist, die Größe der OKFDDs durch gute Ordnungen zu minimieren und erst dann mit der Synthese über Abhängigkeiten zu beginnen. Die Anzahl der Gatter im vollständigen Schaltkreis drückt direkt die Komplexität der Booleschen Matrix Multiplikationen aus.

Diese absurd großen Zahlen zeigen, daß es keinen Sinn hat, eine Synthese von vollständigen Schaltkreisen wirklich zu implementieren. Sie sind außerdem durch ihre vielen redundanten Gatter sehr schlecht testbar. Deshalb haben vollständige Schaltkreise für die Praxis keine Bedeutung, sie dienten uns nur zu theoretischen Betrachtungen.

| SK | linear | | $ld_t$ | | $ld_b$ | |
|---|---|---|---|---|---|---|
| | $n$ | $o$ | $n$ | $o$ | $n$ | $o$ |
| 9sym | 338 | 338 | 683 | 683 | 526 | 526 |
| add6 | 3770 | 250 | 27997 | 1041 | 21842 | 884 |
| alu2 | 13046 | 8700 | 109585 | 58062 | 48739 | 29158 |
| alu4 | 79866 | 102466 | 1181028 | 1580353 | 1704229 | 1400772 |
| apex6 | 2705452 | 878894 | 16626715 | 4174202 | 16647278 | 3416543 |
| apex7 | 127402 | 81328 | 984786 | 412207 | 1019101 | 407670 |
| b1 | 42 | 42 | 104 | 104 | 42 | 42 |
| c17 | 126 | 62 | 108 | 88 | 132 | 112 |
| c8 | 22032 | 10916 | 55091 | 59489 | 53217 | 48473 |
| count | 32610 | 4110 | 28418 | 19412 | 30949 | 18849 |
| f51m | 584 | 452 | 2164 | 1692 | 2164 | 1692 |
| frg1 | 11130 | 5512 | 30149 | 12673 | 55994 | 13339 |
| gary | 45078 | 34610 | 516015 | 382466 | 556561 | 381962 |
| in7 | 6404 | 5258 | 22368 | 15668 | 27814 | 22296 |
| majority | 34 | 34 | 50 | 39 | 39 | 39 |
| pair | 46437142 | 7922112 | 943029541 | 70648141 | 725389844 | 65431184 |
| rd53 | 170 | 170 | 342 | 342 | 342 | 342 |
| rd73 | 654 | 336 | 1764 | 895 | 1336 | 808 |
| rd84 | 1066 | 558 | 3466 | 1657 | 3466 | 1657 |
| rot | 30277978 | 2725614 | 3334646377 | 54257888 | 2890773693 | 67957373 |
| s1423 | 5192960 | 2032054 | 193829137 | 26741591 | 186471260 | 26177917 |
| sao2 | 2392 | 2354 | 14302 | 14236 | 6702 | 6578 |
| vda | 289564 | 322630 | 3381963 | 3541167 | 4521913 | 3813531 |
| vg2 | 45984 | 3428 | 639636 | 8637 | 465164 | 12503 |
| ∅ | 3553993 | 589260 | 187297158 | 6747197 | 159491764 | 7047677 |

Tabelle 10.19: Anzahl der Gatter in vollständigen Schaltkreisen

## 10.6 Sifting nach geringsten BMM – Kosten

Im Abschnitt 6.4.1 ab Seite 81 haben wir eine Siftingstrategie vorgestellt, deren Kostenmaß auf der Größe des aus dem OKFDD berechenbaren vollständigen Schaltkreises beruht (im folgenden bezeichnet als SK – Sifting). Dort haben wir beschrieben, warum diese Siftingstrategie auf quasireduzierte OKFDDs ohne Komplementmarken angewendet werden sollte und warum uns dies nicht möglich war.

Wir haben deshalb diese Siftingstrategie auf reduzierte OKFDDs mit Komplementmarken angewendet, die Komplementmarken anschließend aus diesen OKFDDs entfernt und die OKFDDs dann partiell quasireduziert. Schließlich haben wir Schaltkreise aus diesen OKFDDs erzeugt.

In den Tabellen 10.20 und 10.21 stellen wir die Tiefe und Größe der so erzeugten Schaltkreise den entsprechenden Werten gegenüber, die wir durch die Synthese über die OKFDDs, die mit den vorausberechneten Ordnungen aufgebaut wurden, erhalten haben.

Die Spalten $o$ in den Tabellen 10.20 und 10.21 enthalten die jeweiligen Werte für die Schaltkreise, die auf der Grundlage der mit den vorausberechneten Ordnungen erzeugt wurden. Die Spalten $g$ in den Tabellen 10.20 und 10.21 enthalten die jeweiligen Werte für die Schaltkreise die mit dem SK – Sifting erzeugt wurden. Die Bezeichnungen $ld_t$, $ld_b$ und *linear* kennzeichnen wieder die verwendeten BMM – Reihenfolgen.

Die Durchschnittswerte in Tabelle 10.20 zeigen, daß keine Verbesserung in der Tiefe durch das SK – Sifting erreicht wurden. Die Tabelle 10.21 zeigt, daß die mittels SK – Sifting erzeugten Schaltkreise im Durchschnitt größer sind.

Aus diesen Ergebnissen schließen wir, daß es keinen Vorteil für die Schaltkreissynthese bringt, das SK – Sifting auf reduzierte OKFDDs anzuwenden. Deshalb geben wir hier keine Laufzeitmessungen an.

| SK | linear | | $ld_t$ | | $ld_b$ | |
|---|---|---|---|---|---|---|
| | g | o | g | o | g | o |
| 9sym | 17 | 17 | 12. | 12 | 12 | 12 |
| add6 | 22 | 19 | 10 | 10 | 13 | 11 |
| alu2 | 17 | 17 | 15 | 15 | 13 | 13 |
| alu4 | 23 | 23 | 14 | 15 | 16 | 15 |
| apex6 | 24 | 24 | 12 | 14 | 12 | 12 |
| apex7 | 27 | 26 | 15 | 11 | 13 | 13 |
| b1 | 5 | 4 | 5 | 4 | 5 | 4 |
| c17 | 6 | 6 | 6 | 5 | 6 | 6 |
| c8 | 11 | 12 | 7 | 9 | 8 | 8 |
| count | 20 | 20 | 9 | 10 | 9 | 10 |
| f51m | 12 | 13 | 9 | 10 | 9 | 10 |
| frg1 | 42 | 42 | 17 | 15 | 18 | 16 |
| gary | 24 | 23 | 14 | 13 | 14 | 13 |
| in7 | 19 | 22 | 10 | 11 | 10 | 10 |
| majority | 8 | 9 | 8 | 8 | 8 | 6 |
| pair | 65 | 63 | 25 | 23 | 21 | 20 |
| rd53 | 8 | 9 | 8 | 8 | 8 | 7 |
| rd73 | 10 | 11 | 8 | 8 | 8 | 8 |
| rd84 | 12 | 11 | 10 | 9 | 10 | 9 |
| rot | n.t. | 84 | 26 | 27 | 26 | 21 |
| s1423 | 75 | 79 | 21 | 21 | 23 | 22 |
| sao2 | 17 | 17 | 14 | 12 | 12 | 12 |
| vda | 21 | 19 | 15 | 13 | 14 | 12 |
| vg2 | 28 | 28 | 13 | 13 | 13 | 13 |
| Ø | 22.30 | 22.35 | 12.54 | 11.69 | 11.69 | 11.39 |

Tabelle 10.20: Die Tiefe der Schaltkreise

| SK | linear | | $ld_t$ | | $ld_b$ | |
|---|---|---|---|---|---|---|
|  | g | o | g | o | g | o |
| 9sym | 88 | 88 | 146 | 142 | 115 | 115 |
| add6 | 69 | 56 | 135 | 118 | 115 | 100 |
| alu2 | 269 | 291 | 449 | 517 | 352 | 406 |
| alu4 | 997 | 805 | 1688 | 1434 | 1690 | 1227 |
| apex6 | 770 | 732 | 1091 | 912 | 991 | 922 |
| apex7 | 415 | 332 | 741 | 672 | 674 | 495 |
| b1 | 12 | 7 | 12 | 8 | 12 | 7 |
| c17 | 16 | 16 | 21 | 24 | 16 | 16 |
| c8 | 132 | 135 | 134 | 141 | 137 | 139 |
| count | 139 | 133 | 170 | 145 | 171 | 145 |
| f51m | 63 | 62 | 91 | 81 | 91 | 81 |
| frg1 | 323 | 195 | 536 | 354 | 485 | 306 |
| gary | 681 | 574 | 1026 | 785 | 915 | 772 |
| in7 | 152 | 141 | 257 | 230 | 198 | 225 |
| majority | 17 | 16 | 22 | 18 | 22 | 17 |
| pair | 4725 | 3967 | 9443 | 8880 | 8727 | 6906 |
| rd53 | 31 | 35 | 41 | 48 | 41 | 35 |
| rd73 | 52 | 56 | 61 | 69 | 57 | 61 |
| rd84 | 74 | 69 | 85 | 80 | 85 | 80 |
| rot | n.t. | 4065 | 24685 | 14629 | 11617 | 8061 |
| s1423 | 3307 | 2562 | 6459 | 5993 | 5477 | 4676 |
| sao2 | 218 | 179 | 417 | 294 | 285 | 224 |
| vda | 1255 | 972 | 2026 | 1739 | 1761 | 1400 |
| vg2 | 193 | 175 | 342 | 352 | 302 | 213 |
| Ø | 608.6 | 504.3 | 1104.0 | 1001.6 | 987.8 | 807.3 |

Tabelle 10.21: Die Größe der Schaltkreise

# Kapitel 11

# Zusammenfassung

In dieser Arbeit wurde ein neues Verfahren zur Synthese kombinatorischer Schaltkreise auf der Grundlage von OKFDDs vorgestellt. Die durch OKFDDs repräsentierten Funktionen wurden mit Hilfe von Abhängigkeitsmatrizen dargestellt. Die Definiton der Abhängigkeiten verlangt eine neue kanonische Darstellung für OKFDDs, quasireduzierte und bezüglich einer BMM – Reihenfolge partiell quasireduzierte OKFDDs. Deren Kanonizität wurde in dieser Arbeit nachgewiesen.

Die einzelnen Abhängigkeitsmatrizen werden mit Booleschen Matrix Multiplikationen verknüpft. Diese Boolschen Matrix Multiplikationen werden dann in Teilschaltkreise umgesetzt. Dabei hat die Reihefolge, in der die Booleschen Matrix Multiplikationen ausgeführt werden, Einfluß auf die Schaltkreisdimensionen.

Unser Verfahren zur Schalkreissynthese liefert ohne großen Mehraufwand für OBDDs Schaltkreise in Zwei – Weg Logik. Für OKFDDs wurden Aussagen über die Funktionalität der zusätzlichen Ausgänge getroffen.

Praktische Untersuchungen ergaben, daß Schaltkreise mit geringer Tiefe, guter Testbarkeit und einem vertretbaren Zuwachs an Größe erzeugt werden können. Die erzeugten Schaltkreise wurden mit den von anderen Verfahren erzeugten Schaltkreisen verglichen. Sie sind etwas größer als die von SIS erzeugten Schaltkreise aber deutlich kleiner als die von

ESPRESSO erzeugten Schaltkreise. Die Tiefe der erzeugten Schaltkreise ist sehr viel kleiner als die Tiefe der mit SIS erzeugten Schaltkreise, sie ist sogar etwas kleiner als die Tiefe der mit ESPRESSO erzeugten Schaltkreise. Die Testbarkeit der erzeugten Schaltkreise ist vergleichbar mit der Testbarkeit der von SIS erzeugten Schaltkreise.

Ein weiterer großer Vorteil ergibt sich durch die zugrundeliegende Datenstruktur, denn es konnte für alle Benchmark Schaltkreise ein OKFDD gefunden werden und daraus ein Schaltkreis synthetisiert werden. SIS und ESPRESSO führten für einige Benchmark Schaltkreise zu keinen Ergebnissen (z.B. die Schaltkreise pair, rot, s1423 in Tabelle 10.12).

Aufgrund der bisherigen Untersuchungen läßt sich sagen, daß das vorgestellte Syntheseverfahren über Abhängigkeiten eine echte Alternative zu den bisher bekannten Verfahren darstellt.

Zukünftige Aufgaben bestehen darin, die praktischen Untersuchungen, welchen Einfluß die Reihenfolge der Booleschen Matrix Multiplikationen auf die zu erzeugenden Schaltkreise hat, weiterzuführen. Ausgangspunkt für diese Untersuchungen sollten quasireduzierte OKFDDs ohne Komplementmarken sein. So erfordern die in Kapitel 6 vorgestellten Ansätze solche OKFDDs als Grundlage. Dies erfordert die Implementierung eines OKFDD – Paketes, das ein Sifting in quasireduzierten, komplementmarkenfreien OKFDDs ermöglicht.

# Anhang A

# Listing

## A.1 Das Makefile

```
CFLAGS = -O2 -g -Wall -I$(PUMA) -L$(PUMA) $(DTEST)
CC = g++
TESTCIRC = -ld_tc -ltc_tools

step:      main.o step.o puma.o
           $(CC) $(CFLAGS) -o step main.o step.o puma.o $(TESTCIRC)

main.o:    main.c main.h step.h puma.h
           $(CC) $(CFLAGS) -c -O -o $@ main.c

step.o:    step.c step.h puma.h
           $(CC) $(CFLAGS) -c -O -o $@ step.c

puma.o:    puma.c puma.h
           $(CC) $(CFLAGS) -c -O -o $@ puma.c
```

## A.2 main.h

```
#include "step.h"

#define Umgebungsvariablen
// #define lokal
// #define rbi
// #define kea
// #define hu
// #define fr

// ========================================================
// Der Name (incl. Pfad) der Test_Circ Library "tc_to_tc.lib".
// Der Pfad zu den Orderfiles (mit "/" am Ende
// Offenbar sind hier keine relativen Pfade mit "~" moeglich?!
// ========================================================

#ifdef Umgebungsvariablen
    char TC_to_TC_library[255];
```

```
char* order_path = getenv("PUMA_ORDER");
#endif
#ifdef fr
char* TC_to_TC_library ="/usr/local/tiger/TC/lib/cell_lib/tc_to_tc.lib";
char* order_path = "/home/hengster/puma_order/";          :
#endif
#ifdef lokal
    char* TC_to_TC_library = "tc_to_tc.lib";
    char* order_path = "";
#endif
#ifdef rbi
    char* TC_to_TC_library =
        "/data/kea/kea_lib/TEST_SYSTEM/TC/lib/cell_lib/tc_to_tc.lib";
    char* order_path = "/usr/usersb1/kea/eckrich/STEP/ORDERFILES/";
#endif
#ifdef kea
    char* TC_to_TC_library =
    "/home/thor/kea/kea/TEST_SYSTEM/GNU/TC/lib/cell_lib/tc_to_tc.lib";
    char* order_path = "/home/thor/kea/eckrich/C/orders/";
#endif
#ifdef hu
    char* TC_to_TC_library = "/home/stefan/C/tc/tc_to_tc.lib";
    char* order_path = "/home/stefan/C/biifs/";
#endif

// ==========================================================
// Die Instanz der Klasse test_circ
// ==========================================================
test_circ* circuit;

// ==========================================================
// Die Instanz der Klasse OKFDD_to_TC
// ==========================================================
OKFDD_to_TC* diagram;

// ==========================================================
// Eine Laufvariable fuer Schleifen
// ==========================================================
int level_no;

// ==========================================================
// Kommandozeilenoptionen abfragen
// ==========================================================
#define Option(opt)
            ((argc > 2) && (argv[2][0] == opt) ||
             (argc > 3) && (argv[3][0] == opt) ||
             (argc > 4) && (argv[4][0] == opt) ||
             (argc > 5) && (argv[5][0] == opt) ||
             (argc > 6) && (argv[6][0] == opt) ||
             (argc > 7) && (argv[7][0] == opt) ||
             (argc > 8) && (argv[8][0] == opt))
#define Option2(o1,o2)
            ((argc > 2)&&(argv[2][0] == o1)&&(argv[2][1] == o2) ||
             (argc > 3)&&(argv[3][0] == o1)&&(argv[3][1] == o2) ||
             (argc > 4)&&(argv[4][0] == o1)&&(argv[4][1] == o2) ||
             (argc > 5)&&(argv[5][0] == o1)&&(argv[5][1] == o2) ||
             (argc > 6)&&(argv[6][0] == o1)&&(argv[6][1] == o2) ||
             (argc > 7)&&(argv[7][0] == o1)&&(argv[7][1] == o2) ||
             (argc > 8)&&(argv[8][0] == o1)&&(argv[8][1] == o2))
```

# A.3   main.c

```c
#include "main.h"

int main(int argc, char* argv[]) {
#ifdef Umgebungsvariablen
        sprintf(TC_to_TC_library, "%s%s", getenv("TC_HOME"),
                "/lib/cell_lib/tc_to_tc.lib");
#endif
if (argc == 1) {
        cout << endl << "————————————————————————"
        << "————————————————————";
        cout_Vers_Nr;
        cout << "\n Aufruf: " << argv[0]
        << " <circuit-name> [Option 1] .. [Option n]\n\n"
        << "Optionen:\n\n"
        << "m: Menue - Synthese\n"
        << "I: Aufbau ueber Interleaving\n"
        << "-: keine Ordnung zum Aufbauen verwenden\n"
        << "S: Sifting bis 3%\n"
        << "M: suche beste Ordnung und speichere sie\n"
        << " S, m und M stellen disjunkte Alternativen dar\n"
        << "B: Die Synthese laeuft ueber BDDs (sonst: KFDDs)\n"
        << "o: benutze keine ODER (sonst: doch)\n"
        << "h: Eine Shell nach jedem Schritt\n"
        << "H: Eine Shell nach No_Complements\n"
        << "2: zwei Weg Logik (sonst: ein-Weg)\n"
        << "5: 1.5 Weg Logik (1 Weg in, 2 Weg out)\n"
        << "s: speichern\n"
        << "v: vollstaendiges QR (sonst: partiell)\n"
        << "a<num>: Ausgabebit num setzen\n"
        << "a / aa: keine / alle Ausgaben\n"
        << "f<num>: use Freilos: 2 - Id random\n"
        << " b - BMM-Kosten\n"
        << " c - random\n"
        << " l - linear\n"
        << " - Id BMM-Kosten\n"
        << " sonst: Id trivial\n"
#ifdef Umgebungsvariablen
        << "\n Umgebungsvariablen, die gesetzt sein muessen:\n"
        << "TC_HOME (der Pfad zu TestCirc), PUMA_ORDER (der Pfad "
        << "zu den Ordnungsfiles\n"
#endif
        << "\n";
} else {

        // der Schaltkreisname, das Orderfile
        // =====================================
        usint i = 0;
        usint k = 0;
        while (argv[1][i]) i++;
        usint j = i;
        while (i && (argv[1][i] != '/')) i--;
        if (argv[1][i] == '/') i++;
        char circuit_name[j - i - 2];
        char dd_name[j - i - 3];
        if (! isalpha(argv[1][i])) {
                k = 1;
                circuit_name[0] = 'a';
        }
        j = 0;
        while(argv[1][j+i] != '.') {
                circuit_name[j + k] = argv[1][j + i];
                dd_name[j] = argv[1][j + i];
                j++;
        }
        dd_name[j] = '\0';
        circuit_name[j + k] = '\0';
        char order_file[256];
```

```
if Option('B') sprintf(order_file, "%s%s%s%s", order_path,
                    dd_name, "_BDD", ".ord");
else sprintf(order_file, "%s%s%s", order_path, dd_name, ".ord");

// Initialisierung einer Instanz der Klasse OKFDD_to_TC
// ========================================================
diagram = new OKFDD_to_TC;
cout << "Circuit: " << dd_name;
if (! isalpha(argv[1][i])) cout << " - saved as: " << circuit_name;
cout << endl;

// Die Ausgaben waehlen
// ====================
diagram->OKFDD_Outputflags = 2097155;
diagram->OKFDD_to_TC_Outputflags = 8;
if Option('a') {
    diagram->OKFDD_Outputflags = 0;
    diagram->OKFDD_to_TC_Outputflags = 0;
}
if Option2('a','0') diagram->OKFDD_to_TC_Outputflags =
    diagram->OKFDD_to_TC_Outputflags | 1;
if Option2('a','1') diagram->OKFDD_to_TC_Outputflags =
    diagram->OKFDD_to_TC_Outputflags | 2;
if Option2('a','2') diagram->OKFDD_to_TC_Outputflags =
    diagram->OKFDD_to_TC_Outputflags | 4;
if Option2('a','3') diagram->OKFDD_to_TC_Outputflags =
    diagram->OKFDD_to_TC_Outputflags | 8;
if Option2('a','4') diagram->OKFDD_to_TC_Outputflags =
    diagram->OKFDD_to_TC_Outputflags | 16;
if Option2('a','5') diagram->OKFDD_to_TC_Outputflags =
    diagram->OKFDD_to_TC_Outputflags | 32;
if Option2('a','6') diagram->OKFDD_to_TC_Outputflags =
    diagram->OKFDD_to_TC_Outputflags | 64;
if Option2('a','7') diagram->OKFDD_to_TC_Outputflags =
    diagram->OKFDD_to_TC_Outputflags | 128;
if Option2('a','a') {
    diagram->OKFDD_to_TC_Outputflags = 4194303;
    diagram->OKFDD_Outputflags = 255;
}

// Ein Blif einlesen
// =================
if Option('I') diagram->OKFDD_Interleaving = TRUE;
if Option('-') diagram->OKFDD_Read_BLIF(argv[1], NULL, NULL);
else diagram->OKFDD_Read_BLIF(argv[1], order_file, NULL);
if (diagram->OKFDD_Error != 0) report_error(diagram->OKFDD_Error);
else {

    // Shell Info ueber Wurzeln unter E
    // ================================
    diagram->OKFDD_Shell_Extension = (travex) &root_info;
    if Option('S') {

        // DTL Sifting
        // ===========
        usint sift_bis = 3; // % der Groessenreduktion
        ulint size_old = 0;
        ulint size_new = diagram->OKFDD_Size_all();
        while ((size_old == 0) || ((size_old - size_new)
                > (size_old * sift_bis / 100))) {
            cout << "DTL-Sifting ..." << endl;
            diagram->OKFDD_DTL_Sifting(0,
            diagram->OKFDD_P_I-1, 2, 'r', 'r');
            cout << endl;
            size_old = size_new;
            size_new = diagram->OKFDD_Size_all();
        }
    }
    if Option('m') {

        // automatische Synthese
```

```
// ======================
diagram->STEP_DD_Synthesis(circuit_name, TC_to_TC_library);
} else if (Option('S') || !Option('M')) {

/* < < < < < < < < < < < < < "per Hand" Synthese < < < < < < < < < < < < < < */

// Standardwerte zur Umwandlung in einen Test_Circ SK
// =====================================================
if Option('o') diagram->use_ORs = 0;
diagram->logic_type = 0;
if Option('2') diagram->logic_type = 3;
if Option('5') diagram->logic_type = 1;
diagram->get_PIPO_Names_from_BLIF = 1;
diagram->create_useless_inputs = 1;

if Option('B') {

    // KFDD -> BDD
    // ============
    cout << "KFDD -> BDD" << endl;
    diagram->OKFDD_DD_to_BDD(0, diagram->OKFDD_P_I, FALSE);
}
if (Option('h') || Option('H')) diagram->OKFDD_Shell();

//do {
//  if Option2('f','l')
//  diagram->OKFDD_DTL_Sifting_FL(0, diagram->OKFDD_P_I-1, 2, 'r', 'r',100);
//  else if Option2('f','c')
//  diagram->OKFDD_DTL_Sifting_FL(0, diagram->OKFDD_P_I-1, 2, 'r', 'r', 12);
//  else if Option2('f','b')
//  diagram->OKFDD_DTL_Sifting_FL(0, diagram->OKFDD_P_I-1, 2, 'r', 'r', 11);
//  else if Option2('f','2')
//  diagram->OKFDD_DTL_Sifting_FL(0, diagram->OKFDD_P_I-1, 2, 'r', 'r', 2);
//  else
//  diagram->OKFDD_DTL_Sifting_FL(0, diagram->OKFDD_P_I-1, 2, 'r', 'r', 1);
//} while (cin_int("Nochmal ?", 1, 1));

// No Complements
// ===============
diagram->OKFDD_No_Complements();
if Option('h') diagram->OKFDD_Shell();
if Option('v') {

    // Quasi Reduce (vollstaendig)
    // ============================
    diagram->OKFDD_Select_Levels_for_Quasi_reduce_full(1);
    diagram->OKFDD_Quasi_reduce_full();
    if Option('h') diagram->OKFDD_Shell();

    // DD_to_TC_QRv
    // =============
    if Option('f') {
        if Option2('f','l') diagram->OKFDD_declare_BMM_flow(100);
        else if Option2('f','c') diagram->OKFDD_declare_BMM_flow(12);
        else if Option2('f','b') diagram->OKFDD_declare_BMM_flow(11);
        else if Option2('f','2') diagram->OKFDD_declare_BMM_flow(2);
        else diagram->OKFDD_declare_BMM_flow(1);
    } else diagram->OKFDD_declare_BMM_flow();
    circuit = diagram->DD_to_TC_QRv(circuit_name, TC_to_TC_library);
} else {

    // Quasi Reduce (partiell)
    // ========================
    if Option('f') {
        if Option2('f','l') diagram->OKFDD_declare_BMM_flow(100);
        else if Option2('f','c') diagram->OKFDD_declare_BMM_flow(12);
        else if Option2('f','b') diagram->OKFDD_declare_BMM_flow(11);
        else if Option2('f','2') diagram->OKFDD_declare_BMM_flow(2);
        else diagram->OKFDD_declare_BMM_flow(1);
    } else diagram->OKFDD_declare_BMM_flow();
    diagram->OKFDD_Quasi_reduce_partiell();
```

```
        if Option('h') diagram->OKFDD_Shell();

        // DD_to_TC_QRp
        // =============
        circuit = diagram->DD_to_TC_QRp(circuit_name, TC_to_TC_library);
    }.

    // Save the TC
    // ===========
    if Option('s') circuit->save(circuit_name);

    delete circuit;
    cout << "Schaltkreisbearbeitung beendet" << endl << endl;

/* > > > > > > > > > > > > > > > > > > > > > > > > > > > > > > > > > > > > > > */

                } else {

/* < < < < < < < < < < suche nach guter Ordnung < < < < < < < < < < < < < < */

    ulint size_best = diagram->OKFDD_Size_all();
    ulint size_new;
    ulint size_old;
    ulint size_n;
    ulint size_o;
    usint is;
    usint max_is = 4;
    usint Ss;
    usint max_Ss = 2;
    for (is = 0; is < max_is; is++) {

        // DTL Sifting / Sifting
        // =====================
        size_new = diagram->OKFDD_Size_all();
        size_old = size_new + 1;
        size_n = size_new;
        size_o = size_new + 1;
        while (size_old > size_new) {
            while (size_o > size_n) {
                if Option('B') diagram->OKFDD_Sifting(0,
                        diagram->OKFDD_P_I-1, 2, 'r', 'r');
                else diagram->OKFDD_DTL_Sifting(0,
                        diagram->OKFDD_P_I-1, 2, 'r', 'r');
                size_o = size_n;
                size_n = diagram->OKFDD_Size_all();
            }
            if Option('B') for (Ss = 0; Ss < max_Ss; Ss++)
            diagram->OKFDD_Sifting(0, diagram->OKFDD_P_I-1, 2, 'r', 'r');
            else for (Ss = 0; Ss < max_Ss; Ss++) diagram->OKFDD_DTL_Sifting(
                    0, diagram->OKFDD_P_I-1, 2, 'r', 'r');
            size_old = size_new;
            size_new = diagram->OKFDD_Size_all();
        }

        // dump order in file if size is best
        if (size_new < size_best) {
            diagram->OKFDD_Dumporder(order_file);
            size_best = size_new;
        }

        //Inversion
        if (is < max_is - 1) diagram->OKFDD_Inversion(0,diagram->OKFDD_P_I - 1);
    }

/* > > > > > > > > > > > > > > > > > > > > > > > > > > > > > > > > > > > > > > */

        }
    }
    diagram->OKFDD_to_TC_Quit();
    }
};
```

# A.4   step.h

```
//                          :                          \\
//       //  _____  _____  _____  _____            \\
//      // /  _____//_____ / /_____ /  _____ /          \\
//     //  /  /              /                           \\
//    //                                                 \\
//   //       ================                          ^\
//  //        Stefan Eckrich                             \\
//  //        ================                           \\
//   //       Tonja Pfeiffer                             \\
//    \\      ================  \                        \\
```

```c
#include "puma.h"
#include "test_circ.h"
#include "bool_array.h"
#include "ctype.h"
#include "sys/time.h"

// =================================================================
// Die aktuelle Versionsnummer zum Ausgeben
// =================================================================
#define cout_Vers_Nr
    cout << ">> STEP * (KFDD=>SK) V1.5 Copyright (C)'96 by Stefan Eckrich & Tonja Pfeiffer"
    << "<<" << endl
    << "————————————————————————————————————————————"
    << endl;

// =================================================================
// ———— Definitionen aus puma.c ————
// =================================================================
#define cout(bit) if (OKFDD_Outputflags & bit) cout
#define up(node) if (node->ref_c != 0) node->ref_c++

#define m_sel(node) ((ulint)node & 1)
#define m_or(node,lsb) (utnode*)((ulint)node — lsb)
#define m_xor(node,lsb) (utnode*)((ulint)node ^ lsb)

#define Prozentbalken(z,n,b)
    if (OKFDD_Outputflags & ros_p) {
        pbkt1(z,n)
        pbkt2(b)
        pbkt3
    }

#define pbkt1(z,n) opos = (int)((float)(OKFDD_Dots_Out_Limit*(z))/(n));cout << "\r<";
#define pbkt3 cout << "> \tSize " << OKFDD_Now_size_i << " \t";cout.flush();

#define pbkt2(b)
    for (sift = 0; sift < opos; sift++) cout << b;
    for (sift = opos; sift < OKFDD_Dots_Out_Limit; sift++) cout << "-";

#define ros_a 262144
#define ros_b 524288
#define dumpflag 1048576
#define ros_p 2097152

#define gnuz(z,a,b,c,d,e)
    if (uc_last==NULL) {
        z = new utnode();
    } else {
        uc_last=(utnode*)(z=uc_last)->link;
    }
    OKFDD_No_UTNodes_Per_Lvl[a]++;
    OKFDD_No_UTNodes++;
    z->label_i = a;
    z->hi_p = b;
    z->lo_p = c;
```

```
z->idnum = d;
z->ref_c = e;
z->next = NULL;
z->link = NULL

// ———— Ende Definitionen aus puma.c ————

// ===============================================================
// Ein Makro fuer die Berechnung der Hashnummer. DO NOT USE WITH node==Terminal:
// ===============================================================
#define hashnr(node) (((m_and(node->lo_p))->idnum + (m_and(node->hi_p))->idnum)
                  % ut_sizes[ut_hashsize[OKFDD_Label(m_and(node))]])

// ===============================================================
// Ein Makro speziell fuer die Funktion Quasi_reduce zur besseren Lesbarkeit:
// ===============================================================
#define inc(Grenze) do { Grenze++; } while ((QR_level->isfalse(Grenze)) && (Grenze < OKFDD_P_I));

// ===============================================================
// Ein Makro speziell fuer das Feld level_of_label zur besseren Lesbarkeit:
// ===============================================================
#define level_of(node) level_of_label[OKFDD_Label(m_and(node))]

// ===============================================================
// globale Konstanten und Variablen fuer die Signal und Zellnamen
// ===============================================================
const uint signal_name_length = 8; // 10^(x-2) viele Signale erlaubt
const uint port_name_length = 4; // 10^(x-2) viele InsOuts an einer Zeile
const uint cell_name_length = 16; // Bsp: "1234A12345_67890 steht fuer
                  // AND Nr. 1234 in BMM(Level 12345
                  // nach Level 67890)
const uint pipo_name_length = cell_name_length + 7;
                  // Die Namen der PIs und POs sind 7 Zei-
                  // chen laenger, da ein Name aus einem
                  // Blif-file, der mit einer Zahl beginnt
                  // einen Zusatzstring vorangestellt
                  // bekommt (hier "toalpha")

// ===============================================================
// Funktion zur Ausgabe der Anzahl der Zerlegungstypen je Level, des Feldes
// QR_level zur Identifkation der veraenderten Level, der Knotenanzahl pro
// Level und der Gesamtknotenzahl im DD.
// ===============================================================
void statistik(OKFDD_to_TC*);

// ===============================================================
// Funktion zum Auslesen der Wurzelzeiger und ihrer Informationen.
// ===============================================================
void root_info(OKFDD_to_TC* );

// ===============================================================
// groesste zweier Potenz echt kleiner x
// ===============================================================
uint low_pow2(uint);

// ===============================================================
// Obere Gaussklammer des Logarithmus zur Basis 2 mit ulint als Argument
// ===============================================================
uint og_log2(ulint);

// ===============================================================
// (uint a) hoch (uint b), beide Argumente > 0
// ===============================================================
ulint int_pow(uint, uint);

// ===============================================================
// Funktion zur Fehlerauswertung
// ===============================================================
void report_error(int);

// ===============================================================
```

```
// Funktion zum Zaehlen der SAT aller Wurzeln des uebergebenen DD
// ─────────────────────────────────────────────────────────────
// ein ungerader Zeiger aktiviert den Shortmode in OKFDD_SAT_all_no_norm
// ======================================================================
void Check_DD_for_SAT(OKFDD_to_TC*);

// ======================================================================
// Die Realisierung einer quadratischen ulint - Matrix speziell fuer STEP
// ======================================================================
class strange_ulint_matrix {

public:

        // ──────────────────────────────────────────────
        // der Konstruktor initialisiert die Matrix mit 0
        // ──────────────────────────────────────────────
        strange_ulint_matrix( int size );

        // ──────────────
        // der Destruktor
        // ──────────────
        ~strange_ulint_matrix( );

        // ──────────────────────────────────
        // lesen
        // Zeilen: 0 .. (n-2); Spalten: 2 .. n
        // ──────────────────────────────────
        ulint get( ulint line,
                   ulint col );

        // ──────────────────────────────────
        // schreiben
        // Zeilen: 0 .. (n-2); Spalten: 2 .. n
        // ──────────────────────────────────
        void set( ulint line,
                  ulint col,
                  ulint new_contents );

protected:

        // ──────────
        // der Inhalt
        // ──────────
        ulint* contents;

        // ──────────
        // die Groesse
        // ──────────
        ulint m_size;

};
// ======================================================================
// Die Realisierung einer quadratischen boole - Matrix speziell fuer STEP
// ======================================================================
class strange_boole_matrix {

public:

        // ──────────────────────────────────────────────────
        // der Konstruktor initialisiert die Matrix mit FALSE (0)
        // ──────────────────────────────────────────────────
        strange_boole_matrix( int size );

        // ──────────────
        // der Destruktor
        // ──────────────
        ~strange_boole_matrix( );

        // ─────
        // lesen
```

```
// Zeilen: 0 .. (n-1); Spalten: 1 .. n
// ──────────────────────────────────────────
int istrue( usint line,
            usint col );

    int isfalse( usint line,
                 usint col );

// ──────────────────────────────────────────
// schreiben von TRUE
// Zeilen: 0 .. (n-1); Spalten: 1 .. n
// ──────────────────────────────────────────
void set( usint line,
          usint col );

// ──────────────────────────────────────────
// Funktion zum Fuellen eines 2-dim. Feldes der Groesse #OKFDD-Level^2
// auf der Basis des Logarithmus Dualis
// ──────────────────────────────────────────
void Fill_LD( );

// ──────────────────────────────────────────
// Funktion zum Fuellen eines 2-dim. Feldes der Groesse #OKFDD-Level^2
// linear
// ──────────────────────────────────────────
void Fill_linear( );

// ──────────────────────────────────────────
// Ausgabe des Inhaltes als BMM - Reihenfolge
// ──────────────────────────────────────────
void BMM_Folge_cout( usint line,
                     usint col );

protected:

// ──────────────────────────────────────────
// der Inhalt
// ──────────────────────────────────────────
bool_array* contents;

// ──────────────────────────────────────────
// die Groesse
// ──────────────────────────────────────────
usint m_size;

};

// ============================================================
// Die Klasse "dependancy" dient zur Speicherung einer Abhaengigkeitsmatrix von
// Level "from_level" nach Level "to_level".
// Eine Besonderheit stellen die Werte "ONE" und "ZERO" dar. Sie treten sehr
// haeufig auf (duenn besetzte Matritzen) und werden besonders behandelt.
// ============================================================
class dependancy {

    friend class OKFDD_to_TC;

protected:

// ──────────────────────────────────────────
// Dieser Zeiger dient zur einfachen Verkettung von Matrizen in einer
// Liste (Schlange).
// ──────────────────────────────────────────
dependancy* next_mat;

// ──────────────────────────────────────────
// Dieser Zeiger zeigt auf die eigentliche Matrix, die als einfach ver-
// kettetes Feld mit Elementen des Typs "matrix_elmt" implementiert ist.
// ──────────────────────────────────────────
char*** content;
```

```
// ─────────────────────────────────────────────
// Die Nummer des oberen Levels
// ─────────────────────────────────────────────
usint from_level;

// ─────────────────────────────────────────────
// Die Nummer des unteren Levels
// ─────────────────────────────────────────────
usint to_level;

// ─────────────────────────────────────────────
// Die Anzahl der Knoten in "from_level"
// ─────────────────────────────────────────────
usint from_node_count;

// ─────────────────────────────────────────────
// Die Anzahl der Knoten in "to_level"
// ─────────────────────────────────────────────
usint to_node_count;

// ─────────────────────────────────────────────
// Der String "ONE"
// ─────────────────────────────────────────────
char* One;

// ─────────────────────────────────────────────
// Der String "ZERO"
// ─────────────────────────────────────────────
char* Zero;

public:

// ─────────────────────────────────────────────
// Der Konstruktor
// ─────────────────────────────────────────────
dependancy( unsigned int from_level,
            unsigned int to_level,
            unsigned int from_node_count,
            unsigned int to_node_count );

// ─────────────────────────────────────────────
// Der Destruktor
// ─────────────────────────────────────────────
~dependancy( );

// ─────────────────────────────────────────────
// Ein Feld lesen
// Rueckgabe: Der Inhalt oder eine Fehlermeldung "ERROR read out of ..."
// ─────────────────────────────────────────────
char* read_elmt( unsigned int Zeile,
                 unsigned int Spalte );

// ─────────────────────────────────────────────
// Ein Feld beschreiben
// Rueckgabe: NULL oder eine Fehlermeldung "ERROR: write out of range"
// ─────────────────────────────────────────────
char* write_elmt( unsigned int Zeile,
                  unsigned int Spalte,
                  char* Inhalt);

// ─────────────────────────────────────────────
// writes content of a dependancy- Matrix to screen
// ─────────────────────────────────────────────
void cout_matrix();
};

// =====================================================================
// Die abgeleitete Klasse zu dd_man aus PUMA
// =====================================================================
class OKFDD_to_TC : public dd_man {
```

```
public:

    // ─────────────────────────────────────────────
    // Variable zur aktivierung von Kontrollausgaben verschiedener Routinen
    // Jede Bitstelle aktiviert eine bestimmte Ausgabe wie folgt:
    // Bit_Nr.
    // 0 Ausgabe der Abhaengigkeitsmatrizen
    // 1 Ausgabe der Knotennummern von Node_Numbering
    // 3 Ausgabe der Public_Funktionen ueber ihren Aufruf
    // 4 Meldungen welche Zellen, Signale und Verbindungen
    // deklariert wurden
    // 5 Meldungen welche Zellen, Signale und Verbindungen
    // benoetigt wurden
    // 6 Ausgabe der BMM-Reihenfolge
    // 7 Der Freilosalgorithmus zeigt alle Werte
    // weitere Bits haben noch keine Bedeutung....
    // ─────────────────────────────────────────────
    ulint OKFDD_to_TC_Outputflags;


    // ─────────────────────────────────────────────
    // logic_type regelt die Schaltkreiserzeugung. Es bedeutet:
    // <= 0: Ein - Weg Logik
    // 1: Ein - Weg Eingaenge, Sigma-Ausgaenge (default)
    // 2: Zwei - Weg Eingaenge
    // >= 3: Zwei - Weg Logik
    // Diese Variable dient den DD_to_TC Funktionen PIs und POs.
    // ─────────────────────────────────────────────
    int logic_type;


    // ─────────────────────────────────────────────
    // 0: Namensvergabe mnemonisch
    // sonst: Namen aus der Klasse NAMES (also die aus den BLIF files)
    // default ist 0, da "sonst" nur funktioniert, wenn die Wurzeln des
    // OKFDDs Namen haben (also z.B. durch OKFDD_Read_BLIF)
    // ─────────────────────────────────────────────
    int get_PIPO_Names_from_BLIF;


    // ─────────────────────────────────────────────
    // erzeuge auch Eingaenge, von denen die Funktionalitaet des Schalt-
    // kreises nicht abhaengt.
    // Diese Variable spielt vor allem fuer verifikationszwecke eine Rolle.
    // ─────────────────────────────────────────────
    int create_useless_inputs;


    // ─────────────────────────────────────────────
    // Handelt es sich bei dem DD um ein reines BDD, oder wird die Synthese
    // streng linear von den Terminalen aus durchgefuehrt, so koennen zur
    // Matrizen multiplikation OR-Gatter verwendet werden. Mit Hilfe dieser
    // Variablen kann der Benutzer festlegen, ob dann ORs verwendet werden.
    // default: 1
    // ─────────────────────────────────────────────
    int use_ORs;


    // ─────────────────────────────────────────────
    // Der PROMode erzeugt fuer jedes Signal ein z.T. ueberfluessiges DRAIN
    // Grund: Unterdrueckung der Meldung "has no drain.." vor dem Bereinigen
    // ─────────────────────────────────────────────
    int PROMode;


    // ─────────────────────────────────────────────
    // maximale Gatterbreiten bei OR und XOR
    // die Bereiche liegen in der tc_to_tc.lib bei 2 bis 11 fuer OR
    // und 2 bis 2 fuer XOR
    // diese Bereiche muessen eingehalten werden !!!
    // default: beide gleich 2
    // ─────────────────────────────────────────────
    usint max_OR_width;
    usint max_XOR_width;

protected:
```

```
// ----------------------------------------------
// lineare Synthese ? (fuer use_ORs) default: 0
// ----------------------------------------------
int linear;

// ----------------------------------------------
// Ein Feld zum finden der Levelnummer eines Labels. Dieses Feld wird
// vom Destruktor NICHT geloescht. Die Verwaltung liegt in der Hand
// des Programmierers.
// ----------------------------------------------
usint* level_of_label;

// ----------------------------------------------
// Ein Feld, in dem die fuer QR ausgewaehlten Level vermerkt werden
// ----------------------------------------------
bool_array* QR_level;

// ----------------------------------------------
// Eine Matrix, in der die BMM - Reihenfolge notiert wird
// benoetigt von: Quasi_reduce_partiell
// DD_to_TC_QRp
// DD_to_TC_QRv
// ----------------------------------------------
strange_boole_matrix* good_edges;

// ----------------------------------------------
// quasireduced = 0 bedeuted: DD ist nicht unbeingt quasireduziert
// quasireduced = 1 bedeuted: DD ist quasireduziert
// Standartwert ist 0
// ----------------------------------------------
int quasireduced;

// ----------------------------------------------
// complements = 0 bedeuted: keine complementierten Marken mehr im DD
// complements = 1 bedeuted: DD kann noch compl. Kanten enthalten
// Standartwert ist 1
// ----------------------------------------------
int complements;

// ----------------------------------------------
// Variables to manage the queue which contains data for converting
// a DD to a TC- description.
// ----------------------------------------------
dependancy* depend_queue_head;
dependancy* depend_queue_tail;
dependancy* depend_queue_new_dist;

// ----------------------------------------------
// zur Verwaltung der Chains
// ----------------------------------------------
utnode** zero_chain;
utnode** one_chain;

// ----------------------------------------------
// Array to mark which Inputs are functionally needed
// ----------------------------------------------
long int* pi_sorted;

// ----------------------------------------------
// zum Siften fuer kleine Schaltkreise
// ----------------------------------------------
int costs_for_sift;
ulint best_costs_for_sift;

public:

// ----------------------------------------------
// Constructor-memberfunction
// ----------------------------------------------
OKFDD_to_TC( uchar ut_hashsize_init = 0,
        ulint ct_hashsize_init = 5003,
```

```
        ulint rc_cachesize_init = 10,
        uchar ct_searchlen_init = 3,
        usint pi_limit_init = 5000,
        ulint ML_nodes_init = 1000000000,
        ulint ML_MB_init = 10000 );

//  ────────────────────────────────────────
//  Destructor-memberfunction
//  ────────────────────────────────────────
void
OKFDD_to_TC_Quit( );

//  ────────────────────────────────────────
//  Returns the size of the Unique Table Level of a label
//  ────────────────────────────────────────
ulint
OKFDD_UTL_Size ( usint var_label );

//  ────────────────────────────────────────
//  Returns a pointer on an anchor in the UTL
//  ────────────────────────────────────────
utnode* /*Pure pointer*/
OKFDD_UT_Get_Anker( usint var_label,
            usint utl_pos );

//  ────────────────────────────────────────
//  Returns a pointer on the chain element of the node
//  ────────────────────────────────────────
utnode* /*Pure pointer*/
OKFDD_UT_Get_Chain( utnode* chain_elmt /*Pure pointer*/ );

//  ────────────────────────────────────────
//  Returns the number of fathers of the node
//  ────────────────────────────────────────
usint
OKFDD_UT_Get_Ref( utnode* son_node /*Pure pointer*/ );

//  ────────────────────────────────────────
//  Removes complement-marks of the DD.
//  The Zero Node is represented by OKFDD_ZERO, what is a complemented
//  reference on OKFDD_ONE. Because of the implementation of PUMA
//  we couldn't remove those marks really.
//  . . . . . . . . . . . . . . . . . . . . . . . . . . . . .
//  CAUTION: This function uses OKFDD_neg_node and in that way it
//  destroyes the normalized structure of this
//  package. Do not use it if you want do do some more PUMA-
//  analysing with the affected OKFDD_to_TC !
//  ────────────────────────────────────────
void
OKFDD_No_Complements( );

//  ────────────────────────────────────────
//  The first parameter is an array of char. Each element represents a
//  level of the DD. Should the level get quasi_reduced an element
//  contians '1', else it contains a '0' (do not quasireduce).
//
//  '0' will be altered to '1' as follows
//  sel_type n_level level_file
//  1 : each level
//  1, n : each n-level
//  1, n, "first_last": each n-level and first and last
//  2 : levelinput by keyboard
//  3, d.c., <file> : levelinput by file
//  . . . . . . . . . . . . . . . . . . . . . . . . . . . . .
//  CAUTION: This function uses FOAUT_no_norm and in that way it
//  destroyes the normalized structure of this
//  package. Do not use it if you want do do some more PUMA-
//  analysing with the affected OKFDD_to_TC !
//  ────────────────────────────────────────
void
OKFDD_Select_Levels_for_Quasi_reduce_full( int sel_type ,
```

```
                    int n_level = 1,
                    char* level_file = NULL );


//
// Quasireduces all edges in Selected Levels
//
void
OKFDD_Quasi_reduce_full( );


//
// default method (0): fill logarithmical
// others (1): fill logarithmical with "Freilosalgorithmús"
// (2): fill logarithmical with "Randomfreilos"
// (11): fill < linear with "Freilosalgorithmus"
// (12): fill < linear with "Randomfreilos"
// (100): fill linear
//
void
OKFDD_declare_BMM_flow( int method = 0 );


//
// Quasireduces all bad edges in all levels
//
// Conditions: BMM - flow is declared OKFDD_declare_BMM_flow();
//
void
OKFDD_Quasi_reduce_partiell( );


//
// SAT_All in in given OKFDD (DD must not be normalized)
//
// if Root is NULL the 2. argument is the root_no (to get root)
// this mode is only for the use of Check_DD_for_SAT in shortmode
//
void
OKFDD_SAT_all_no_norm( utnode* Root,
                    char Method_Count_Show );


//
// Converts an OKFDD to a TC. Method: special light
// Returns a pointer to the TC for correct work, otherwise NULL
//
// Conditions: DD without negations OKFDD_No_Complements();
// DD partial quasireduced OKFDD_Quasi_reduce_partiell();
//
test_circ*
DD_to_TC_QRp( char* circuit_name,
        char* lib );


//
// Converts an OKFDD to a TC. Method: full quasireduction
// Returns a pointer to the TC for correct work, otherwise NULL
//
// Conditions: DD without negations OKFDD_No_Complements();
// DD full quasireduced OKFDD_Quasi_reduce_full(1);
// BMM - flow is defined OKFDD_????();
//
test_circ*
DD_to_TC_QRv( char* circuit_name,
        char* lib );


//
// interaktiv synthesis, no conditions
//
void STEP_DD_Synthesis( char* circuit_name,
            char* lib );


//
// Sifting zu kleinen Gatterzahlen in kompletten DDs
//
void OKFDD_DTL_Sifting_FL( usint von,
```

```
            usint bis,
            float faktor,
            char rel,
            char art,
            int kostenmass = 1 );

// ─────────────────────────────────────────────
// calculates the number of Gates a complete circuit would have
// ─────────────────────────────────────────────
ulint gate_count( usint from_level,
             usint to_level );

protected:

// ─────────────────────────────────────────────
// creates the array level_of_label
// ..............................................
// CAUTION: This function allocates memory with new
// ─────────────────────────────────────────────
void Create_level_of_label( );

// ─────────────────────────────────────────────
// BMM and TC_Create
// ─────────────────────────────────────────────
dependancy* DD_to_TC__BMM( test_circ* circuit,
                dependancy* mat1,
                dependancy* mat2,
                usint create_PO = 0 );

// ─────────────────────────────────────────────
// creates "primary" matrizes and coressponding test_circ cells
// ─────────────────────────────────────────────
dependancy* DD_to_TC_QRv_primary( test_circ* circuit,
                    usint from_level,
                    usint to_level );

// ─────────────────────────────────────────────
// creates "primary" matrizes and coressponding test_circ cells
// ─────────────────────────────────────────────
dependancy* DD_to_TC_QRp_primary( test_circ* circuit,
                    usint from_level,
                    usint to_level );

// ─────────────────────────────────────────────
// creates PRESETs for QRp
// ─────────────────────────────────────────────
int DD_to_TC_QRp_Presets( test_circ* circuit );

// ─────────────────────────────────────────────
// creates one "primary" matrx and coressponding test_circ cells
// if create_PO is set to 1, roots to from_level will be created
// ─────────────────────────────────────────────
dependancy* DD_to_TC__primary( test_circ* circuit,
                  usint level_no,
                  usint create_PO = 0 );

// ─────────────────────────────────────────────
// creates for QRp POs and evt. the corresponding sigma-PO
// in level "var_label", connecting it to an elmt of matrix
// ─────────────────────────────────────────────
int DD_to_TC_QRp_PO( test_circ* circuit,
             ulint var_label,
             dependancy* matrix );

// ─────────────────────────────────────────────
// creates a PO and evt. the corresponding sigma-PO
// ─────────────────────────────────────────────
int DD_to_TC__PO( test_circ* circuit,
          ulint root_label,
          char* function_signal_name,
          char* sigma_signal_name );
```

```
// ─────────────────────────────────────────
// for the Preset_0
// ─────────────────────────────────────────
int DD_to_TC__preset_0( test_circ* circuit );

// ─────────────────────────────────────────
// for the Preset_1
// ─────────────────────────────────────────
int DD_to_TC__preset_1( test_circ* circuit );

// ─────────────────────────────────────────
// numbers all nodes in the DD in each level beginning at 0
// ─────────────────────────────────────────
void Node_Numbering( );

// ─────────────────────────────────────────
// deallocates memory, which has been allocated by Node_Numbering
// ...............................................
// Conditions: all nodes are numbered Node_Numbering();
// ─────────────────────────────────────────
void Clean_Node_Numbers( );

// ─────────────────────────────────────────
// checks DD if it is a BDD
// ─────────────────────────────────────────
int check_for_BDD( );

// ─────────────────────────────────────────
// creates an OR Gate
// ...............................................
// Condition: or_gate_fanin > 1
// ─────────────────────────────────────────
int create_OR( test_circ* TC,
        char or_in[][signal_name_length],
        int or_gate_fanin,
        uint from_level,
        uint to_level );

// ─────────────────────────────────────────
// creates a XOR Gate
// ...............................................
// Condition: xor_gate_fanin > 1
// ─────────────────────────────────────────
int create_XOR( test_circ* TC,
        char xor_in[][signal_name_length],
        int xor_gate_fanin,
        uint from_level,
        uint to_level );

// ─────────────────────────────────────────
// returns signalname for dependancy marix entry
// signals are created als followed:
//
// sons —Z_Type = D_Shan — = negD — =posD
// - - - - - - - - - - - - - - - - - - - - - - - -
// 0 — "ONE" —"Sig"var_label — "Sign"var_label
// 1 — "Sign"var_label — "ONE" — "ONE"
// 2 — "Sig"var_label —"Sign"var_label— "Sig"var_label
// ─────────────────────────────────────────
char*
Create_Sig_Name_for_Dep( uint sons,
            ulint var_label );

// ─────────────────────────────────────────
// returns nodenumber given by Node_Numbering
// ...............................................
// Conditions: nodes are numered Node_numbering(this);
// ─────────────────────────────────────────
uint
Get_Node_Number(utnode* );
```

```
//  ─────────────────────────────────────────────
// rekursive function for QRv, returns a pointer to the created
// dependancy - instance
//  ─────────────────────────────────────────────
dependancy*
DD_to_TC_QRv_slave( test_circ* circuit,
                uint from_level,
                uint to_level );


//  ─────────────────────────────────────────────
// rekursive function for QRp, returns a pointer to the created
// dependancy - instance
//  ─────────────────────────────────────────────
dependancy*
DD_to_TC_QRp_slave( test_circ* cjrcuit,
                uint from_level,
                uint to_level );


//  ─────────────────────────────────────────────
// Creates PI's in TC for all Vars in the given DD.
// To use only once for each DD as first in the converting process.
// Returns 0 for correct work, otherwise 1.
//  ─────────────────────────────────────────────
int
DD_to_TC__PIs( test_circ* circuit );


//  ─────────────────────────────────────────────
// Creates PO's in TC for all roots in the given DD.
// To use only once for each DD as forth in the converting process.
// Returns 0 for correct work, otherwise 1.
// ...........................................
// Conditions: matrix is the terminal matrix
// Conditions for DD_to_TC_easy: second. matrices are created
// DD_to_TC_easy_secondary(circuit)
//  ─────────────────────────────────────────────
int
DD_to_TC_QRv_POs( test_circ* circuit,
                dependancy* matrix );


//  ─────────────────────────────────────────────
// function to remove redundancies from a TC
//  ─────────────────────────────────────────────
test_circ*
TC_Clean( test_circ* dirty_circ,
        char* tc_to_tc_library );


//  ─────────────────────────────────────────────
// function used by TC_clean, copies inputsignals and corresponding
// cells for the specified cell rekursively from dirty_circ to circuit
// ...........................................
// Condition: This function works only for TCs which cells have one
// output, no unspecified pin and no box_types.
//  ─────────────────────────────────────────────
void
TC_Clean_create_inputs_for( cell_id cell,
                test_circ* dirty_circ,
                bool_array* sig_exists,
                test_circ* circuit );


//  ─────────────────────────────────────────────
// Corrects errors in UTL placement
//  ─────────────────────────────────────────────
void
OKFDD_Correct_Node_Placement( );


//  ─────────────────────────────────────────────
// Returns pointer to unique table node (Label,High_son,Low_son)
// If this node is not existent it will be created.
// ...........................................
// CAUTION: This function destroyes the normalized structure of this
```

```
// package. It creats, if recomended, nodes with coplement -
// marks on the Low Son pointer.
// Do not use it if you want do do some more
// analysing with the affected OKFDD_to_TC !
// ─────────────────────────────────────────────
utnode* /*Pure pointer*/
FOAUT_no_norm( usint Label,
          utnode* High_son, /*Raw pointer*/
          utnode* Low_son /*Raw pointer*/ );


// ─────────────────────────────────────────────
// Returns a pointer on a node with a complemented functionality.
// If this node is non existent it will be created with complemented
// pointers on the same sons.
// The links will have the same addressvalue !
// . . . . . . . . . . . . . . . . . . . . . . . . . . . . . . . .
// CAUTION: This function uses OKFDD_FOAUT_no_norm and in that way it
// destroyes the normalized structure of this
// package. Do not use it if you want do do some more PUMA-
// analysing with the affected OKFDD_to_TC !
// ─────────────────────────────────────────────
utnode* /*Pure pointer*/
OKFDD_neg_node( utnode* node /*Pure pointer*/ );


// ─────────────────────────────────────────────
// Returns a pointer on a node which has the same functionality and
// is inserted in level 'level_no'.
// Condition for the paramerters: level_no(node) > level_no!
// . . . . . . . . . . . . . . . . . . . . . . . . . . . . . . . .
// CAUTION: This function uses OKFDD_FOAUT_no_norm and in that way it
// destroyes the normalized structure of this
// package. Do not use it if you want do do some more PUMA-
// analysing with the affected OKFDD_to_TC !
// ─────────────────────────────────────────────
utnode* /*Pure pointer*/
Quasi_reduce_slave( utnode* node , /*Pure pointer*/
          usint level_no,
          usint level_of_node );


// ─────────────────────────────────────────────
// Slave of SAT_all_no_norm
// ─────────────────────────────────────────────
void
kwk_no_norm( utnode* Root );


// ─────────────────────────────────────────────
// Funktion zum Fuellen eines 2-dim. Feldes der Groesse #OKFDD-Level^2
// auf der Basis des Logarithmus Dualis mit bester BMM - Folge
// others (1): fill logarithmical with "Freilosalgorithmus"
// (2): fill logarithmical with "Randomfreilos"
// (11): fill < linear with "Freilosalgorithmus"
// (12): fill < linear with "Randomfreilos"
// ─────────────────────────────────────────────
void Fill_LD_Freilos( int kostenmass = 1 );


// ─────────────────────────────────────────────
// Berechnung von m und s
// ─────────────────────────────────────────────
void Freilos_calculate_m_and_s( strange_ulint_matrix* field_m,
          usint* aprox_level_width,
          strange_ulint_matrix* field_s,
          strange_ulint_matrix* field_kl,
          strange_ulint_matrix* field_kh );
void Freilos_random_m_and_s( strange_ulint_matrix* field_s,
          strange_ulint_matrix* field_kl,
          strange_ulint_matrix* field_kh );


// ─────────────────────────────────────────────
// Berechnung des Bereiches von k
// ─────────────────────────────────────────────
void Freilos_calculate_range_for_k(strange_ulint_matrix* high_range,
```

```
                          strange_ulint_matrix* low_range,
                          int depth = 1 );

        // ─────────────────────────────────────────────
        // Berechnung der Klammerung aus s und uebertrage in good_edges
        // ─────────────────────────────────────────────
        void Freilos_Klammerung_fuer( usint from_level,
                          usint to_level,
                          strange_ulint_matrix* high_range );

        // ─────────────────────────────────────────────
        // die Kosten fuer Gattersifting
        // ─────────────────────────────────────────────
        void gesamtkosten_FL( usint von,
                          usint bis,
                          int kostenmass = 1 );

        // ─────────────────────────────────────────────
        // Die BMM - Kosten (abhaengig von der Implementierung der BMM)
        // ─────────────────────────────────────────────
        usint BMM_cost( usint from_level,
                          usint over_level,
                          usint to_level,
                          usint* aprox_level_width );
};

// ==================================================================
// meet all nodes level by level, first top level
// (levelweise alle Knoten besuchen (quer Traversierung))
// ==================================================================
#define Q_Traverse(                                    \
        // erstes Argument:                            \
        // Der Name der Instanz von der Klasse OKFDD_to_TC, auf die diese \
        // Traversierung Anwendung findet mit Zeigerverweis.   \
        // Bsp: muster->                               \
        DD_MAN                                         \
                                                       \
        // zweites Argument:                           \
        // Funktionen, die fuer jeden Level nach Free_Fct_Cache und vor \
        // der Schleife ueber die Knoten im Level ausgefuehrt werden.  \
        level_FUNCTION                                 \
                                                       \
        // drittes Argument:                           \
        // Funktionen, die fuer jeden Knoten ausgefuehrt werden.  \
        FUNCTION                                       \
) {                                                    \
        usint level_no;                                \
        usint var_label;                               \
        ulint anker;                                   \
        utnode* father;                                \
                                                       \
        // Eine Schleife ueber die Ebenen des DD von 0 bis n-1:  \
        for (level_no = 0; level_no < DD_MAN OKFDD_P_I; level_no++) {  \
                                                       \
                // Knoten, die durch OKFDD_Free_Node freigegeben wurden, stehen noch \
                // mit ihrer ID Nummer in der UTL. Dadurch, dass OKFDD_Free_Function- \
                // Cache diesen Knoten unter anderem ID 999 zuweist, sind diese danach \
                // als geloescht zu erkennen.          \
                DD_MAN OKFDD_Free_Fct_Cache();         \
                var_label = DD_MAN OKFDD_PI_Order_Table[level_no];  \
                                                       \
                level_FUNCTION;                        \
                                                       \
                // Eine Schleife ueber die Ankerplaetze in der Ebene:  \
                for (anker=0;anker < DD_MAN OKFDD_UTL_Size(var_label);anker++) {  \
                        father = DD_MAN OKFDD_UT_Get_Anker(var_label, anker);  \
                                                       \
                        // Eine Schleife ueber die Knoten einer Ueberlaeuferkette:  \
                        while (father) {               \
                                if (DD_MAN OKFDD_ID(father) != 999) {  \
```

```
                        FUNCTION;

                    }
                    father = DD_MAN OKFDD_UT_Get_Chain((utnode*)(int(father) & -2));
                }
            }
        }
    }

// ================================================================
// returns the lenth of a string                          ,
// ================================================================
int size( const char* String );

// ================================================================
// copies a string to a string without blanks at the end of the string
// condition: string a is initialized and terminated by '\0'
// ================================================================
int str_cpow( char* string_a,
              char* string_b );

// ================================================================
// copies a string to another and inserts an alpha-string at the beginning of
// the destination string
// ================================================================
int str_cpalpha( char* string_a,
                 char* string_b,
                 usint groesse );

// ================================================================
// compares two strings (sonder_modus != 0: string_a's' == string_b)
// ================================================================
int str_eq( char* string_a,
            char* string_b,
            int sonder_modus = 0 );

// ================================================================
// a field Feld of size Feld_Groesse will be sorted
// ================================================================
void sort( long int* Feld,
           usint Feld_Groesse );

// ================================================================
// read an integervalue from stdin, cout ask_for
// ================================================================
int cin_int( char* ask_for,
             int default_value,
             int yes_no = 0 );
```

# A.5  step.c

```
#include "step.h"

// ================================================================
// aus PUMA
// ================================================================
extern utnode* Pure_hi;
extern utnode* Pure_lo;
extern utnode* uthelp;
extern utnode* utlast;

// ================================================================
// globale Konstanten und Variablen fuer die Signal und Zellnamen
// ================================================================
```

```
ulint sig_count;
usint and_count;
usint inv_count;
usint xor_count;
usint or_count;
ulint pro_count;
char pro_name[signal_name_length];


// =========================================================
// BLIF Zell Namen, die nicht mit einem Buchstaben beginnen verstossen gegen
// die Namenskonvention von Test_Circ. Sie werden am Anfang ergaenzt mit:
// =========================================================
const char* toalpha = "toalpha";


// =========================================================
// String kopieren ohne Leerzeichen am Ende
// kopiert so gut es geht, ist a zu kurz, so wird noch 0 zurueckgegeben
// Bedingung: String a muss initialisiert und \0 - terminiert sein
// =========================================================
int str_cpow(char* a, char* b) {
    usint size = 0;
    usint i = 0;
    while (b[i]) {
        if (b[i] != ' ') size = i;
        i++;
    }
    for (i = 0; i <= size; i++) {
        if (!(a[i])) return 0;
        a[i] = b[i];
    }
    a[i] = '\0';
    return 1;
}


// =========================================================
// String ohne Leerzeichen am Ende kopieren und am Anfang auf alpha - Zeichen
// ueberpruefen und evtl. ergaenzen
// =========================================================
int str_cpalpha(char* a, char* b, usint groesse) {
    usint size = 0;
    usint i;
    for (i = 0; i < groesse; i++) if (b[i] != ' ') size = i;
    for (i = 0; i <= size; i++) a[i] = b[i];
    a[i] = '\0';
    if (!isalpha(a[0]))) {
        char c[groesse];
        sprintf(c, "%s%s", toalpha, a);
        sprintf(a, "%s", c);
    }
    return 1;
}


// =========================================================
// String vergleichen
// gibt 1 zurueck bei Gleichheit, 0 sonst
// sonder_modus == 1 bedeutet: ~~~~~~ == ~~~~~~s
// sonder_modus == 2 bedeutet: P~~~~~~ == N~~~~~~ || N~~~~~~ == P~~~~~~
// =========================================================
int str_eq(char* a, char* b, int sonder_modus) {
    if ((a == NULL) && (b == NULL) && (!(sonder_modus))) return 1;
    if ((a == NULL) || (b == NULL)) return 0;
    ulint counter = 0;
    if (sonder_modus == 2) {

        // stimmt der Anfang ?
        if (((a[0] != 'N') || (b[0] != 'P')) &&
        ((a[0] != 'P') || (b[0] != 'N'))) return 0;
        counter = 1;
    }
    while (a[counter] && b[counter]) {
```

```
        // stimmts zwischen Anfang und Ende ?
        if (a[counter] != b[counter]) {
            return 0;
        }
        counter++;

    }

    // stimmt das Ende ?
    if ((sonder_modus != 1) && (! a[counter]) && (! b[counter])) {
        return 1;
    }
    if ((sonder_modus == 1) && (! a[counter]) && (b[counter] == 's') &&
                              (! b[counter + 1])) {
        return 1;
    }
    return 0;
}


// ========================================================
// fuer Kontrollausgaben, gibt den Inhalt einer Matrix aus
// ========================================================
void dependancy::cout_matrix() {
    ulint line;
    ulint col;
    cout << "Matrix " << from_level << ":" << to_level << endl;
    for (line = 0; line < from_node_count; line++) {
        for (col = 0; col < to_node_count; col++) {
            cout.width(7);
            cout << read_elmt(line,col);
        }
        cout << endl;
    }
    cout << endl;
}


// ========================================================
// Zaehlt die erfuellenden Belegungen aller Wurzeln eines OKFDD
// --------------------------------------------------------
// Variablen: OKFDD_P_O PUMA.H
// Funktionen: OKFDD_SAT_all_no_norm STEP.H
// OKFDD_PO_Root_Table PUMA.H
// OKFDD_PO_Table PUMA.H
// Makros: m_and PUMA.H
// m_sel PUMA.C
// ========================================================
void Check_DD_for_SAT(OKFDD_to_TC* DD) {
    int shortmode = m_sel(DD);
    DD = (OKFDD_to_TC*)((ulint)DD & -2);
    if (DD->OKFDD_to_TC_Outputflags & 8) {
        cout << "Funktion Check_DD_for_SAT ..." << endl;
    }
    usint root_no;
    utnode* root;
    for (root_no = 0; root_no < DD->OKFDD_P_O; root_no++) {
        root = DD->OKFDD_PO_Root_Table(DD->OKFDD_PO_Table(root_no));
        if (shortmode) {
            DD->OKFDD_SAT_all_no_norm(NULL,root_no);
        } else {
            DD->OKFDD_SAT_all_no_norm(root,3);
        }
    }
}


// ========================================================
// Construktor der Klasse OKFDD_to_TC
// --------------------------------------------------------
// Makros: cout_Vers_Nr STEP.H
// uchar PUMA.H
// usint PUMA.H
// ulint PUMA.H
```

```
// Funktionen: dd_man PUMA.H
// OKFDD_Init PUMA.H
// ===========================================================
OKFDD_to_TC::OKFDD_to_TC(uchar ut_hashsize_init,
                ulint ct_hashsize_init,
                ulint rc_cachesize_init,
                uchar ct_searchlen_init,
                usint pi_limit_init,
                ulint ML_nodes_init,
                ulint ML_MB_init) : dd_man(ut_hashsize_init,
                                ct_hashsize_init,
                                rc_cachesize_init,
                                ct_searchlen_init,
                                pi_limit_init,
                                ML_nodes_init,
                                ML_MB_init) {

        // folgende drei Zeilen sorgen dafuer, das die Ausgaben der OKFDD_Init
        // Funktion erscheinen (Versionsnummer von PUMA).
        dd_man* dummy = OKFDD_Init();
        dummy->OKFDD_Outputflags = 0;
        dummy->OKFDD_Quit();

        // !!!!!!!!!!!!!!!!!!!!!!!!!!!!!!!!!!!!!!!!!!!!!!!!!!!!!!
        // !! !!
        // !! Folgendes setzt voraus, das in OKFDD_Init ausser !!
        // !! Standartausgaben nichts weiter geaendert werden !!
        // !! wird, denn diese Aenderungen wuerden sich auf !!
        // !! STEP nicht uebertragen. !!
        // !! !!
        // !!!!!!!!!!!!!!!!!!!!!!!!!!!!!!!!!!!!!!!!!!!!!!!!!!!!!!

        // Initialisierung des Elementes nicht durch die von Puma
        // vorgesehene Funktion OKFDD_Init, sondern durch dd_man
        this->dd_man::dd_man(ut_hashsize_init,
                        ct_hashsize_init,
                        rc_cachesize_init,
                        ct_searchlen_init,
                        pi_limit_init,
                        ML_nodes_init,
                        ML_MB_init);

        // Anstelle obiger Initialisierung wollten wir diese waehlen, sie
        // wird aber nicht von allen C++ Compilern unterstuetzt:
        // this = (OKFDD_to_TC*)OKFDD_Init(ut_hashsize_init,
        // ct_hashsize_init,
        // rc_cachesize_init,
        // ct_searchlen_init,
        // pi_limit_init,
        // ML_nodes_init,
        // ML_MB_init);
        zero_chain = NULL;
        one_chain = NULL;
        sig_count = 0;
        pro_count = 0;
        costs_for_sift = 0;
        best_costs_for_sift = 8000000;

        // Standartwerte fuer OR/XOR Gate FanIn
        max_OR_width = 2;
        max_XOR_width = 2;

        // Standartwert: Fuer reine BDDs werden keine XORs sondern ORs benutzt
        // ebenso sind bei streng linerarer BMM Folge ORs OK
        use_ORs = 1;

        // Standartwert: keine streng lineare Synthese
        linear = 0;

        // Standardwert: Ein- Wertlogik mit Sigma Ausgang
        logic_type = 1;
```

```
    // Standartwert: PI/PO Namensvorgaben werden ignoriert
    get_PIPO_Names_from_BLIF = 0;                :

    // Standartwert: nicht benoetigte Eingaenge werden nicht erzeugt
    create_useless_inputs = 0;

    // Standartwert: Projektionen werden erzeugt
    PROMode = 1;

    // Standartwert: bad edges duerfen sein
    quasireduced = 0;

    // Standartwert: Complementmarken duerfen sein
    complements = 1;

    // Standartwert: keinerlei Ausgaben
    OKFDD_to_TC_Outputflags = 0;

    // Fuer die spaetere Umwandlung
    depend_queue_tail = NULL;
    depend_queue_head = NULL;
    depend_queue_new_dist = NULL;
    QR_level = NULL;
    good_edges = NULL;
    level_of_label = NULL;

    // Statusmeldung
    cout_Vers_Nr;
}

// =============================================================
// Destruktor der Klasse OKFDD_to_TC
// -------------------------------------------------------------
// Variablen: (utnode*)lo_p PUMA.H
// zero_chain STEP.H
// one_chain STEP.H
// Funktionen: OKFDD_Quit PUMA.H
// Makros: Q_Traverse STEP.H
// m_and PUMA.H
// =============================================================
void OKFDD_to_TC::OKFDD_to_TC_Quit() {
    dependancy* help = depend_queue_tail;
    while (help) {
        depend_queue_tail = depend_queue_tail->next_mat;
        delete help;
        help = depend_queue_tail;
    }
    depend_queue_head = NULL;
    depend_queue_new_dist = NULL;
    if (QR_level != NULL) delete QR_level;
    if (good_edges != NULL) delete good_edges;

    // Loesche die zero_chain und die one_chain
    Quasi_reduce_slave(NULL, 0, 0);

    // Entfernen aller Marken auf low- Nachfolgern, damit OKFDD_Quit
    // aufgerufen werden kann.
    Q_Traverse(,, father->lo_p = m_and(father->lo_p));
    OKFDD_Quit();
}

// =============================================================
// Funktion zur Fehlerauswertung
// =============================================================
void report_error(int error_code) {
    if (error_code == 0) {
        cout << "Funktion wurde korrekt beendet \n";
    } else {
        cout << "Fehler: ";
        switch (error_code) {
```

```
        case 0: cout << "Funktion wurde korrekt beendet \n";
            break;
        case 1: cout << "Fehler aufgetreten \n";
            break;
        case 3: cout << "Unbekannter Op_Code bei Synthese \n";
            break;
        case 5: cout << "Wenigstens ein Operand war NULL \n";
            break;
        case 7: cout << "Variablenname zu lang \n"; break;
        case 9: cout << "BLIF-Zeile zu lang \n"; break;
        case 11: cout << "Knoten ist nicht in korrekter Kette"
            << endl; break;
        case 13: cout << "Hashposition in Unique Table ist leer"
            << endl; break;
        case 15: cout << "Primary existiert bereits \n"; break;
        case 17: cout << "Kein weiterer Primary mehr zulaessig"
            << endl; break;
        case 19: cout << "Evaluation Fehler \n"; break;
        case 21: cout << "PO mit gegebenem Namen gibt es nicht"
            << endl; break;
        case 23: cout << "Order-File nicht korrekt zu "
            << "interpretieren \n"; break;
        case 25: cout << "Levelordnung durch Mehrfachauftreten "
            << "in Ordnungsfile falsch \n"; break;
        case 27: cout << "BenchmarkFile nicht zu interpretieren"
            << endl; break;
        case 29: cout << "Speicherlimit erreicht \n"; break;
        case 31: cout << "Angegebener Primary existiert nicht"
            << endl; break;
        case 33: cout << "Order-File nicht zu erstellen \n";
            break;
        default: ;
    }
  }
}

// ===========================================================
// Funktion zur Ausgabe der Anzahl der Zerlegungstypen je Level, des Feldes
// QR_level zur Identifkation der veraenderten Level, der Knotenanzahl pro
// Level und der Gesamtknotenzahl im DD.
// -----------------------------------------------------------
// Variablen: OKFDD_P_I PUMA.H
// OKFDD_PI_DTL_Table PUMA.H
// Funktionen: OKFDD_PI_Order_Table PUMA.H
// Makros: Q_Traverse STEP.H
// ===========================================================
void statistik(OKFDD_to_TC* muster) {
    if (muster->OKFDD_to_TC_Outputflags & 8) {
        cout << "Funktion statistik ..." << endl;
    }
    ulint nodes_per_level[muster->OKFDD_P_I];
    ulint nodes_all = 0;
    Q_Traverse (muster->
    '
        nodes_per_level[level_no] = 0;
    '
        nodes_per_level[level_no]++;
        nodes_all++;
    )
    cout.width(8);
    cout << "Z_Type";
    cout.width(8);
    cout << "#Nodes";
    cout << '\n';
    ulint level_no;
    for (level_no = 0; level_no < muster->OKFDD_P_I; level_no++) {
        cout.width(8);
        cout << (int)muster->OKFDD_PI_DTL_Table[
                    muster->OKFDD_PI_Order_Table[level_no]];
        cout.width(8);
        cout << nodes_per_level[level_no];
```

```
            cout << '\n';
        }
        cout << "#nodes_all " << nodes_all << '\n' << endl;
}


// ================================================================
// Funktion zum Auslesen der Wurzelzeiger und ihrer Informationen.
// ----------------------------------------------------------------
// Variablen: OKFDD_P_O PUMA.H
// Funktionen: OKFDD_PO_Table PUMA.H
// OKFDD_PO_Root_Table PUMA.H
// OKFDD_ID PUMA.H
// ================================================================
void root_info(OKFDD_to_TC* muster) {
        usint root_no;
        ulint root_label;
        ulint node_label;
        utnode* root;
        for (root_no = 0; root_no < muster->OKFDD_P_O; root_no++) {
                root_label = muster->OKFDD_PO_Table(root_no);
                root = muster->OKFDD_PO_Root_Table(root_label);
                node_label = muster->OKFDD_Label(m_and(root));
                cout << "Root <";
// cout.width(9);
// cout.fill(' ');
// cout << muster->toprime[root_label]->name << '-';
                cout.width(4);
                cout.fill('0');
                cout << root_label << " R > [";
                cout.width(9);
                cout.fill('.');
                cout << muster->OKFDD_ID(m_and(root)) << '-';
                cout.width(4);
                cout.fill('0');
                cout << node_label << ' ';
                if (m_and(root) == muster->OKFDD_ONE) {
                        cout << 'T';
                } else if (muster->OKFDD_PI_DTL_Table[node_label] == D_Shan) {
                        cout << 'S';
                } else if (muster->OKFDD_PI_DTL_Table[node_label] == D_posD) {
                        cout << 'P';
                } else {
                        cout << 'N';
                }
                if (int(root) & 1) {
                        cout << " *]" << endl;
                } else {
                        cout << " ]" << endl;
                }
        }
        cout.fill(' ');
}


// ================================================================
// Funktion zum Durchnummerieren aller DD Knoten im assessoryfield.
// In jeder DD Ebene werden die Knoten von 0 aufsteigend nummeriert.
// ----------------------------------------------------------------
// Variable: (utnode*)link PUMA.H
// Makros: Q_Traverse STEP.H
// ================================================================
void OKFDD_to_TC::Node_Numbering() {

        // Diese Schleife laeuft ueber die DD Ebenen, wie sie aktuell sind.
        ulint node_no_in_level;
        Q_Traverse(,
                node_no_in_level = 0;
                if (OKFDD_to_TC_Outputflags & 2) cout
                        << "Level Nr.: " << level_no << endl;


                /* fuelle assessory von father mit Knotennummer */
```

```
        father->link = new ulint;
        *(int*)(father->link) = node_no_in_level++;
        if (OKFDD_to_TC_Outputflags & 2) cout
            << "Knoten_idnum: " << father->idnum
            << " Nr.: " << *(int*)(father->link) <<:endl;
    }
    if (OKFDD_to_TC_Outputflags & 2) cout << endl;
}


// ==========================================================
// Funktion zum Freigeben des von Node_Numbering belegten Speichers
// ----------------------------------------------------------
// Variable: (utnode*)link PUMA.H
// Makros: Q_Traverse STEP.H
// ==========================================================
void OKFDD_to_TC::Clean_Node_Numbers() {
// if (OKFDD_to_TC_Outputflags & 8) {
// cout << "Funktion Clean_Node_Numbers ..." << endl;
// }
    Q_Traverse(,,
        if (father->link) {
            delete (int*)(father->link);
            father->link = NULL;
        }
    )
}


// ==========================================================
// Function: OKFDD_to_TC::OKFDD_UTL_Size
// ----------------------------------------------------------
// Variablen: ut_size PUMA.H
// ut_hashsize PUMA.H
// ==========================================================
ulint OKFDD_to_TC::OKFDD_UTL_Size(usint var_label) {
    return ut_sizes[ut_hashsize[var_label]];
}


// ==========================================================
// Function: OKFDD_to_TC::OKFDD_UT_Get_Anker
// ----------------------------------------------------------
// Variablen: ut PUMA.H
// ==========================================================
utnode* OKFDD_to_TC::OKFDD_UT_Get_Anker(usint var_label, usint utl_pos) {
    return ut[var_label][utl_pos];
}


// ==========================================================
// Function: OKFDD_to_TC::OKFDD_UT_Get_Chain
// ----------------------------------------------------------
// Variablen: (utnode*)next PUMA.H
// ==========================================================
utnode* OKFDD_to_TC::OKFDD_UT_Get_Chain(utnode* chain_elmt) {
    return chain_elmt->next;
}


// ==========================================================
// Function: OKFDD_to_TC::OKFDD_UT_Get_Ref
// ----------------------------------------------------------
// Variablen: (utnode*)ref_c PUMA.H
// ==========================================================
usint OKFDD_to_TC::OKFDD_UT_Get_Ref(utnode* son_node) {
    return son_node->ref_c - 1;
}


// ==========================================================
// Function: OKFDD_to_TC::OKFDD_No_Complements
// ----------------------------------------------------------
// Variablen: OKFDD_P_O PUMA.H
// toprime PUMA.H
// (utnode*)lo_p PUMA.H
// (utnode*)hi_p PUMA.H
```

```
// complements STEP.H
// Funktionen: OKFDD_PO_Table PUMA.H
// OKFDD_neg_node STEP.H
// OKFDD_PO_Root_Table PUMA.H                          :
// OKFDD_Correct_Node_Placement STEP.H
// Makros: m_sel PUMA.C
// m_and PUMA.H
// Q_Traverse STEP.H
// ========================================================
void OKFDD_to_TC::OKFDD_No_Complements() {
    if (OKFDD_to_TC_Outputflags & 8) {
        cout << "Funktion No_Complements ..." << endl;
    }
    complements = 0;

    // Folgender Block entfernt die Complemente der Wurzelzeiger
    // ----------------------------------------------------------
    usint root_no;
    utnode* root;

    // Eine Schleife ueber die Wurzeln
    for (root_no = 0; root_no < OKFDD_P_O; root_no++) {
        root = OKFDD_PO_Root_Table(OKFDD_PO_Table(root_no));
        if (m_sel(root)) {

            // Wurzelzeiger ist markiert
            toprime[OKFDD_PO_Table(root_no)]->root =
                    OKFDD_neg_node(m_and(root));
        }
    }

    // Folgender Block entfernt die Complemente der inneren Knoten
    // levelweise in absteigender Levelfolge.
    // ----------------------------------------------------------
    Q_Traverse(,,
        if (m_sel(father->lo_p)) {

            /* Low-Sohnzeiger ist markiert */
            father->lo_p = OKFDD_neg_node(m_and(father->lo_p));
        }
        if (m_sel(father->hi_p)) {

            /* High-Sohnzeiger ist markiert */
            father->hi_p = OKFDD_neg_node(m_and(father->hi_p));
        }
    )

    // Bringe nun die UTNodes an die korrekten Hashpositionen
    OKFDD_Correct_Node_Placement();
}

// ========================================================
// Function: OKFDD_to_TC::OKFDD_Correct_Node_Placement
// ----------------------------------------------------------
// Variablen: OKFDD_P_I PUMA.H
// OKFDD_PI_Order_Table PUMA.H
// ut PUMA.H
// (utnode*)idnum PUMA.H
// (utnode*)next PUMA.H
// Funktionen: OKFDD_Free_Fct_Cache PUMA.H
// OKFDD_UTL_Size PUMA.H
// OKFDD_Get_Chain STEP.H
// Makros: hashnr STEP.H
// m_and PUMA.H
// ========================================================
void OKFDD_to_TC::OKFDD_Correct_Node_Placement( ) {
    long int level_no;
    usint var_label;
    ulint anker;
    utnode* father;
    utnode* help_utn_pointer;
```

```
// Eine Schleife ueber die Ebenen des DD von n-1 bis 0:
for (level_no = OKFDD_P_I - 1; level_no > -1; level_no--) {

        // Aufruf von Free_Function_Cache damit die freigegebenen
        // Knoten als DUMMY (ldnum = 999) markiert werden.
        // Es genuegt dies fuer jeden level zu Beginn zu machen,da
        // hier nur die Knoten des nachfolgnden Levels freigegeben
        // werden.
        OKFDD_Free_Fct_Cache();
        var_label = OKFDD_PI_Order_Table[level_no];

        // Eine Schleife ueber die Ankerplaetze in der Ebene:
        for (anker = 0; anker < OKFDD_UTL_Size(var_label); anker++) {

                // muss der erste Knoten der Kette korrigiert werden?
                while ( (ut[var_label][anker] != NULL) &&
                    (anker != hashnr(ut[var_label][anker])) ) {

                        // hole den Knoten aus der falschen Kette:
                        help_utn_pointer = ut[var_label][anker];
                        ut[var_label][anker] =
                                (ut[var_label][anker])->next;

                        // fuege ihn ein in die richtige Kette:
                        help_utn_pointer->next =
                                ut[var_label][hashnr(help_utn_pointer)];
                        ut[var_label][hashnr(help_utn_pointer)] =
                                help_utn_pointer;
                }

                // der erste Knoten (father) ist jetzt NULL oder korrekt
                // ueberpruefe nun die weiteren Knoten:
                father = ut[var_label][anker];
                while (father && father->next) {
                        if (anker != hashnr(father->next)) {

                                // father->next muss korrigiert werden
                                // zuerst raus aus der falschen Kette
                                help_utn_pointer = father->next;
                                father->next = father->next->next;

                                // und rein in die richtige Kette
                                help_utn_pointer->next = ut[var_label]
                                        [hashnr(help_utn_pointer)];
                                ut[var_label][hashnr(help_utn_pointer)]
                                        = help_utn_pointer;
                        } else {

                                // und weiter in der Ueberlaueferkette:
                                father = father->next;
                        }
                }
        }
}
while (OKFDD_No_Dead_UTNodes()) OKFDD_Profile_all(FALSE);
}

// ==========================================================
// Function: dd_man::FOUT_no_norm
// returns pointer to utnode with (v,high,low)
// ----------------------------------------------------------
// Variablen: flag PUMA.H
// Pure_hi PUMA.C
// Pure_lo PUMA.C
// (utnode*)idnum PUMA.H
// (utnode*)next PUMA.H
// (utnode*)lo_p PUMA.H
// (utnode*)hi_p PUMA.H
// ut_sizes PUMA.H
// ut_hashsize PUMA.H
```

```
// ut PUMA.H
// uthelp PUMA.H
// utlast PUMA.H
// OKFDD_No_UTNodes PUMA.H
// OKFDD_No_CTNodes PUMA.H
// ML_Nodes PUMA.H
// ML_MB PUMA.H
// Overhead PUMA.H
// Overflow PUMA.H
// OKFDD_Error PUMA.H
// Err_Overflow PUMA.H
// OKFDD_ONE PUMA.H
// Size_of_utnodes PUMA.H
// OKFDD_No_UTNodes_Per_Lvl PUMA.H
// OKFDD_Explodefactor PUMA.H
// Funktionen: OKFDD_Resize_ut PUMA.H
// Makros: m_and PUMA.H
// m_xor PUMA.C
// up PUMA.C
// gnuz PUMA.C
// ===================================================
utnode* OKFDD_to_TC::FOAUT_no_norm(usint v, utnode* hi, utnode* lo) {
    usint K0;

    // Explosion / Implosion needed for unique table ?
    if (OKFDD_No_UTNodes_Per_Lvl[v] * 10 >
    ut_sizes[ut_hashsize[v]] * OKFDD_Explodefactor) {

        // Enlarge hashtable ?
        if (ut_hashsize[v] < ut_max) {
            K0 = ut_hashsize[v]+1;
            OKFDD_Resize_ut(v);
        }
    } else {
        if (OKFDD_No_UTNodes_Per_Lvl[v] * 10 <
            ut_sizes[ut_hashsize[v]] * OKFDD_Implodefactor){

            // Reduce size of hashtable ?
            if (ut_hashsize[v] > 0) {
                K0 = ut_hashsize[v]-1;
                OKFDD_Resize_ut(v);
            }
        }
    }

    // Normalization -> Switch complement marks if needed
    if (complements && m_sel(lo)) {
        flag = 1;
        lo = m_xor(lo, 1);
        if (OKFDD_PI_DTL_Table[v] == D_Shan) {
            hi = m_xor(hi,1);
        }
    } else {
        flag = 0;
    }

    // Extract pure pointer
    Pure_hi = m_and(hi);
    Pure_lo = m_and(lo);

    // Calculate hashposition in table
    hashnr = (Pure_hi->idnum + Pure_lo->idnum) % ut_sizes[ut_hashsize[v]];

    // Check if chain already exists
    // No -> create first node
    // Yes -> inspect chain and add new node if needed
    if (ut[v][hashnr] != NULL) {
        uthelp = ut[v][hashnr];
        do {
            // check for desired values
            // match -> return node
```

```
            // no match -> inspect next chain element
            if (((m_and(uthelp->hi_p))->idnum == Pure_hi->idnum) &&
                ((m_and(uthelp->lo_p))->idnum == Pure_lo->idnum) &&
                (uthelp->hi_p == hi ) &&
                (uthelp->lo_p == lo )) {
                    return m_xor(uthelp,flag);
            }
            utlast = uthelp;
        } while((uthelp = utlast->next) != NULL);

        // Increase references of sons and create node
        up(Pure_hi);
        up(Pure_lo);
        gnuz(utlast->next,v,hi,lo,counter++,1);

        // Check memory limits every tenth allocation due to performance
        if (memory_loop++ % 10 == 0) {
            if ((OKFDD_No_UTNodes >= ML_nodes) ||
                (OKFDD_No_UTNodes * Size_of_utnodes +
                OKFDD_No_CTNodes * Size_of_utnodes +
                Overhead >= ML_MB * 1000000)) {
                    if (Overflow == FALSE) {
                        cout(2) << "\nFOAUT: WARNING ! All "
                                << "following results may be "
                                << "incorrect due to "
                                << "MEMORY_LIMIT_OVERFLOW ..\n";
                    }
                    Overflow = TRUE;
                    OKFDD_Error = Err_Overflow;
                    return OKFDD_ONE;
            }
        }
        return m_xor(utlast->next,flag);
    } else {
        up(Pure_hi);
        up(Pure_lo);
        gnuz(ut[v][hashnr],v,hi,lo,counter++,1);

        // Check memory limits every tenth allocation due to performance
        if (memory_loop++ % 10 == 0) {
            if ((OKFDD_No_UTNodes >= ML_nodes) ||
                (OKFDD_No_UTNodes * Size_of_utnodes +
                OKFDD_No_CTNodes * Size_of_utnodes +
                Overhead >= ML_MB * 1000000)) {
                    if (Overflow == FALSE) {
                        cout(2) << "\nFOAUT: WARNING ! All "
                                << "following results may be "
                                << "incorrect due to "
                                << "MEMORY_LIMIT_OVERFLOW ..\n";
                    }
                    Overflow = TRUE;
                    OKFDD_Error = Err_Overflow;
                    return OKFDD_ONE;
            }
        }
        return m_xor(ut[v][hashnr], flag);
    }
}


// ========================================================
// Function: OKFDD_to_TC::OKFDD_neg_node
// --------------------------------------------------------
// Variablen: OKFDD_ONE PUMA.H
// OKFDD_ZERO PUMA.H
// (utnode*)lo_p PUMA.H
// (utnode*)hi_p PUMA.H
// (utnode*)ref_c PUMA.H
// (utnode*)link PUMA.H
// OKFDD_PI_DTL_Table PUMA.H
// Funktionen: OKFDD_Label PUMA.H
// FOAUT_no_norm STEP.H
```

```
// OKFDD_Free_Node PUMA.H
// Makros: m_xor PUMA.C
// m_and PUMA.H
// ==========================================================
utnode* OKFDD_to_TC::OKFDD_neg_node(utnode* node) {
    if (node == OKFDD_ONE) {
        return OKFDD_ZERO;
    }

    // Die funktionale Negierung eines Knoten erfolgt bei Davio- Zerlegung
    // durch die Invertierung der Marke auf dem Lo- Zeiger, bei Schannon-
    // Zerlegung durch die Invertierung der Marken auf beiden Sohn- Zeigern.
    utnode* help_lo = m_xor(node->lo_p,1);
    utnode* help_hi = node->hi_p;
    if (OKFDD_PI_DTL_Table[OKFDD_Label(node)] == D_Shan) {

        // Shannon (sonst Davio)
        help_hi = m_xor(help_hi,1);
    }

    // Zeiger auf den negierten Knoten
    utnode* help_node = FOAUT_no_norm(OKFDD_Label(node), help_hi, help_lo);
    (m_and(help_node))->ref_c++;
    (m_and(help_node))->link = node->link; // 1 AssessoryFeld fuer 2 Knoten
    if (node->ref_c == 2) {

        // Knoten hat keinen Vater mehr und wird deshalb geloescht
        OKFDD_Free_Node(node);
    } else {

        // Knoten hat nun einen Vater weniger
        node->ref_c--;
    }
    return help_node;
}

// ==========================================================
// Selects levels for quasireduction_light
// ----------------------------------------------------------
// Variablen: OKFDD_PI PUMA.H
// Funktionen: str_eq STEP.H
// set BOOL_ARRAY.H
// reset_all BOOL_ARRAY.H
// ==========================================================
void OKFDD_to_TC::OKFDD_declare_BMM_flow(int method = 0) {
    if (good_edges != NULL) delete good_edges;
    good_edges = new strange_boole_matrix(OKFDD_PI);
    if (OKFDD_to_TC_Outputflags & 8) {
        cout << "Funktion OKFDD_declare_BMM_flow ..." << endl;
    }

    switch (method) {
    case 0: {

        // Die Standartmethode
        good_edges->Fill_LD();
        linear = 0;
        if (OKFDD_to_TC_Outputflags & 64) {
            good_edges->BMM_Folge_cout(0, OKFDD_PI);
            cout << endl;
        }
        break;
    }
    case 1: {

        // Der Freilos Algorithmus, minimale BMM-Kosten
        Fill_LD_Freilos(1);
        linear = 0;
        break;
    }
    case 2: {
```

```
    // Der Freilos Algorithmus, Random
    Fill_LD_Freilos(2);
    linear = 0;
    break;
}
case 11: {

    // Der Freilos Algorithmus, min. BMM−Kosten, lineare Tiefe
    Fill_LD_Freilos(11);
    linear = 0;
    break;
}
case 12: {

    // Der Freilos Algorithmus, Random, lineare Tiefe
    Fill_LD_Freilos(12);
    linear = 0;
    break;
}
case 100: {

    // streng linear
    good_edges->Fill_linear();
    linear = 1;
    if (OKFDD_to_TC_Outputflags & 64) {
        good_edges->BMM_Folge_cout(0, OKFDD_P_I);
        cout << endl;
    }
    break;
}
default: {

    // falscher Parameter fuer "method" uebergeben.
    cout << "\n Funktion OKFDD_Quasi_Reduce mit falschem Parameter "
        << "fuer die Wahl der Eingabe \n aufgerufen.\n Korrekte "
        << "Parameter sind: " << endl;

    // Verlasse OKFDD_Select...
    return;

}
}
}

// ================================================================
// Selects levels for quasireduction
//  ─────────────────────────────────
// Variablen: OKFDD_P_I PUMA.H
// Funktionen: str_eq STEP.H
// set BOOL_ARRAY.H
// reset_all BOOL_ARRAY.H
// ================================================================
void OKFDD_to_TC::OKFDD_Select_Levels_for_Quasi_reduce_full(int get_values ,
                        int every_x_level = 1,
                        char* filename = NULL ) {
    if (QR_level != NULL) delete QR_level;
    QR_level = new bool_array(long(OKFDD_P_I + 1));
    if (OKFDD_to_TC_Outputflags & 8) {
        cout << "Funktion OKFDD_Select_Levels_for_Quasi_reduce_full ..."
        << endl;
    }

    // Hilfsvariable zum Berechnen der level_no
    usint count;
    long int level_no;
    QR_level->reset_all();
    switch (get_values) {
    case 1: {

        // Das DD wird alle "every_x_level" quasireduziert. Ist fuer
        // every_x_level kein Wert spezifiziert, so wird das DD
```

```
        // vollstaendig quasireduziert. Dazu wird das Feld QR_level
        // entsprechen belegt.

        // sollen der erste und der letzte Level quasirduziert werden
        if (str_eq(filename, "first_last") == 1) {
            QR_level->set(0);
            level_no = every_x_level;
        } else {
            level_no = every_x_level -1;
        }

        // Trage die zu quasired. Level in das Feld 'wich_level' ein.
        while (level_no < OKFDD_P_I) {
            QR_level->set(level_no);
            level_no += every_x_level;
        }
        break;
    }
case 2: {

        // Die Werte fuer QR_level werden von Tastatur abgefragt.
        cout << "\n Nachfolgend koennen die Nummern der Level"
            << "eingegeben werden, die quasi- \n reduziert werden "
            << "sollen. Die Eingabe wird beendet, wenn 'x' eingegeben "
            << "wird. \n";
        char ch[1000];
        do {
            cout << " Naechste Levelnummer >= 0 eingeben: ";
            cin >> ch;
            level_no = 0;
            count = 0;

            // Umwandlung eines Strings in eine Zahl
            while ((int(ch[count]) - 48 > -1) &&
            (int(ch[count]) - 48 < 10)) {
                level_no = 10 * level_no + int(ch[count++]) -48;
            }
            if ((level_no >= OKFDD_P_I) || (level_no < 0) ||
            ((level_no == 0) && (ch[0] != '0'))) {
                if (ch[0] != 'x') {
                    cout << "Diesen Level gibt es nicht \n";
                } else {
                    cout << "Eingabe abgeschlossen." <<endl;
                }
            } else {
                if (ch[0] != 'x') {
                    QR_level->set(level_no);
                }
            }
        } while (ch[0] != 'x');
        break;
    }
case 3: {
        // Die Werte fuer das Feld QR_level werden aus einer Datei
        // eingelesen.

        // Datentyp fuer das Eingabefile
        ifstream file;
        file.open(filename, ios::in);

        // Fehlerabfrage: Ist 'filename' existent ?
        if (!file) {

            // Fehlermeldung und Verlassen der Funktion damit neuer
            // Filname eingegben werden kann.
            cout << "\n Mit dem Parameter '3' zur Wahl der "
                << "Eingabe, muss als weiterer Parameter eine \n "
                << "Datei mit angeben werden. Dieser Parameter ist"
                << " falsch oder fehlt. \n";

            // Verlasse OKFDD_Select ...
```

```
                return;
        }

        // lese Zeilenweise ein
        char ch[1001];
        while (!file.eof()) {
                file.getline(ch, 1000);
                level_no = 0;
                count = 0;

                // Umwandlung eines Strings in eine Zahl
                while ((int(ch[count]) - 48 > -1) &&
                (int(ch[count]) - 48 < 10)) {
                        level_no = 10 * level_no + int(ch[count++]) -48;

                }
                if ((level_no >= OKFDD_P_I) || (level_no < 0) ||
                ((level_no == 0) && (ch[0] != '0'))) {
                        if (!file.eof()) {
                                cout << "Falscher Level im File \n";
                        }
                } else {
                        QR_level->set(level_no);
                }
        }
        file.close();
        break;
}
default: {

        // falscher Parameter fuer "get_values" uebergeben.
        cout << "\n Funktion OKFDD_Quasi_Reduce mit falschem Parameter "
        << "fuer die Wahl der Eingabe \n aufgerufen.\n Korrekte "
        << "Parameter sind: 1, 2, 3" << endl;

        // Verlasse OKFDD_Select...
        return;

}
}
}


// =========================================================
// Function: OKFDD_to_TC::OKFDD_Quasi_reduce_partiell
// =========================================================
void OKFDD_to_TC::OKFDD_Quasi_reduce_partiell() {
        if (good_edges == NULL) return;
        if (OKFDD_to_TC_Outputflags & 8) {
                cout << "Funktion OKFDD_Quasi_reduce_partiell ..." << endl;
        }
        Create_level_of_label();
        usint root_no;
        utnode* root;

        // betrachte zunaechst die Wurzeln
        for (root_no = 0; root_no < OKFDD_P_O; root_no++) {
                root = OKFDD_PO_Root_Table(OKFDD_PO_Table(root_no));
                if ((m_and(root) != OKFDD_ONE) &&
                (good_edges->isfalse(level_of(root), OKFDD_P_I))) {

                        // suche die Grenze, also den Level, an dem die
                        // ueberlange Kante aufgebrochen wird
                        usint border = level_of(root);
                        while ((good_edges->isfalse(border, OKFDD_P_I)) &&
                        (border > 0)) {
                                border--;
                        }

                        // Quasireduzierung
                        toprime[OKFDD_PO_Table(root_no)]->root =
                        Quasi_reduce_slave(root, border, level_of(root));
                }
        }
```

```
// bertachte die Knoten nun levelweise
Q_Traverse(,,
    usint level_of_son = OKFDD_P_I;
    if (m_and(father->lo_p) != OKFDD_ONE) {
        level_of_son = level_of(father->lo_p);
    }
    if (good_edges->isfalse(level_no, level_of_son)) {

        /* suche die Grenze, also den Level, an dem die */
        /* ueberlange Kante aufgebrochen wird */
        usint border = level_of_son;
        while ((good_edges->isfalse(level_no, border)) &&
        (border > level_no + 1)) {
            border--;
        }

        /* Quasireduzierung */
        father->lo_p = Quasi_reduce_slave(father->lo_p, border,
                                level_of_son);

    }
    level_of_son = OKFDD_P_I;
    if (m_and(father->hi_p) != OKFDD_ONE) {
        level_of_son = level_of(father->hi_p);
    }
    if (good_edges->isfalse(level_no, level_of_son)) {

        /* suche die Grenze, also den Level, an dem die */
        /* ueberlange Kante aufgebrochen wird */
        usint border = level_of_son;
        while ((good_edges->isfalse(level_no, border)) &&
        (border > level_no + 1)) {
            border--;
        }

        /* Quasireduzierung */
        father->hi_p = Quasi_reduce_slave(father->hi_p, border,
                                level_of_son);

    }
)
delete[] level_of_label;
level_of_label = NULL;

// Bringe nun die UTNodes an die korrekten Hashpositionen
OKFDD_Correct_Node_Placement();
quasireduced = 1;
}

// ======================================================
// Function: OKFDD_to_TC::OKFDD_Quasi_reduce_full
// ------------------------------------------------------
// Variablen: OKFDD_P_I PUMA.H
// OKFDD_No_UTNodes_Per_Lvl PUMA.H
// OKFDD_PI_Order_Table PUMA.H
// OKFDD_PO_Root_Table PUMA.H
// OKFDD_PO_Table PUMA.H
// (utnode*)lo_p PUMA.H
// (utnode*)hi_p PUMA.H
// OKFDD_ONE PUMA.H
// Funktionen: Quasi_reduce_slave STEP.H
// OKFDD_Correct_Node_Placement STEP.H
// isfalse BOOL_ARRAY.H
// Makros: inc STEP.H
// m_and PUMA.H
// Q_Traverse STEP.H
// ======================================================
void OKFDD_to_TC::OKFDD_Quasi_reduce_full() {
    if (QR_level == NULL) return;
    if (OKFDD_to_TC_Outputflags & 8) {
        cout << "Funktion OKFDD_Quasi_reduce_full ..." << endl;
    }
```

```
Create_level_of_label();

// Variable fuer kleinsten zu reduzierenden Level groesser aktuellem
// Level.
int border = 0;

// finde erste Grenze
if (QR_level->isfalse(border)) inc(border);

// enthaelt die Liste nur '0', so kann keine Grenze gefunden werden.
// Die Quasireduzierung wird nicht ausgefuehrt.
if (border < OKFDD_P_I) {
    usint root_no;
    utnode* root;

    // betrachte zunaechst die Wurzeln
    for (root_no = 0; root_no < OKFDD_P_O; root_no++) {
        root = OKFDD_PO_Root_Table(OKFDD_PO_Table(root_no));
        if ((m_and(root) == OKFDD_ONE) ||
        (border < level_of(root) )) {
            usint level_of_root;

            // Quasireduzierung
            if (m_and(root) == OKFDD_ONE) {
                level_of_root = OKFDD_P_I;
            } else {
                level_of_root = level_of(root);
            }
            toprime[OKFDD_PO_Table(root_no)]->root =
            Quasi_reduce_slave(root, border, level_of_root);
        }
    }

    // bertachte die Knoten nun levelweise
    Q_Traverse(,
        if (border <= level_no) {
            /* finde neachste Grenze, gibt es keine mehr:
            verlasse Q_Traverse */
            inc(border);
            if (border >= OKFDD_P_I) break;
        }

        if ((m_and(father->lo_p) == OKFDD_ONE) ||
        (border < level_of(father->lo_p) )) {
            usint level_of_son;

            /* Quasireduzierung */
            if (m_and(father->lo_p) == OKFDD_ONE) {
                level_of_son = OKFDD_P_I;
            } else {
                level_of_son = level_of(father->lo_p);
            }
            father->lo_p = Quasi_reduce_slave(father->lo_p,
                            border, level_of_son);
        }
        if ((m_and(father->hi_p) == OKFDD_ONE) ||
        (border < level_of(father->hi_p) )) {
            usint level_of_son;

            /* Quasireduzierung */
            if (m_and(father->hi_p) == OKFDD_ONE) {
                level_of_son = OKFDD_P_I;
            } else {
                level_of_son = level_of(father->hi_p);
            }
            father->hi_p = Quasi_reduce_slave(father->hi_p,
                            border, level_of_son);
        }
    )
}
delete[] level_of_label;
```

```
        level_of_label = NULL;

        // Bringe nun die UTNodes an die korrekten Hashpositionen
        OKFDD_Correct_Node_Placement();              :
        quasireduced = 1;
}

// =========================================================
// Function: OKFDD_to_TC::Quasi_reduce_slave
// Normalisierung dadurch, dass Complements oben bleiben!
// ---------------------------------------------------------
// Variablen: OKFDD_ZERO PUMA.H
// OKFDD_PI_DTL_Table PUMA.H
// (utnode*)ref_c PUMA.H
// zero_chain STEP.H
// one_chain STEP.H
// complements STEP.H
// Funktionen: FOAUT_no_norm STEP.H
// Makros: m_and PUMA.H
// m_sel PUMA.C
// m_or PUMA.C
// =========================================================
utnode* OKFDD_to_TC::Quasi_reduce_slave(utnode* node, usint level_no,
                                        usint level_of_node) {
        usint label = OKFDD_PI_Order_Table[level_no];

        // Zur verwaltung der Null-Kette und der Eins-Kette:
        // wird beim ersten Aufruf von quas._red._slave erzeugt und durch den
        // Destruktor geloescht
        if (zero_chain == NULL) {
            zero_chain = new utnode*[OKFDD_P_I + 1];
            one_chain = new utnode*[OKFDD_P_I + 1];
            int i;
            for (i = 0; i < OKFDD_P_I + 1; i++) {
                zero_chain[i] = NULL;
                one_chain[i] = NULL;
            }
        }

        // level_no < level_of(node) ist erforderlich wegen dieser Soehne:
        // Knoten gleicher Funktionalitaet hat als Low Sohn 'node' und abhaengig
        // vom Zerlegungstyp 'node' oder '0' als High Sohn.
        // ---------------------------------------------------------

        if (node == NULL) {

            // vom Destruktor aufgerufen um zero_chain freizugeben
            if (zero_chain != NULL) delete[] zero_chain;
            if ( one_chain != NULL) delete[] one_chain;
            return NULL;
        } else if ((complements == 0) &&
                   ((m_and(node) == zero_chain[level_of_node]) ||
                   ( node == OKFDD_ZERO ))) {

            // Sonderfall rechts unten auf PAPER Sonderfaelle der QR

            // f(node) == '0', gebe Zeiger auf Knoten new mit
            // f(new) == f(node) und level(new) == level_no zurueck
            // da der alte Zeiger auf node verbogen wird auf einen Knoten in
            // einem hoeheren Level:
            (m_and(node))->ref_c--;
            utnode* new_sons;

            // Suche in zero_chain von dem Level an abwaerts, in dem der
            // neue Knoten erzeugt wird, nach einem Knoten, der gleich '0'
            // ist.
            usint level = level_no;
            while (!zero_chain[level] && (level < OKFDD_P_I - 1)) {
                level++;
            }
            if (zero_chain[level] && (level < OKFDD_P_I) &&
```

```
                    (level > level_no )) {
            new_sons = zero_chain[level];
    } else {
            new_sons = OKFDD_ZERO;
    }

    // Ein Knoten der Funktionalitaet 0 wird zurueckgegeben
    if (!zero_chain[level_no]) {

            // da in Level 'level_no' noch kein Knoten der
            // Funktionalitaet '0' existiert, erzeuge '0'- Knoten
            // und schreibe ihn in zero_chain
            zero_chain[level_no] = FOAUT_no_norm(label, new_sons,
                                        new_sons);

    }
    zero_chain[level_no]->ref_c++;
    if (node == OKFDD_ZERO) {

            // PUMA-Special: OKFDD_ZERO ist Compl.(ONE)
            return zero_chain[level_no];
    } else {

            // ein Zeiger mit gleicher Paritaet wie node wird
            // zurueckgegeben. Grund: C_Marken bleiben "oben"
            return m_or(zero_chain[level_no], m_sel(node));
} else if ((m_and(node) == zero_chain[level_of_node]) ||
    (m_and(node) == one_chain[level_of_node]) ||
    (m_and(node) == OKFDD_ONE )) {

    // Sonderfaelle links und oben auf PAPER Sonderfaelle der QR

    // f(node) == '0' oder '1', gebe Zeiger auf Knoten new mit
    // f(new) == f(node) und level(new) == level_no zurueck
    // da der alte Zeiger auf node verbogen wird auf einen Knoten in
    // einem hoeheren Level:
    (m_and(node))->ref_c--;
    utnode* new_lo;
    utnode* new_hi;

    // Suche in one_chain von dem Level an abwaerts, in dem der
    // neue Knoten erzeugt wird, nach einem Knoten, der gleich '1'
    // ist.
    usint level = level_no;
    while (!one_chain[level] && (level < OKFDD_P_I - 1)) {
            level++;
    }
    if (one_chain[level] && (level < OKFDD_P_I) &&
                    (level > level_no )) {
            new_lo = one_chain[level];
            new_hi = one_chain[level];
    } else {
            new_lo = OKFDD_ONE;
            new_hi = OKFDD_ONE;
    }
    if (OKFDD_PI_DTL_Table[label] != D_Shan) {
            if (complements) {
                    new_hi = m_or(new_hi, 1);
            } else {
                    usint level = level_no;
                    while (!zero_chain[level] &&
                            (level < OKFDD_P_I - 1)) {
                            level++;
                    }
                    if (zero_chain[level] && (level < OKFDD_P_I) &&
                            (level > level_no )) {
                            new_hi = zero_chain[level];
                    } else {
                            new_hi = OKFDD_ZERO;
                    }
            }
    }
```

```
            }

// Ein Knoten der Funktionalitaet 1 wird zurueckgegeben
if (!one_chain[level_no]) {                    :

        // da in Level 'level_no' noch kein Knoten der
        // Funktionalitaet '1' existiert, erzeuge '1'- Knoten
        // und schreibe ihn in one_chain
        one_chain[level_no] = FOAUT_no_norm(label, new_hi,
                                      new_lo);
    }
    one_chain[level_no]->ref_c++;                   '
    if (( node == OKFDD_ZERO) ||
       (m_and(node) == zero_chain[level_of_node])) {

        // Die geforderte Funktionalitaet war '0'. Wegen der
        // Normalisierung wurde ein Knoten mit '1' erzeugt,
        // also wird die Paritaet der Kante invertiert.
        if (node == OKFDD_ZERO) {

            // PUMA-Special: OKFDD_ZERO ist Compl.(ONE)
            return m_xor(one_chain[level_no], 1);
        } else {

            // ein Zeiger mit gleicher Paritat wie node wird
            // zurueckgegeben.Grund: C_Marken bleiben "oben"
            return m_xor(m_or(one_chain[level_no],
                            m_sel(node)), 1);

        }
    } else {
        if (node == OKFDD_ZERO) {

            // PUMA-Special: OKFDD_ZERO ist Compl.(ONE)
            return one_chain[level_no];
        } else {

            // ein Zeiger mit gleicher Paritat wie node wird
            // zurueckgegeben.Grund: C_Marken bleiben "oben"
            return m_or(one_chain[level_no], m_sel(node));

        }
    }
} else {

    // Ganz normale Quasireduzierung

    // f(node) != '0' und != '1', gebe Zeiger auf Knoten new mit
    // f(new) == f(node) und level(new) == level_no zurueck

    // Da der alte Zeiger auf node verbogen wird auf einen Knoten in
    // einem hoeheren Level:
    (m_and(node))->ref_c--;
    utnode* new_hi = m_and(node);
    if (OKFDD_PI_DTL_Table[label] != D_Shan) {

        // Zerlegung nach Davio
        new_hi = OKFDD_ZERO;
    }
    utnode* help_node = FOAUT_no_norm(label, new_hi, m_and(node));
    help_node->ref_c++;

    // ein Zeiger mit gleicher Paritaet wie node wird zurueckgegeben
    // Grund: C_Marken bleiben "oben"
    return m_or(help_node, (m_sel(node)));
    }
}

// =====================================================
// Function: OKFDD_to_TC::OKFDD_SAT_all_no_norm
// Zaehlen und Ausgeben der Pfade eines OKFDDs. Laeuft im Gegensatz zu SAT_all
// auch mit nicht normalisierten Instanzen von OKFDD_to_TC.
// -----------------------------------------------------
```

```
// Variablen: OKFDD_Maxidx PUMA.H
// OKFDD_PI_Order_Table PUMA.H
// pfada PUMA.H
// pfads PUMA.H
// erg PUMA.H
// pi_level PUMA.H
// (utnode*)idnum PUMA.H
// Funktionen: kwk_no_norm STEP.H
// Makros: m_sel PUMA.C
// m_and PUMA.H
// ===============================================================
void OKFDD_to_TC::OKFDD_SAT_all_no_norm(utnode* wurzel, char fkt) {
    int shortmode;
    if (wurzel) {

        // normalmode, fkt == Method_Count_Show
        shortmode = 0;
    } else {

        // shortmode, fkt == root_no
        shortmode = 1;
        wurzel = OKFDD_PO_Root_Table(OKFDD_PO_Table(fkt));
    }
    if (shortmode == 0) {
        cout << "Wurzel Nr. " << (m_and(wurzel))->idnum;
    }
    usint zeiger;
    char flag;
    char carry;
    ulint asum = 0;
    ulint csum = 0;
    ulint tsum;
    ulint i;

    // Initialisierung
    for (i = 0; i < OKFDD_Maxidx; i++) {
        pi_level[OKFDD_PI_Order_Table[i]] = i;
        pfads[i] = 0;
    }

    // Alle Kombinationen durchspielen
    flag = 1;
    while (flag) {

        // Ausgabepfad mit don't cares initialisieren
        for (i = 0; i < OKFDD_Maxidx; i++) {
            pfada[i] = 2;
        }
        erg = 0;

        // rek. Routine aufrufen
        erg^=m_sel(wurzel);
        kwk_no_norm(m_and(wurzel));

        // Falls erfuellende Belegung gefunden
        if (erg) {

            // Ergeb. und Steuerpfad aktualisieren + evtl. Ausgabe
            asum++;
            tsum = 1;
            for (i = 0; i < OKFDD_Maxidx; i++) {
                if (pfada[i] == 2) {
                    pfads[i] = 1;
                }
// if (fkt>1) {
// cout << outchar[pfada[i]];
// }
                if (fkt!=2) {
                    if (pfada[i]) {
                        tsum *= pfada[i];
                    }
                }
```

```
        }
      }
// if (fkt<3) {
//   cout << " : " << (short)erg << "\n";
// }
// if (fkt>1) {
//   cout << "\n";
// }
          if (fkt!=2) {
            csum += tsum;
          }
        }

        // Naechsten Steuerpfad berechnen
        carry = 1;
        zeiger = OKFDD_Maxidx-1;
        while (carry) {
          pfads[zeiger] ^= 1;
          if (pfads[zeiger] == 0) {
            if (zeiger == 0) {
              carry = flag = 0;
            } else {
              zeiger-;
            }
          } else {
            carry = 0;
          }
        }
      }

    // Ausgabe der Ergebnisse
    if (shortmode == 0) {
      cout << "\n";
      if (fkt>1) {
        cout << " Anzahl der SAT all Pfade : "
             << asum << "\n";
      }
      if (fkt!=2) {
        cout << " Anzahl der SAT count Pfade : "
             << csum << "\n";
      }
    } else {

      // shortmode gibt mit cerr eine 0 aus, wenn ein vormaliger
      // Durchlauf eine andere Anzahl von SAT count Pfaden (erfuellen-
      // de Belegungen) ermittelt wurde.
      // Zum Initialisieren muss SAT_all_no_norm zunaechst fuer
      // jede !!!!!!!! Wurzel genau einmal !!!!!!!! aufgerufen werden.
      // Die Ausgabe erfolgt bei der Wurzel Nr. #OKFDD_P_O
      static int OK = OKFDD_P_O + 1;
      static ulint SAT[200];
      if (OK > 1) {

        // Initialisierung (Diese Stelle wird genau die ersten
        // #OKFDD_P_O mal besucht.
        OK-;
        SAT[fkt] = csum;
      } else {

        // Ueberpruefung
        if (SAT[fkt] != csum) {
          OK = 0;
        }
      }

      // letzte Wurzel?
      if (fkt == OKFDD_P_O - 1) {
        cerr << OK;
      }
    }
  }
}
```

```
// ================================================================
// Function: OKFDD_to_TC::kwk_no_norm
// Rekursive Routine zur Ueberpruefung erfuellender Belegungen. Laeuft im
// Gegensatz zu kwk auch mit nicht normalisierten Instanzen von OKFDD_to_TC.
//---------------------------------------------------------------
// Variablen: OKFDD_PI_DTL_Table PUMA.H
// OKFDD_ONE PUMA.H
// (utnode*)label_i PUMA.H
// (utnode*)lo_p PUMA.H
// (utnode*)hi_p PUMA.H
// D_Shan PUMA.H
// pfads PUMA.H
// pfada PUMA.H
// erg PUMA.H
// pi_level PUMA.H
// Funktionen: kwk_no_norm STEP.H
// Makros: m_and PUMA.H
// m_sel PUMA.C
// ================================================================
void OKFDD_to_TC::kwk_no_norm(utnode* vater) {

    // Falls Shannonzerlegung vorliegt
    if (OKFDD_PI_DTL_Table[vater->label_i] == D_Shan) {

        // Verzweige in LOW- und HIGH-Seite gleichermassen,
        // Terminale XOR verknuepfen
        if (pfads[pi_level[vater->label_i]] == 0) {
            pfada[pi_level[vater->label_i]] = 0;
            if (m_and(vater->lo_p) != NULL) {
                erg^=m_sel(vater->lo_p);
                kwk_no_norm(m_and(vater->lo_p));
            } else {
                if (vater == OKFDD_ONE) {
                    erg^=1;
                }
            }
        } else {
            pfada[pi_level[vater->label_i]] = 1;
            if (m_and(vater->hi_p) != NULL) {
                erg^=m_sel(vater->hi_p);
                kwk_no_norm(m_and(vater->hi_p));
            } else {
                if (vater == OKFDD_ONE) {
                    erg^=1;
                }
            }
        }
    } else {

        // Bei Davio-Zerlegung komponentenweise kleinere Terme beachten
        pfada[pi_level[vater->label_i]] = 0;
        if (m_and(vater->lo_p) != NULL) {
            erg^=m_sel(vater->lo_p);
            kwk_no_norm(m_and(vater->lo_p));
        } else {
            if (vater == OKFDD_ONE) {
                erg^=1;
            }
        }

        if (pfads[pi_level[vater->label_i]] == 1) {
            pfada[pi_level[vater->label_i]] = 1;
            if (m_and(vater->hi_p) != NULL) {
                erg^=m_sel(vater->hi_p);
                kwk_no_norm(m_and(vater->hi_p));
            } else {
                if (vater == OKFDD_ONE) {
                    erg^=1;
                }
            }
```

```
            }
        }
    }

// ======================================================================
// (usint a) hoch (usint b) mit beiden Argumenten > 0
// ======================================================================
ulint int_pow(usint a, usint b) {
    int i;
    ulint x = 1;
    for (i = 0; i < b; i++) {
        x *= a;
    }
    return x;
}


// ======================================================================
// Obere Gaussklammer des Logarithmus zur Basis 2 mit ulint als Argument
// Wird als Argument 0 uebergeben, so wird 0 zurueckgegeben.
//
// Funktionen: int_pow STEP.H
// ======================================================================
usint og_log2(ulint a) {
    usint x = 0;
    while (int_pow(2,x) < a) {
        x++;
    }
    return x;
}


// ======================================================================
// erzeuge das XOR fuer ein Feld einer BMM
//
// Variablen: xor_count STEP.H
// Funktionen: declare_cell TEST_CIRC.H
// declare_signal TEST_CIRC.H
// set_connection TEST_CIRC.H
// create_XOR STEP.H
// ======================================================================
int OKFDD_to_TC::create_XOR(test_circ* TC, char or_in[][signal_name_length],
            int or_gate_fanin, usint from_level, usint to_level) {
    char cell_name[cell_name_length];
    char cell_type[2 + port_name_length];
    char signal_name[signal_name_length];
    char port_name[port_name_length];
    long int i;
    long int j;
    if (or_gate_fanin <= max_XOR_width) {

        // Der Rekursion entkommen ...
        sprintf(cell_name, "%s%d%s%d%s%d", "X", xor_count, "_",
                    from_level, "_", to_level);
        xor_count++;

        // erzeuge das XOR und schliesse die Eingaenge aus or_in an
        sprintf(cell_type, "XOR%d", or_gate_fanin);
        TC->declare_cell(cell_name, cell_type);
        for (i = 0; i < or_gate_fanin; i++) {
            sprintf(port_name, "I%ld", i);
            TC->set_connection(or_in[i], cell_name, port_name);
        }

        // schliesse ein Signal am Ausgang des XOR an und verbinde es
        sprintf(signal_name, "X%ld", sig_count);
        sig_count++;
        TC->declare_signal(signal_name);
        if (PROMode) {
            sprintf(pro_name, "Y%ld", pro_count);
            TC->declare_cell(pro_name, "PRO");
            TC->set_connection(signal_name, pro_name, "I0");
            pro_count++;
```

```
        }
        TC->set_connection(signal_name, cell_name, "O0");
        if (OKFDD_to_TC_Outputflags & 16) {
            cout << cell_type << " " << cell_name << " declared \n";
            for (i = 0; i < or_gate_fanin; i++) {
                sprintf(port_name, "I%ld", i);
                cout << cell_name << " " << port_name
                    << " verbunden mit Signal "
                    << or_in[i] << endl;
            }
            cout << "Signal " << signal_name << " declared \n"
                << cell_name << " O0 verbunden mit Signal "
                << signal_name << endl << endl;
        }
    } else {

        // neue Rekursionstiefe aufrufen ...
        ulint connected = 0;
        usint fan_out = 0;

        // erzeuge soviele XORmax Gates wie moeglich ...
        do {

            // ein neues XORmax
            sprintf(cell_name, "%s%d%s%d%s%d", "X", xor_count, "_",
                    from_level, "_", to_level);
            xor_count++;
            sprintf(cell_type, "XOR%d", max_XOR_width);
            TC->declare_cell(cell_name, cell_type);
            #ifdef CellDeclCOUTmode
                cerr << cell_name << " declared \n";
            #endif

            // seine Inputs
            for (j = 0; j < max_XOR_width; j++) {
                sprintf(port_name, "I%ld", j);
                TC->set_connection(or_in[connected], cell_name,
                        port_name);
                connected++;
            }

            // sein Output ...
            sprintf(signal_name, "X%ld", sig_count);
            sig_count++;
            TC->declare_signal(signal_name);
            TC->set_connection(signal_name, cell_name, "O0");
            if (OKFDD_to_TC_Outputflags & 16) {
                cout << cell_type << " " << cell_name
                    << " declared \n";
                for (j = 0; j < max_XOR_width; j++) {
                    sprintf(port_name, "I%ld", j);
                    cout << cell_name << " " << port_name
                        << " verbunden mit Signal "
                        << or_in[j] << endl;
                }
                cout << "Signal " << signal_name
                    << " declared \n" << cell_name
                    << " O0 verbunden mit Signal "
                    << signal_name << endl << endl;
            }

            // ... soll in unserem or_in Feld gespeichert werden,
            // max wurden gerade frei, eins ist schon wieder voll
            sprintf(or_in[fan_out], "%s", signal_name);
            fan_out++;
        } while (or_gate_fanin - connected >= max_XOR_width);
        usint rest_fanin = or_gate_fanin - connected;
        switch (rest_fanin) {
        case 0: {

            // nix uebrig
```

```
        break;
    }
    case 1: {

        // ein einzelnes Signal uebrig
        sprintf(or_in[fan_out], "%s", or_in[connected]);
        fan_out++;
        connected++;
        break;
    }
    default: {

        // erzeuge ein XOR Gate fuer die restlichen Inputs
        sprintf(cell_name, "%s%d%s%d%s%d", "X", xor_count, "_",
                    from_level, "_", to_level);
        xor_count++;
        sprintf(cell_type, "XOR%d", rest_fanin);
        TC->declare_cell(cell_name, cell_type);

        // seine Inputs
        for (j = 0; j < rest_fanin; j++) {
            sprintf(port_name, "I%ld", j);
            TC->set_connection(or_in[connected], cell_name,
                        port_name);
            connected++;
        }

        // sein Output ...
        sprintf(signal_name, "X%ld", sig_count);
        sig_count++;
        TC->declare_signal(signal_name);
        TC->set_connection(signal_name, cell_name, "O0");
        if (OKFDD_to_TC_Outputflags & 16) {
            cout << cell_type << " " << cell_name
                 << " declared \n";
            for (j = 0; j < rest_fanin; j++) {
                sprintf(port_name, "I%ld", j);
                cout << cell_name << " " << port_name
                     << " verbunden mit Signal "
                     << or_in[j] << endl;
            }
            cout << "Signal " << signal_name
                 << " declared \n" << cell_name
                 << " O0 verbunden mit Signal "
                 << signal_name << endl << endl;
        }

        // ... soll in unserem or_in Feld gespeichert werden,
        // x wurden gerade frei, eins ist schon wieder voll
        sprintf(or_in[fan_out], "%s", signal_name);
        fan_out++;
    }
    }

    // der rekursive Aufruf
    create_XOR(TC, or_in, fan_out, from_level, to_level);
    }
    return 0;
}

// ================================================================
// erzeuge das OR fuer ein Feld einer BMM
// ----------------------------------------------------------------
// Variablen: or_count STEP.H
// Funktionen: declare_cell TEST_CIRC.H
// declare_signal TEST_CIRC.H
// set_connection TEST_CIRC.H
// create_OR STEP.H
// ================================================================
int OKFDD_to_TC::create_OR(test_circ* TC, char or_in[][signal_name_length],
            int or_gate_fanin, usint from_level, usint to_level) {
```

```
char cell_name[cell_name_length];
char cell_type[2 + port_name_length];
char signal_name[signal_name_length];
char port_name[port_name_length];
long int i;
long int j;
if (or_gate_fanin <= max_OR_width) {

    // Der Rekursion entkommen ...
    sprintf(cell_name, "%s%d%s%d%s%d", "O", or_count, "_",
                        from_level, "_", to_level);
    or_count++;

    // erzeuge das OR und schliesse die Eingaenge aus or_in an
    sprintf(cell_type, "OR%d", or_gate_fanin);
    TC->declare_cell(cell_name, cell_type);
    for (i = 0; i < or_gate_fanin; i++) {
        sprintf(port_name, "I%ld", i);
        TC->set_connection(or_in[i], cell_name, port_name);
    }

    // schliesse ein Signal am Ausgang des OR an und verbinde es
    sprintf(signal_name, "O%ld", sig_count);
    sig_count++;
    TC->declare_signal(signal_name);
    if (PROMode) {
        sprintf(pro_name, "Y%ld", pro_count);
        TC->declare_cell(pro_name, "PRO");
        TC->set_connection(signal_name, pro_name, "I0");
        pro_count++;
    }
    TC->set_connection(signal_name, cell_name, "O0");
    if (OKFDD_to_TC_Outputflags & 16) {
        cout << cell_type << " " << cell_name << " declared \n";
        for (i = 0; i < or_gate_fanin; i++) {
            sprintf(port_name, "I%ld", i);
            cout << cell_name << " " << port_name
                 << " verbunden mit Signal "
                 << or_in[i] << endl;
        }
        cout << "Signal " << signal_name << " declared \n"
             << cell_name << " O0 verbunden mit Signal "
             << signal_name << endl << endl;
    }
} else {

    // neue Rekursionstiefe aufrufen ...
    ulint connected = 0;
    usint fan_out = 0;

    // erzeuge soviele ORmax Gates wie moeglich ...
    do {

        // ein neues ORmax
        sprintf(cell_name, "%s%d%s%d%s%d", "O", or_count, "_",
                            from_level, "_", to_level);
        or_count++;
        sprintf(cell_type, "OR%d", max_OR_width);
        TC->declare_cell(cell_name, cell_type);

        // seine Inputs
        for (j = 0; j < max_OR_width; j++) {
            sprintf(port_name, "I%ld", j);
            TC->set_connection(or_in[connected], cell_name,
                               port_name);
            connected++;
        }

        // sein Output ...
        sprintf(signal_name, "O%ld", sig_count);
        sig_count++;
```

```
TC->declare_signal(signal_name);
TC->set_connection(signal_name, cell_name, "O0");
if (OKFDD_to_TC_Outputflags & 16) {
    cout << cell_type << " " << cell_name
         << " declared \n";
    for (j = 0; j < max_OR_width; j++) {
        sprintf(port_name, "I%ld", j);
        cout << cell_name << " " << port_name
             << " verbunden mit Signal "
             << or_in[j] << endl;
    }
    cout << "Signal " << signal_name
         << " declared \n" << cell_name
         << " O0 verbunden mit Signal "
         << signal_name << endl << endl;
}

// ... soll in unserem or_in Feld gespeichert werden,
// max wurden gerade frei, eins ist schon wieder voll
sprintf(or_in[fan_out], "%s", signal_name);
fan_out++;
} while (or_gate_fanin - connected >= max_OR_width);
usint rest_fanin = or_gate_fanin - connected;
switch (rest_fanin) {
case 0: {

    // nix uebrig
    break;
}
case 1: {

    // ein einzelnes Signal uebrig
    sprintf(or_in[fan_out], "%s", or_in[connected]);
    fan_out++;
    connected++;
    break;
}
default: {

    // erzeuge ein OR Gate fuer die restlichen Inputs
    sprintf(cell_name, "%s%d%s%d%s%d", "O", or_count, "_",
                from_level, "_", to_level);
    or_count++;
    sprintf(cell_type, "OR%d", rest_fanin);
    TC->declare_cell(cell_name, cell_type);

    // seine Inputs
    for (j = 0; j < rest_fanin; j++) {
        sprintf(port_name, "I%ld", j);
        TC->set_connection(or_in[connected], cell_name,
                    port_name);
        connected++;
    }

    // sein Output ...
    sprintf(signal_name, "O%ld", sig_count);
    sig_count++;
    TC->declare_signal(signal_name);
    TC->set_connection(signal_name, cell_name, "O0");
    if (OKFDD_to_TC_Outputflags & 16) {
        cout << cell_type << " " << cell_name
             << " declared \n";
        for (j = 0; j < rest_fanin; j++) {
            sprintf(port_name, "I%ld", j);
            cout << cell_name << " " << port_name
                 << " verbunden mit Signal "
                 << or_in[j] << endl;
        }
        cout << "Signal " << signal_name
             << " declared \n" << cell_name
             << " O0 verbunden mit Signal "
```

```
                    << signal_name << endl << endl;
            }

            // ... soll in unserem or_in Feld gespeichert werden,
            // x wurden gerade frei, eins ist schon wieder voll
            sprintf(or_in[fan_out], "%s", signal_name);
            fan_out++;

        }
    }

    // der rekursive Aufruf
    create_OR(TC, or_in, fan_out, from_level, to_level);

    }
    return 0;
}

// =========================================================
// gibt den Namen des Signals zurueck, das die Abhaengigkeit darstellt
//
// Variablen: OKFDD_PI_DTL_Table PUMA.H
// =========================================================
char* OKFDD_to_TC::Create_Sig_Name_for_Dep(usint sons, ulint var_label) {
    static char signal_name[signal_name_length];
    if (((OKFDD_PI_DTL_Table[var_label] == D_Shan) && (sons == 2)) ||
    ((OKFDD_PI_DTL_Table[var_label] == D_negD) && (sons == 0)) ||
    ((OKFDD_PI_DTL_Table[var_label] == D_posD) && (sons == 0))) {
        sprintf(signal_name, "%s", "ONE");
    }
    if (((OKFDD_PI_DTL_Table[var_label] == D_Shan) && (sons == 1)) ||
    ((OKFDD_PI_DTL_Table[var_label] == D_negD) && (sons == 2)) ||
    ((OKFDD_PI_DTL_Table[var_label] == D_posD) && (sons == 1))) {
        sprintf(signal_name, "P%ld", var_label);
    }
    if (((OKFDD_PI_DTL_Table[var_label] == D_Shan) && (sons == 0)) ||
    ((OKFDD_PI_DTL_Table[var_label] == D_negD) && (sons == 1)) ||
    ((OKFDD_PI_DTL_Table[var_label] == D_posD) && (sons == 2))) {
        sprintf(signal_name, "N%ld", var_label);
    }
    return signal_name;
}

// =========================================================
// gibt die von Node_Numbering vergebene Knotennummer zurueck
//
// Voraussetzungen: Knoten sind durchnummeriert mit Node_Numbering(this);
//
// Variablen: OKFDD_ZERO PUMA.H
// OKFDD_ONE PUMA.H
// (utnode*)link PUMA.H
// =========================================================
usint OKFDD_to_TC::Get_Node_Number(utnode* node) {
    if (node == OKFDD_ZERO) {
        return 0;
    }
    if (node == OKFDD_ONE) {
        return 1;
    }
    return *(int*)(node->link);
}

// =========================================================
// Diese Funktion erzeugt die POs in Abhaengigkeit vom 'logic_type' und
// vergibt Namen entsprechend der Root-Labels.
//
// Variablen: logic_type STEP.H
// =========================================================
int OKFDD_to_TC::DD_to_TC_QRv_POs(test_circ* circuit, dependancy* matrix) {

    // error dient zur Ueberpruefung korrekter Bearbeitung
    int error = 0;
    if ((matrix->from_level != 0) ||
```

```
(matrix->to_level != OKFDD_P_I) ||
(matrix->from_node_count !=
        OKFDD_No_UTNodes_Per_Lvl[OKFDD_PI_Order_Table[0]]) ||
(matrix->to_node_count != 2)) {

    // die uebergebene Matrix ist nicht korrekt
    return 1;
}
char signal_name[signal_name_length];
char sigmam_name[signal_name_length];

// soll der zweite Ausgang erzeugt werden ?
// ja -> zwei Schleifendurchlaeufe zum PO-Erzeugen
// nein -> einen Schleifendurchlauf
usint not_sigma;
if ((logic_type < 1) || (logic_type == 2)) {

    // erzeuge Ein - Weg Ausgaenge
    not_sigma = 1;
} else {

    // erzeuge Zwei - Weg Ausgaenge
    not_sigma = 0;
}
usint root_no;
usint root_label;
utnode* root;

// line == Node_Number(Knoten, auf den die Wurzel root_no Zeigt)
// == Zeile, mit der der PO korrespondiert
usint line;
for (root_no = 0; root_no < OKFDD_P_O; root_no++) {
    root_label = OKFDD_PO_Table(root_no);
    root = OKFDD_PO_Root_Table(root_label);
    line = *(int*)((m_and(root))->link);
    if (not_sigma == 0) {
        if (str_eq(matrix->read_elmt(line, 0), "ONE")) {
            error |= DD_to_TC__preset_1(circuit);
        } else if (str_eq(matrix->read_elmt(line, 0), "ZERO")) {
            error |= DD_to_TC__preset_0(circuit);
        }

    }
    if (str_eq(matrix->read_elmt(line, 1), "ONE")) {
        error |= DD_to_TC__preset_1(circuit);
    } else if (str_eq(matrix->read_elmt(line, 1), "ZERO")) {
        error |= DD_to_TC__preset_0(circuit);
    }
    sprintf(sigmam_name, "%s", matrix->read_elmt(line, 0));
    sprintf(signal_name, "%s", matrix->read_elmt(line, 1));
    error |= DD_to_TC__PO(circuit, root_label, signal_name,
                            sigmam_name);
}
delete matrix;
return error;
}

// ==========================================================
// Diese Funktion erzeugt die PIs in Abhaengigkeit vom 'logic_type' und
// vergibt Namen entsprechend den Variablenlabel.
// Dann werden die zugehoerigen Signale erzeugt. Sie erhalten ebenfalls die
// Namen der Variablenlabel.
// ----------------------------------------------------------
// Variablen: logic_type STEP.H
// Funktionen: OKFDD_P_I PUMA.H
// OKFDD_PI_Order_Table PUMA.H
// declare_cell TEST_CIRC.H
// declare_signal TEST_CIRC.H
// set_connection TEST_CIRC.H
// ==========================================================
int OKFDD_to_TC::DD_to_TC__PIs(test_circ* circuit) {
```

```
// error dient zur Ueberpruefung korrekter Bearbeitung
int error = 0;
uint level_no;
char signal_name[signal_name_length];
char cell_name[pipo_name_length];
for (level_no = 0; level_no < OKFDD_P_I; level_no++) {
    if (get_PIPO_Names_from_BLIF) {
        str_cpalpha(cell_name, toprime[OKFDD_PI_Order_Table[
                    level_no]]->name, pipo_name_length);
    } else {

        // generiere einen Namen
        sprintf(cell_name, "PI%d",
                    OKFDD_PI_Order_Table[level_no]);

    }
    error |= circuit->declare_cell(cell_name, "P_IN");
    #ifdef CellDeclCOUTmode
        cerr << cell_name << " declared \n";
    #endif

    // erzeuge Signale zu den PIs
    sprintf(signal_name, "P%d", OKFDD_PI_Order_Table[level_no]);
    error |= circuit->declare_signal(signal_name);
    if (PROMode) {
        sprintf(pro_name, "Y%ld", pro_count);
        circuit->declare_cell(pro_name, "PRO");
        circuit->set_connection(signal_name, pro_name, "I0");
        pro_count++;
    }
    error |= circuit->set_connection(signal_name, cell_name, "O0");
    if (OKFDD_to_TC_Outputflags & 16) cout
        << "P_IN " << cell_name << " declared \n" << "Signal "
        << signal_name << " declared \n" << cell_name
        << " O0 verbunden mit Signal " << signal_name << "\n\n";
    if (logic_type > 1) {

        // erzeuge negierte PIs (2 Weg Logik)
        if (get_PIPO_Names_from_BLIF) {
            str_cpalpha(cell_name, toprime[
                OKFDD_PI_Order_Table[level_no]]->name,
                        pipo_name_length);
            sprintf(cell_name, "%s%s", cell_name, "s");
        } else {

            // generiere einen Namen
            sprintf(cell_name, "PIn%d",
                        OKFDD_PI_Order_Table[level_no]);

        }
        error |= circuit->declare_cell(cell_name, "P_IN");
        if (OKFDD_to_TC_Outputflags & 16) cout
            << "P_IN " << cell_name << " declared \n";
    } else {    // erzeuge Inverter zur Negation der PIs (1 Weg Logik)
        sprintf(cell_name, "inv%d",
                    OKFDD_PI_Order_Table[level_no]);
        error |= circuit->declare_cell(cell_name, "INV");

        // verbinde den Inverter mit dem PI
        error |= circuit->set_connection(signal_name, cell_name,
                        "I0");
        if (OKFDD_to_TC_Outputflags & 16) cout
            << "INV " << cell_name << " declared \n"
            << cell_name << " I0 verbunden mit Signal "
            << signal_name << endl;
    }

    // erzeuge Signale zu den negierten PIs
    sprintf(signal_name, "N%d", OKFDD_PI_Order_Table[level_no]);
    error |= circuit->declare_signal(signal_name);
    if (PROMode) {
        sprintf(pro_name, "Y%ld", pro_count);
```

```
        circuit->declare_cell(pro_name, "PRO");
        circuit->set_connection(signal_name, pro_name, "I0");
        pro_count++;
    }
    error |= circuit->set_connection(signal_name, cell_name, "O0");
    if (OKFDD_to_TC_Outputflags & 16) cout
        << "Signal " << signal_name << " declared \n"
        << cell_name << " O0 verbunden mit Signal "
        << signal_name << endl << endl;
    }
    return error;
}


// ==============================================================
// Hilfsfunktion zur Ermittlung der Stringlaenge eines char* Typs,
// auf den str zeigt.
// Das Stringendezeichen zaehlen wir nicht mit.
// ==============================================================
int size(const char* str){
    int i = 0;
    while (str[i]) {
        i++;
    }
    return i;
}


// ==============================================================
// allgemeiner Konstruktor der Klasse "dependancy"
// Es werden die Nummern der Level und die Anzahl ihrer Knoten uebergeben,
// zwischen denen die Abhaengigkeit ausgedrueckt wird.
// Die Matrix auf die "content" jetzt zeigt ist zu diesem Zeitpunkt noch nicht
// mit Werten belegt, dies geschieht spaeter mit der Funktion "write_elmt".
// ==============================================================
dependancy::dependancy(unsigned int fl, unsigned int tl,
            unsigned int fnc, unsigned int tnc) {
    One = "ONE";
    Zero = "ZERO";

    // Daten der Matrix initialisieren
    from_level = fl;
    to_level = tl;
    from_node_count = fnc;
    to_node_count = tnc;

    // Verkettungszeiger initialisieren
    next_mat = NULL;

    // Speicher fuer die eigentlichen char* reservieren
    content = new char**[from_node_count];
    usint i;
    usint j;
    for (i = 0; i < from_node_count; i++) {
        content[i] = new char*[to_node_count];
        for (j = 0; j < to_node_count; j++) {
            content[i][j] = NULL;
        }
    }
}


// ==============================================================
// Destruktor der Klasse "dependancy"
// ==============================================================
dependancy::~dependancy() {
    usint i;
    usint j;
    for (i = 0; i < from_node_count; i++) {
        for (j = 0; j < to_node_count; j++) {
            if ((content[i][j] != One) &&
                (content[i][j] != Zero)) {

                // Loesche den alten Inhalt
```

```
            delete content[i][j];
        }
    }
    delete[] content[i];
}
delete[] content;
}


// ================================================================
// Gibt den Wert eines Matrixelements an einer durch "line,columne"
// spezifizierten Stelle zurueck.
// Gibt den Wert "ERROR: out of range" zurueck, wenn die Angabe fuer "line"
// oder "columne" den durch "from_node_count" bzw. "to_node_count"
// beschraenkten Bereich ueberschreiten.
// ================================================================
char* dependancy::read_elmt(unsigned int line, unsigned int columne) {
    if (line < from_node_count && columne < to_node_count) {
        return(content[line][columne]);
    } else {
        return("ERROR: read out of range \n");
    }
}


// ================================================================
// Aendert den Wert eines Matrixelements an einer durch "line,columne"
// spezifizierten Stelle und gibt NULL zurueck.
// Gibt den Wert "ERROR: out of range" zurueck, wenn die Angabe fuer "line"
// oder "columne" den durch "from_node_count" bzw. "to_node_count"
// beschraenkten Bereich ueberschreiten.
// ================================================================
char* dependancy::write_elmt(unsigned int line,
                unsigned int columne, char* val) {
    if (line < from_node_count && columne < to_node_count) {
        if ((content[line][columne] != One) &&
           (content[line][columne] != Zero)) {

            // Loesche den alten Inhalt
            delete content[line][columne];
        }
        if (str_eq(val, One)) {

            // Zeiger auf die konstante ONE
            content[line][columne] = One;
        } else if (str_eq(val, Zero)) {

            // Zeiger auf die konstante ZERO
            content[line][columne] = Zero;
        } else {

            // kopiere den String val in einen eigenen Bereich
            content[line][columne] = new char[size(val) + 1];
            sprintf(content[line][columne], "%s", val);
        }
        return(NULL);
    } else {
        return("ERROR: write out of range \n");
    }
}


// ================================================================
// Diese Funktion kopiert eine von OKFDD_to_TC_* erzeugte Schaltkreisbeschrei-
// ung mit ueberfluessigen Gattern in eine Schaltkreisbeschreibung ohne diese
// Gatter
// ----------------------------------------------------------------
// Funktionen: test_circ TEST_CIRC.H
// ~test_circ TEST_CIRC.H
// start_reading TEST_CIRC.H
// end_reading TEST_CIRC.H
// no_of_cells_of_type TEST_CIRC.H
// po TEST_CIRC.H
// cell_name TEST_CIRC.H
```

```
// ex_cell_name TEST_CIRC.H
// declare_cell TEST_CIRC.H
// TC_Clean_create_inputs_for STEP.H
// bool_array BOOL_ARRAY.H
// ~bool_array BOOL_ARRAY.H
// reset_all BOOL_ARRAY.H
// ==========================================================
test_circ* OKFDD_to_TC::TC_Clean(test_circ* dirty_circ, char* lib) {
    if (OKFDD_to_TC_Outputflags & 32) cout
        <<"TC_Clean: folgende Test_Circ Elemente bleiben erhalten:\n\n";

    // ein Feld zur Kontrolle, ob ein PI erzeugt wurde, die Eintraege
    // sind sortiert wie die PIs im BLIF
    // die Eintraege enthalten die Label der PIs, ein negativer Label heisst
    // der Eingang wurde nicht erzeugt.
    // Groesse: abhaengig vom logic_type (negierte PIs)
    pi_sorted = new long int[(1 + int(logic_type > 1)) * OKFDD_P_I];
    int i;
    for (i = 0; i < OKFDD_P_I; i++) {
        pi_sorted[i] = OKFDD_PI_Order_Table[i];
    }
    sort(pi_sorted, OKFDD_P_I);
    for (i = 0; i < OKFDD_P_I; i++) {

        // alle Eingaengslabel werden "negiert", d.h. als noch nicht
        // in testcirc aufgenommen markiert
        pi_sorted[i] = 0 - pi_sorted[i];
        if (logic_type > 1) {
            pi_sorted[i + OKFDD_P_I] = pi_sorted[i];
        }
    }

    // ein Feld zur Kontrolle, ob ein Signalnetz schon erzeugt wurde
    // initialisiert mit false, signal_id referenziert die Position
    bool_array* sig_exists = new bool_array(dirty_circ->no_of_signals() +1);
    sig_exists->reset_all();
    int error = 0;
    test_circ* circuit = new test_circ;
    error |= circuit->start_reading(dirty_circ->circuit_name(), lib,
                        dirty_circ->ex_circuit_name());

    // eine Schleife ueber die Ausgaenge
    usint po_no;
    cell_id PO;
    char* cell_name = NULL;
    for (po_no=0; po_no < dirty_circ->no_of_cells_of_type(P_OUT); po_no++) {
        PO = dirty_circ->po(po_no);
        cell_name = dirty_circ->ex_cell_name(PO);

        // kopiere den Ausgang
        error |= circuit->declare_cell(cell_name, "P_OUT");
        if (OKFDD_to_TC_Outputflags & 32) cout
            << "P_OUT " << cell_name << " declared\n";
        delete cell_name;

        // kopiere die Eingangssignale fuer den Ausgang
        TC_Clean_create_inputs_for(PO, dirty_circ, sig_exists, circuit);
    }
    delete sig_exists;
    char name[pipo_name_length];
    if (OKFDD_to_TC_Outputflags & 32) cout << endl;

    // erzeuge, wenn gewuenscht, nutzlose Eingaenge
    if (create_useless_inputs) for (i = 0; i < OKFDD_P_I; i++) {
        if (pi_sorted[i] < 0) {

            // PI wird nicht benoetigt aber hier trotzdem erzeugt
            char signal_name[signal_name_length];
            pi_sorted[i] = 0 - pi_sorted[i];
            if (get_PIPO_Names_from_BLIF) {
                str_cpalpha(name, toprime[pi_sorted[i]]->name,
```

```
                         pipo_name_length);
        } else {
            sprintf(name, "PI%ld", pi_sorted[i]);
        }
        circuit->declare_cell(name, "P_IN");
        sprintf(signal_name, "y%ld", sig_count);
        sig_count++;
        circuit->declare_signal(signal_name);
        circuit->set_connection(signal_name, name, "O0");
        sprintf(pro_name, "Y%ld", pro_count);
        circuit->declare_cell(pro_name, "PRO");
        circuit->set_connection(signal_name, pro_name, "I0");
        pro_count++;
        if (OKFDD_to_TC_Outputflags & 32) cout
                << "P_IN " << name << " declared \n"
                << name << " OO verbunden mit Projektion "
                << pro_name << endl << endl;

    }
    if ((logic_type > 1) && (pi_sorted[i + OKFDD_P_I] < 0)) {

        // PI wird nicht benoetigt aber hier trotzdem erzeugt
        char signal_name[signal_name_length];
        pi_sorted[i + OKFDD_P_I] = 0 - pi_sorted[i + OKFDD_P_I];
        if (get_PIPO_Names_from_BLIF) {
            str_cpalpha(name, toprime[pi_sorted[i]]->name,
                        pipo_name_length);
            sprintf(name, "%s%s", name, "s");
        } else {
            sprintf(name, "PIn%ld", pi_sorted[i]);
        }
        circuit->declare_cell(name, "P_IN");
        sprintf(signal_name, "y%ld", sig_count);
        sig_count++;
        circuit->declare_signal(signal_name);
        circuit->set_connection(signal_name, name, "OO");
        sprintf(pro_name, "Y%ld", pro_count);
        circuit->declare_cell(pro_name, "PRO");
        circuit->set_connection(signal_name, pro_name, "I0");
        pro_count++;
        if (OKFDD_to_TC_Outputflags & 32) cout
                << "P_IN " << name << " declared \n"
                << name << " OO verbunden mit Projektion "
                << pro_name << endl << endl;

    }
}
error |= circuit->end_reading();

// sortiere die PIs (z.Z. nur wenn die Namen vom BLIF kommen)
if (get_PIPO_Names_from_BLIF) {
    usint not_created = 0;
    usint i;
    for (i = 0; i < (1+int(logic_type > 1)) * OKFDD_P_I; i++){
        if (pi_sorted[i] < 0) {
            not_created++;
        } else {

            // ein PI zum sortieren
            str_cpalpha(name, toprime[pi_sorted[i]]->name,
                        pipo_name_length);
            if (i >= OKFDD_P_I) {
                sprintf(name, "%s%s", name, "s");
            }
            circuit->pi_order(name, i - not_created);
            if ((OKFDD_to_TC_Outputflags & 16) ||
            (OKFDD_to_TC_Outputflags & 32)) cout
                    << "P_IN " << name << " an "
                    << i - not_created << ". Stelle\n";
        }
    }
    if ((OKFDD_to_TC_Outputflags & 16) ||
    (OKFDD_to_TC_Outputflags & 32)) cout << endl;
```

```
    }
    // sortiere die POs (z.Z. nur wenn die Namen vom BLIF kommen)
    if (get_PIPO_Names_from_BLIF) {
            usint root_label;
            usint root_no;
            for (root_no = 0; root_no < OKFDD_P_O; root_no++) {
                root_label = OKFDD_PO_Table(root_no);
                str_cpalpha(name, toprime[root_label]->name,
                                    pipo_name_length);

                // Voraussetzung: die POs sind in PUMA immer in
                // der richtigen Ordnung.
                circuit->po_order(name, root_no);
                if ((OKFDD_to_TC_Outputflags & 16) ||
                (OKFDD_to_TC_Outputflags & 32)) cout
                        << "P_OUT " << name << " an "
                        << root_no << ". Stelle\n";
            }
            while (root_no < circuit->no_of_cells_of_type(P_OUT)) {

                // die Sigma Ausgaenge
                root_label = OKFDD_PO_Table(root_no - OKFDD_P_O);
                str_cpalpha(name, toprime[root_label]->name,
                                    pipo_name_length);
                sprintf(name, "%s%s", name, "s");
                circuit->po_order(name, root_no);
                if ((OKFDD_to_TC_Outputflags & 16) ||
                (OKFDD_to_TC_Outputflags & 32)) cout
                        << "P_OUT " << name << " an "
                        << root_no << ". Stelle\n";
                root_no++;

            }
            if ((OKFDD_to_TC_Outputflags & 16) ||
            (OKFDD_to_TC_Outputflags & 32)) cout << endl;
    }
    delete[] pi_sorted;
    delete dirty_circ;
    if (error) {
            delete circuit;
            return NULL;
    } else {
            return circuit;
    }
}

// =========================================================
// kopiert Eingangssignale und deren Quellzellen fuer cell von dirty_circ nach
// circuit und rekursiv deren Eingangssignale
// --------------------------------------------------------
// Funtionen: no_of_inputs TEST_CIRC.H
// input TEST_CIRC.H
// s_ord TEST_CIRC.H
// isfalse BOOL_ARRAY.H
// set BOOL_ARRAY.H
// source TEST_CIRC.H
// declare_signal TEST_CIRC.H
// declare_cell TEST_CIRC.H
// set_connection TEST_CIRC.H
// TC_Clean_create_inputs_for STEP.H
// ex_cell_name TEST_CIRC.H
// type TEST_CIRC.H
// in_cell_type_name TEST_CIRC.H
// =========================================================
void OKFDD_to_TC::TC_Clean_create_inputs_for(cell_id cell,test_circ* dirty_circ,
                        bool_array* sig_exists, test_circ* circuit) {

    // eine Schleife ueber die Eingaenge
    usint ci_no;
    signal_id CI;
    ulint sig_no;
```

```
char signal_name[signal_name_length];
char port_name[port_name_length];
char* cell_name = NULL;
for (ci_no = 0; ci_no < dirty_circ->no_of_inputs(cell); ci_no++) {
    CI = dirty_circ->input(cell, ci_no);
    sig_no = dirty_circ->s_ord(CI);
    sprintf(signal_name, "S%ld", sig_no);
    if (sig_exists->isfalse(sig_no)) {
        cell_id source_cell = dirty_circ->source(CI);

        // das Signal CI ist noch nicht kopiert
        sig_exists->set(sig_no);
        circuit->declare_signal(signal_name);
        cell_name = dirty_circ->ex_cell_name(source_cell);

        // die Zelle, die das Signal speist
        circuit->declare_cell(cell_name,
dirty_circ->ex_cell_type_name(dirty_circ->type(source_cell)));
        circuit->set_connection(signal_name, cell_name, "O0");
        if (OKFDD_to_TC_Outputflags & 32) cout
            << dirty_circ->ex_cell_type_name(dirty_circ->
            type(source_cell)) << " " << cell_name
            << " declared \n" << cell_name
            << " O0 verbunden mit Signal "
            << signal_name << endl;
        if (dirty_circ->type(source_cell) !=
                    dirty_circ->in_cell_type_name("P_IN")) {
            delete cell_name;

            // rekursiver Aufruf
            TC_Clean_create_inputs_for(source_cell,
                    dirty_circ, sig_exists, circuit);
        } else {
            char toprime_name[pipo_name_length];

            // markiere den PI im Feld pi_sorted
            usint i;
            for (i = 0; i < OKFDD_P_I; i++) {
                usint label;
                if (pi_sorted[i]>0) {
                    label = pi_sorted[i];
                } else {
                    label = 0 - pi_sorted[i];
                }
/* < < < < < < < < < < < < < < < < < < < < < < < < < < < < < < < < < < < < < < < < */
if (get_PIPO_Names_from_BLIF) {
    str_cpalpha(toprime_name, toprime[label]->name, pipo_name_length);
    if (str_eq(toprime_name, cell_name)) {

        // positiver PI
        pi_sorted[i] = 0 - pi_sorted[i];
    }
    if (str_eq(toprime_name, cell_name, 1)){

        // negativer PI
        pi_sorted[i + OKFDD_P_I] = 0 - pi_sorted[i + OKFDD_P_I];
    }
} else {
    sprintf(toprime_name, "PI%d", label);
    if (str_eq(toprime_name, cell_name)) {

        // positiver PI
        pi_sorted[i] = 0 - pi_sorted[i];
    }
    sprintf(toprime_name, "PIn%d", label);
    if (str_eq(toprime_name, cell_name)) {

        // negativer PI
        pi_sorted[i + OKFDD_P_I] = 0 - pi_sorted[i + OKFDD_P_I];
    }
}
```

```
/* > > > > > > > > > > > > > > > > > > > > > > > > > > > > > > > > > > > > > > > > > > > > > > */
            }
            delete cell_name;
        }
    }

    // schliesse das Eingangssignal an die uebergebene Zelle an
    cell_name = dirty_circ->ex_cell_name(cell);
    sprintf(port_name, "I%d", ci_no);
    circuit->set_connection(signal_name, cell_name, port_name);
    if (OKFDD_to_TC_Outputflags & 32) cout
        << cell_name << " " << port_name
        << " verbunden mit Signal " << signal_name << endl;
    delete cell_name;
    }
}

// =======================================================
// sortiert ein Feld aufsteigend
// =======================================================
void sort(long int* field, usint size) {

    // Bubble Sort, weil die Laufzeit von Sifting sowieso dominiert wird.
    // Vorteil: einfach, und es arbeitet mit einem Speichervolumen von n + 1
    long int dummy;
    int i;
    int j;
    for (i = size - 1; i > 0; i--) {
        for (j = 0; j < i; j++) {
            if (field[j] > field[j + 1]) {
                dummy = field[j];
                field[j] = field[j + 1];
                field[j + 1] = dummy;
            }
        }
    }
}

// =======================================================
// returns 1 if DD=BDD else returns 0
// =======================================================
int OKFDD_to_TC::check_for_BDD() {
    usint level;
    for (level = 0; level < OKFDD_P_I; level++) {
        if (OKFDD_PI_DTL_Table[OKFDD_PI_Order_Table[level]] != D_Shan) {

            // DD != BDD
            return 0;
        }
    }

    // Alle Level sind Shannon ==> DD == BDD
    return 1;
}

// =======================================================
// das Feld fuer die temporaere Speicherung der Level der Label wird gefuellt
// level_of_label[label] == level_no
// =======================================================
void OKFDD_to_TC::Create_level_of_label() {
    if (level_of_label) delete[] level_of_label;
    usint max_label = 0;
    usint level_no;
    ulint var_label;
    for (level_no = 0; level_no < OKFDD_P_I; level_no++) {
        var_label = OKFDD_PI_Order_Table[level_no];
        if (var_label > max_label) {
            max_label = var_label;
        }
    }
    level_of_label = new usint[max_label+1];
```

```
        for (level_no = 0; level_no < OKFDD_P_I; level_no++) {
                var_label = OKFDD_PI_Order_Table[level_no];
                level_of_label[var_label] = level_no;
        }
}

// ================================================================
// Funktion zum Fuellen eines 2-dim. Feldes auf der Basis des Logarithmus Dualis
// gleichzeitig wird durch den Freilosalgorithmus eine beste BMM - Folge gesucht
// ================================================================
void OKFDD_to_TC::Fill_LD_Freilos(int kostenmass = 1) {
        if (OKFDD_to_TC_Outputflags & 8) {
                if ((kostenmass == 2) || (kostenmass == 12)) {
                        cout << "Rate eine Freilosverteilung ...";
                } else cout << "Berechne die beste Freilosverteilung ...";
                cout << endl;
        }
        usint i;

        // ein Feld fuer die BMM Kosten (price):
        usint* price = new usint[OKFDD_P_I + 1];
        for (i = 0; i < OKFDD_P_I; i++) {
                price[i] = OKFDD_No_UTNodes_Per_Lvl[OKFDD_PI_Order_Table[i]];
        }
        price[OKFDD_P_I] = 2;
        if (! quasireduced) {

                // Die Kostenwerte werden durch die noch noetige
                // quasireduzierung noch steigen.
                // die Steigerung berechnen wir hier.
                // cerr << "DEB nicht implementiert !!!!!" << endl;

        }

        // fields for range of k
        strange_ulint_matrix* kl = new strange_ulint_matrix(OKFDD_P_I);
        strange_ulint_matrix* kh = new strange_ulint_matrix(OKFDD_P_I);
        if ((kostenmass == 11) || (kostenmass == 12)) {

                // bis zu linearer Tiefe
                Freilos_calculate_range_for_k(kl, kh, 0);
        } else {

                // streng logarithmische Tiefe
                Freilos_calculate_range_for_k(kl, kh);
        }

        // fields for min matrix count cost and for best k
        strange_ulint_matrix* m = new strange_ulint_matrix(OKFDD_P_I);
        strange_ulint_matrix* s = new strange_ulint_matrix(OKFDD_P_I);
        if ((kostenmass == 2) || (kostenmass == 12)) {

                // zufaellige Ermittlung
                Freilos_random_m_and_s(s, kl, kh);
        } else {

                // nach BMM Kosten
                Freilos_calculate_m_and_s(m, price, s, kl, kh);
        }

        // Ermittele nun die beste BMM - Folge aus dem Feld s und
        // uebertrage sie in das Feld good_edges
        Freilos_Klammerung_fuer(0, OKFDD_P_I, s);

        // fertig, gebe noch Speicher frei, dann ist Schluss
        delete[] price;
        delete kl;
        delete kh;
        delete m;
        delete s;
        if (OKFDD_to_TC_Outputflags & 192) {
```

```
          good_edges->BMM_Folge_cout(0, OKFDD_P_l);
          cout << endl;
     }
}

// ========================================================
// rekursive Ermittlung der besten Klammerung, wenn s schon berechnet wurde
// ========================================================
void OKFDD_to_TC::Freilos_Klammerung_fuer(usint from_level, usint to_level,
                         strange_ulint_matrix* s) {

     // diese Matrix ist schon zu berechnen, also sind die entsprechenden
     // Kanten gut
     good_edges->set(from_level, to_level);

     // ist die BMM eine primaere (ja -> return)
     if (from_level + 1 == to_level) return;

     // also nein, dann rekursive Aufrufe
     Freilos_Klammerung_fuer(from_level, s->get(from_level, to_level), s);
     Freilos_Klammerung_fuer(s->get(from_level, to_level), to_level, s);
}

// ========================================================
// m and s - calculation
// ========================================================
void OKFDD_to_TC::Freilos_random_m_and_s(strange_ulint_matrix* s,
               strange_ulint_matrix* kl, strange_ulint_matrix* kh) {
     if (OKFDD_to_TC_Outputflags & 128) {
          cout << "Die Werte von m und s:" << endl;
     }
     usint i;
     usint j;
     usint k;

     // ein maessiger aber ausreichender Pseudozufall
     timeval* tp = new timeval;
// timezone* tzp = new timezone;
/**/ gettimeofday(tp, NULL);
// gettimeofday(tp, tzp);
     srand(tp->tv_usec);
     delete tp;
// delete tzp;

     // initialisiere die Felder i, i+2 als Basis.
     // diese sind "primaere" BMMs ohne Wahlmoeglichkeiten
     // (die Hauptdiagonale der primaeren BMMs)
     for (i = 0; i < OKFDD_P_l - 1; i++) {

          // Schnittpunkt ist der einzige Zwischenlevel
          s->set(i, i + 2, i + 1);
          if (OKFDD_to_TC_Outputflags & 128) {
               cout << i << ',' << i+2 << ':'
                    << s->get(i,i+2) << endl;
          }
     }

     // nun geschachtelt die daruberliegenden Diagonalen
     for (j = 3; j <= OKFDD_P_l; j++) {
          for (i = 0; i <= OKFDD_P_l - j; i++) {

               // rate nun die Werte fuer die BMM i, i+j
               k = kl->get(i, i+j) +
               (rand() % (kh->get(i, i+j) - kl->get(i, i+j) + 1));
               s->set(i, i + j, k);
               if (OKFDD_to_TC_Outputflags & 128) {
                    cout << i << ',' << i+j << ':'
                         << s->get(i,i+j) << endl;
               }
          }
     }
}
```

```
}
// ================================================================
// m and s - calculation
// ================================================================
void OKFDD_to_TC::Freilos_calculate_m_and_s(strange_ulint_matrix* m,usint* price
,strange_ulint_matrix* s,strange_ulint_matrix* kl,strange_ulint_matrix* kh){
    if (OKFDD_to_TC_Outputflags & 128) {
        cout << "Die Werte von m und s:" << endl;
    }
    int i;
    int j;
    ulint k;
    ulint ma;
    ulint min;
    ulint min_bei;

    // initialisiere die Felder i, i+1 als Basis.
    // diese sind primaere Matrizen mit Kosten=0 und ohne Schnitte
    // (die Hauptdiagonale der primaeren Matrizen)
    for (i = 0; i < OKFDD_P_I; i++) {

        // Kosten sind 0, da primaere Matrizen
        m->set(i, i + 1, 0);
        if (OKFDD_to_TC_Outputflags & 128) {
            cout << i << ',' << i+1 << ':' << m->get(i,i+1) << endl;
        }
    }

    // initialisiere die Felder i, i+2 als Basis.
    // diese sind "primaere" BMMs ohne Wahlmoeglichkeiten und fixen Kosten
    // (die Hauptdiagonale der primaeren BMMs)
    for (i = 0; i < OKFDD_P_I - 1; i++) {

        // Kosten sind reine BMM - Kosten, da primaere BMM
        m->set(i, i + 2, BMM_cost(i, i + 1, i + 2, price));

        // Schnittpunkt ist der einzige Zwischenlevel
        s->set(i, i + 2, i + 1);
        if (OKFDD_to_TC_Outputflags & 128) {
            cout << i << ',' << i+2 << ':' << m->get(i,i+2) << ','
                 << s->get(i,i+2) << endl;
        }
    }

    // nun geschachtelt die daruberliegenden Diagonalen
    for (j = 3; j <= OKFDD_P_I; j++) {
        for (i = 0; i <= OKFDD_P_I - j; i++) {

            // suche nun die Werte fuer die BMM i, i+j
            min_bei = kl->get(i, i+j);
            min = m->get(i, min_bei) + m->get(min_bei, i + j) +
                  BMM_cost(i, min_bei, i + j, price);
            for (k = min_bei + 1; k <= kh->get(i, i+j); k++) {
                ma = m->get(i, k) + m->get(k, i + j) +
                     BMM_cost(i, k, i + j, price);
                if (ma < min) {
                    min = ma;
                    min_bei = k;
                }
            }

            // Kosten
            m->set(i, i + j, min);

            // Schnittpunkt
            s->set(i, i + j, min_bei);
            if (OKFDD_to_TC_Outputflags & 128) {
                cout << i << ',' << i+j << ':' << m->get(i,i+j)
                     << ',' << s->get(i,i+j) << endl;
            }
        }
```

```
            }
        }
    }
}

// ======================================================
// k - calculation
// ======================================================
void OKFDD_to_TC::Freilos_calculate_range_for_k(strange_ulint_matrix* kl,
                    strange_ulint_matrix* kh, int depth = 1) {
    if (OKFDD_to_TC_Outputflags & 128) {
        cout << "Die Berreiche fuer k:" << endl;
    }
    usint line;
    usint col;
    for (line = 0; line < OKFDD_P_I - 2; line++) {
        for (col = OKFDD_P_I; col > line + 2; col-) {

            // die Werte fuer k
            if (depth == 0) {

                // bis zu linearer Tiefe (original matrix-chain)
                kl->set(line, col, line + 1);
                kh->set(line, col, col - 1);
            } else {

                // streng logarithmische Tiefe
                // col > line + 2 => low_pow2(col-line) > 0
                kl->set(line, col, col - low_pow2(col - line));
                kh->set(line, col, line + low_pow2(col - line));
            }
            if (OKFDD_to_TC_Outputflags & 128) {
                cout << line << ',' << col << ':'
                    << kl->get(line, col) << ','
                    << kh->get(line, col) << endl;
            }
        }
    }
}

// ======================================================
// Kosten einer BMM abhaengig von der BMM Implementierung
// ======================================================
usint OKFDD_to_TC::BMM_cost(usint from_level,usint over_level,usint to_level,
                    usint* price) {
    usint costs;

    // Die Schulmethode
    if (costs_for_sift) {

        // Zaehle benoetigte UND Gatter plus XOR Gatter (komplette SKs)
        costs = price[from_level] * price[over_level] * price[to_level]
            + price[from_level] * price[to_level];
    } else {
        costs = price[from_level] * price[over_level] * price[to_level];
    }
    return costs;
}

// ======================================================
// naechst kleinere zweier Potenz
// ======================================================
usint low_pow2(usint x) {
    if (x < 2) return 0;
    if (x < 3) return 1;
    if (x < 5) return 2;
    if (x < 9) return 4;
    if (x < 17) return 8;
    if (x < 33) return 16;
    if (x < 65) return 32;
    if (x < 129) return 64;
    if (x < 257) return 128;
```

```
        if (x < 513) return 256;
        if (x < 1025) return 512;
        if (x < 2049) return 1024;
        if (x < 4097) return 2048;
        if (x < 8193) return 4096;
        if (x < 16385) return 8192;
        if (x < 32769) return 16384;
        if (x < 65537) return 32768;
        /*else*/ return 65536;
}


// ==========================================================
// Ausgabe eines Feldes in BMM - Folge Form
// ==========================================================
void strange_boole_matrix::BMM_Folge_cout(usint from_level, usint to_level) {
        if (from_level + 1 == to_level) {

                // die Rekursion verlassen
                cout << '[' << from_level << ',' << to_level << ']';
                return;
        }
        usint from = from_level + 1;
        usint to = to_level - 1;

        // gibt es einen Vorgaenger in der Zeile from_level ?
        while ((to > 0) && (this->isfalse(from_level, to))) to--;
        if (to > 0) {

                // -> ja, rekursiver Aufruf
                cout << '(';
                this->BMM_Folge_cout(from_level, to);
        }

        // gibt es einen Nachfolger in der Spalte to_level ?
        while ((from < m_size) && (this->isfalse(from,to_level))) from++;
        if (from < m_size) {

                // -> ja, rekursiver Aufruf
                this->BMM_Folge_cout(from, to_level);
                cout << ')';
        }
        return;
}

// ==========================================================
// Funktion zum Fuellen eines 2-dim. Feldes linear
// ==========================================================
void strange_boole_matrix::Fill_linear() {
        int i;

        // fuelle die Haupdiagonale (primaere Matrizen)
        for (i = 0; i < m_size; i++) set(i, i + 1);

        // fuelle die letzte Spalte (sekundaere Matrizen)
        for (i = 0; i < m_size; i++) set(i, m_size);
}

// ==========================================================
// Funktion zum Fuellen eines 2-dim. Feldes auf der Basis des Logarithmus Dualis
// ==========================================================
void strange_boole_matrix::Fill_LD() {
        int delta;
        int level;

        // Schleife von 1 bis kleinste Zweierpotenz groesser gleich #Level
        for (delta = 1; delta / 2 < m_size; delta *= 2) {

                // Schleife ueber alle delta.sten Level ausser Terminalen
                for (level = 0; level < m_size; level += delta) {
                        if (level + delta > m_size) {
```

```
                    // Sonderfall: von level aus so weit wie moegl.
                    set(level, m_size);
              } else {
                                                    :
                    // Normalfall: von level aus delta weit
                    set(level, level + delta);
              }
           }
       }
}

// =================================================================
// Der Konstruktor der Klasse strange_ulint_matrix
// =================================================================
strange_ulint_matrix::strange_ulint_matrix(int size) {
    contents = new ulint[size * size];
    usint i;
    for (i = 0; i < (size * size); i++) contents[i] = 0;
    m_size = size;
}

// =================================================================
// Der Destruktor der Klasse strange_ulint_matrix
// =================================================================
strange_ulint_matrix::~strange_ulint_matrix() {
    delete[] contents;
}

// =================================================================
// Lesen in der Klasse strange_ulint_matrix
// =================================================================
ulint strange_ulint_matrix::get(ulint line, ulint col) {
    return contents[line * m_size + col - 1];
}

// =================================================================
// Schreiben in der Klasse strange_ulint_matrix
// =================================================================
void strange_ulint_matrix::set(ulint line, ulint col, ulint now_content) {
    if (line * m_size + col - 1 >= m_size * m_size) cerr << "Fehler\n";
    contents[line * m_size + col - 1] = now_content;
}

// =================================================================
// Der Konstruktor der Klasse strange_boole_matrix
// =================================================================
strange_boole_matrix::strange_boole_matrix(int size) {
    contents = new bool_array(size * size);
    contents->reset_all();
    m_size = size;
}

// =================================================================
// Der Destruktor der Klasse strange_boole_matrix
// =================================================================
strange_boole_matrix::~strange_boole_matrix() {
    delete contents;
}

// =================================================================
// Lesen in der Klasse strange_boole_matrix
// =================================================================
int strange_boole_matrix::istrue(usint line, usint col) {
    return contents->istrue(line * m_size + col - 1);
}
int strange_boole_matrix::isfalse(usint line, usint col) {
    return contents->isfalse(line * m_size + col - 1);
}

// =================================================================
// Schreiben in der Klasse strange_boole_matrix
```

```
// ==================================================================
void strange_boole_matrix::set(usint line, usint col) {
    contents->set(line * m_size + col - 1);
}

// ==================================================================
// Konvertiert einen OKFDD in eine mit QR behandelten Test_Circ- Beschreibung
//
// Vorausetzungen: DD ohne Negationsmarken OKFDD_No_Complements();
// OKFDD mit QR quasireduziert OKFDD_Quasi_reduce_full(1);
// ==================================================================
test_circ* OKFDD_to_TC::DD_to_TC_QRv(char* circuit_name, char* lib) {
    if (OKFDD_to_TC_Outputflags & 8) {
        cout << "Funktion DD_to_TC_QRv ..." << endl;
    }
    OKFDD_Free_Fct_Cache();

    // Nummeriert die Knoten levelweise von 0 an durch
    Node_Numbering();

    // error dient zur Ueberpruefung ob die Umwandlung in TC
    // funktioniert hat
    int error = 0;

    // ORs bei BDD ? ja -> check auf BDD
    int use_ORs_bak = use_ORs;
    if (use_ORs && (linear == 0)) {

        // nicht lineare Synthese, ORs nur OK, wenn DD == BDD
        // der Wert von use_ORs wird gespeichert, der neue
        // Wert bezeichnet, ob DD=BDD, so dass spaeter nicht mehr
        // auf BDD gecheckt wird.
        use_ORs = check_for_BDD();
    }

    // Anlegen einer Instanz von TC
    test_circ* circuit = new test_circ;

    // Beginn der Schaltkreisbeschreibung
    error |= circuit->start_reading(circuit_name, lib);

    // Anlegen der PIs
    error |= DD_to_TC_PIs(circuit);

    // Erzeugen der Schaltkreiselemente
    if (good_edges->isfalse(0, OKFDD_P_I)) {

        // In der ersten Zeile des Feldes good_edges ist kein Eintrag
        // vorhanden. Das darf nicht sein.
        circuit->end_reading();
        delete circuit;
        cerr << "Fehler im Feld good_edges" << endl;
        return NULL;
    }
    Create_level_of_label();

    // der oberste rekursive Aufruf
    dependancy* matrix = DD_to_TC_QRv_slave(circuit, 0, OKFDD_P_I);
    delete[] level_of_label;
    level_of_label = NULL;
    if (matrix) {

        // Erzeuge POs
        error |= DD_to_TC_QRv_POs(circuit, matrix);
    } else {
        error = 1;
    }

    // Ende der Schaltkreisbeschreibung
    error |= circuit->end_reading();
```

```
// Den Wert zuruecksetzen
use_ORs = use_ORs_bak;

// Loeschen des mit Node_Numbering belegten Speichers
Clean_Node_Numbers();
if (error) {

    // es ist ein Fehler in einer der obigen Funktionen aufgetreten
    delete circuit;
    return NULL;
} else {

    // es wurde ein korrekter Schaltkreis erzeugt
    return TC_Clean(circuit, lib);
}
}

// ===== ===============================================================
// Konvertiert einen OKFDD in eine mit QRp behandelten Test_Circ- Beschreibung
// ------------------------------------------------------------
// Voraussetzungen: DD ohne Negationsmarken OKFDD_No_Complements();
// OKFDD mit QRp quasir. OKFDD_Quasi_reduce_partiell();
// ===== ===============================================================
test_circ* OKFDD_to_TC::DD_to_TC_QRp(char* circuit_name, char* lib) {
    if (OKFDD_to_TC_Outputflags & 8) {
        cout << "Funktion DD_to_TC_QRp ..." << endl;
    }
    OKFDD_Free_Fct_Cache();

    // Nummeriert die Knoten levelweise von 0 an durch
    Node_Numbering();

    // error dient zur Ueberpruefung ob die Umwandlung in TC
    // funktioniert hat
    int error = 0;

    // ORs bei BDD ? ja -> check auf BDD
    int use_ORs_bak = use_ORs;
    if (use_ORs && (linear == 0)) {

        // nicht lineare Synthese, ORs nur OK, wenn DD == BDD
        // der Wert von use_ORs wird gespeichert, der neue
        // Wert bezeichnet, ob DD=BDD, so dass spaeter nicht mehr
        // auf BDD gecheckt wird.
        use_ORs = check_for_BDD();
    }

    // Anlegen einer Instanz von TC
    test_circ* circuit = new test_circ;

    // Beginn der Schaltkreisbeschreibung
    error |= circuit->start_reading(circuit_name, lib);

    // Anlegen der PIs
    error |= DD_to_TC_PIs(circuit);

    // Erzeugen der Schaltkreiselemente
    if (good_edges->isfalse(0, OKFDD_P_I)) {

        // In der ersten Zeile des Feldes good_edges ist kein Eintrag
        // vorhanden. Das darf nicht sein.
        circuit->end_reading();
        delete circuit;
        cerr << "Fehler im Feld good_edges" << endl;
        return NULL;
    }
    Create_level_of_label();

    // der oberste rekursive Aufruf
    dependancy* matrix = DD_to_TC_QRp_slave(circuit, 0, OKFDD_P_I);
    delete[] level_of_label;
```

```
        level_of_label = NULL;
        if (matrix) {
            delete matrix;
        } else {
            error = 1;
        }

        // Erzeuge POs, die die konstanten Funktionen 0 bzw. 1 repreasentieren
        error |= DD_to_TC_QRp_Presets(circuit);

        // Ende der Schaltkreisbeschreibung
        error |= circuit->end_reading();

        // Den Wert zuruecksetzen
        use_ORs = use_ORs_bak;

        // Loeschen des mit Node_Numbering belegten Speichers
        Clean_Node_Numbers();
        if (error) {

            // es ist ein Fehler in einer der obigen Funktionen aufgetreten
            delete circuit;
            return NULL;
        } else {

            // es wurde ein korrekter Schaltkreis erzeugt
            return TC_Clean(circuit, lib);
        }
}

// =========================================================
// Rekrusive Funktion die die Schaltkreisbeschreibung generiert
// =========================================================
dependancy* OKFDD_to_TC::DD_to_TC_QRv_slave(test_circ* circuit,
                        usint from_level, usint to_level) {
    usint from = from_level + 1;
    usint to = to_level - 1;
    dependancy* line_pre = NULL;
    dependancy* col_suc = NULL;

    // gibt es einen Vorgaenger in der Zeile from_level ?
    while ((to > 0) && (good_edges->isfalse(from_level, to))) to--;
    if (to > 0) {

        // -> ja, rekursiver Aufruf
        line_pre = DD_to_TC_QRv_slave(circuit, from_level, to);
        if (line_pre == NULL) {

            // reiche den Fehler weiter
            return NULL;
        }
    }

    // gibt es einen Nachfolger in der Spalte to_level ?
    while ((from < OKFDD_P_I)&&(good_edges->isfalse(from,to_level))) from++;
    if (from < OKFDD_P_I) {

        // -> ja, rekursiver Aufruf
        col_suc = DD_to_TC_QRv_slave(circuit, from, to_level);
        if (col_suc == NULL) {

            // reiche den Fehler weiter
            return NULL;
        }
    }

    // Ausgang der Rekursion
    if (line_pre && col_suc) {

        // es gilt beide ungleich NULL
        return DD_to_TC__BMM(circuit, line_pre, col_suc);
```

```
        } else if (line_pre || col_suc) {

            // es ist genau einer von beiden ungleich NULL
            cerr << "Fehler im Feld good_edges, DD_to_TC abgebrochen"<<endl;  ·
            return NULL;
        } else {

            // Eintrag in good_edges repraesentiert eine primaere Matrix
            return DD_to_TC_QRv_primary(circuit, from_level, to_level);
        }
    }
}

// =========================================================
// Rekrusive Funktion die die Schaltkreisbeschreibung generiert
// =========================================================
dependancy* OKFDD_to_TC::DD_to_TC_QRp_slave(test_circ* circuit,
                    usint from_level, usint to_level) {
    usint from = from_level + 1;
    usint to = to_level - 1;
    dependancy* line_pre = NULL;
    dependancy* col_suc = NULL;

    // gibt es einen Vorgaenger in der Zeile from_level ?
    while ((to > 0) && (good_edges->isfalse(from_level, to))) to--;
    if (to > 0) {

        // -> ja, rekursiver Aufruf
        line_pre = DD_to_TC_QRp_slave(circuit, from_level, to);
        if (line_pre == NULL) {

            // reiche den Fehler weiter
            return NULL;
        }
    }

    // gibt es einen Nachfolger in der Spalte to_level ?
    while ((from < OKFDD_P_I)&&(good_edges->isfalse(from,to_level))) from++;
    if (from < OKFDD_P_I) {

        // -> ja, rekursiver Aufruf
        col_suc = DD_to_TC_QRp_slave(circuit, from, to_level);
        if (col_suc == NULL) {

            // reiche den Fehler weiter
            return NULL;
        }
    }

    // Ausgang der Rekursion
    if (line_pre && col_suc) {

        // es gilt beide ungleich NULL
        return DD_to_TC_BMM(circuit, line_pre, col_suc, 1);
    } else if (line_pre || col_suc) {

        // es ist genau einer von beiden ungleich NULL
        cerr << "Fehler im Feld good_edges, DD_to_TC abgebrochen"<<endl;
        return NULL;
    } else {

        // Eintrag in good_edges repraesentiert eine primaere Matrix
        return DD_to_TC_QRp_primary(circuit, from_level, to_level);
    }
}

// =========================================================
// erzeuge TC Schaltkreise fuer die BMM von mat1 und mat2
// =========================================================
dependancy* OKFDD_to_TC::DD_to_TC_BMM( test_circ* TC, dependancy* mat1,
                    dependancy* mat2, usint create_PO = 0) {
    and_count = 0;
```

```
inv_count = 0;
xor_count = 0;
or_count = 0;

// Ein Zaehler fuer die Faelle, in denen ONE ONE zu einem Eingang
// ONE am XOR Gate fuehrt, fuer OR Gates wird er nicht benoetigt.
usint one_one_count = 0;

// wenn im folgenden von einem OR-Gate die Rede ist, so ist entweder
// ein OR oder ein XOR gemeint.
// im Folgenden gehen wir davon aus, dass die Nodenumbers stimmen, d.h.
// dass wir in der Unique Table die Knoten in der selben Reihenfolge
// finden, wie beim Nummerieren
// long_edge_dep enthaelt die Abhaengigkeit der zwei Knoten ueber evt.
// direkte Kanten
char* long_edge_dep = NULL;
utnode help;
utnode* node = &help;
ulint anker = 0;
ulint var_label = OKFDD_PI_Order_Table[mat1->from_level];

// geht gut, da wir nur Level mit mind. einem Knoten betrachten:
while (ut[var_label][anker] == NULL) anker++;
node->next = ut[var_label][anker];
int or_gate_fanin;
usint i;
ulint line;
ulint col;
dependancy* new_mat = NULL;
new_mat = new dependancy(mat1->from_level , mat2->to_level,
            mat1->from_node_count, mat2->to_node_count);

// geschachtelte Schleifen ueber die Positionen in der neuen Matrix
for (line = 0; line < new_mat->from_node_count; line++) {

    // der folgende Knoten node sollte der Knoten nummer "line"
    // sein (siehe oben)
    node = node->next;
    if (node == NULL) {
        anker++;
        while (ut[var_label][anker] == NULL) anker++;
        node = ut[var_label][anker];
    }
    usint level_of_lo_p = OKFDD_P_I;
    usint level_of_hi_p = OKFDD_P_I;
    if (m_and(node->lo_p) != OKFDD_ONE) {
        level_of_lo_p = level_of(node->lo_p);
    }
    if (m_and(node->hi_p) != OKFDD_ONE) {
        level_of_hi_p = level_of(node->hi_p);
    }
    for (col = 0; col < new_mat->to_node_count; col++) {

        // Zeigt eine ueberlange Kante von node(line) in
        // from_level auf node(col) in to_level ?
        // nein -> long_edge_dep bleibt NULL
        // ja -> long_edge_dep enthaelt den Signalnamen, der
        // die Abhaengigkeit traegt
        long_edge_dep = NULL;
        if ((level_of_lo_p == new_mat->to_level) &&
        (node->lo_p == node->hi_p) &&
        (Get_Node_Number(node->lo_p) == col)) {

            // beide soehne gleich, zeigen auf richtigen
            // Knoten
            long_edge_dep = Create_Sig_Name_for_Dep(2,
                            var_label);
        } else if ((level_of_lo_p == new_mat->to_level)&&
            (Get_Node_Number(node->lo_p) == col)){

            // nur der lo Sohn zeigt auf den richtigen
```

```
// Knoten
long_edge_dep = Create_Sig_Name_for_Dep(0,
                var_label);
} else if ((level_of_hi_p == new_mat->to_level)&&
     (Get_Node_Number(node->hi_p) == col)){

     // nur der hi Sohn zeigt auf den richtigen
     // Knoten
     long_edge_dep = Create_Sig_Name_for_Dep(1,
                     var_label);
}

// ueberpruefe zunaechst, ob ein OR-Gate benoetigt wird
if (str_eq(long_edge_dep, "ONE") && (use_ORs) &&
(OKFDD_PI_DTL_Table[OKFDD_PI_Order_Table[
          mat1->from_level]] == D_Shan)) {

// die ueberlange Kante macht das OR unnoetig
or_gate_fanin = -1;
} else {
if (str_eq(long_edge_dep, "ONE")) {
     one_one_count = 1;
     or_gate_fanin = 0;
} else if (long_edge_dep != NULL) {
     one_one_count = 0;
     or_gate_fanin = 1;
} else {
     one_one_count = 0;
     or_gate_fanin = 0;
}
for (i = 0; i < mat1->to_node_count; i++) {
     if (str_eq(mat1->read_elmt(line,i), "ONE") &&
     str_eq(mat2->read_elmt(i, col), "ONE")) {
          if ((use_ORs) &&
             (OKFDD_PI_DTL_Table[
             OKFDD_PI_Order_Table[
             mat1->from_level]] == D_Shan)) {

                // das OR-Gate hat einen Eingang
                // konstant auf '1', es ist
                // daher unabhaengig von den
                // anderen Eingaengen unnoetig
                or_gate_fanin = -1;
                break;
          } else {

                // ermittele, ob ein Inverter
                // am Ausgang des XOR noetig ist
                one_one_count++;
          }
     } else {
          if (!(str_eq(mat1->read_elmt(line,i),
                      "ZERO") ||
          str_eq(mat2->read_elmt(i, col),
                      "ZERO"))){

                // weder fuer die klassische,
                // noch fuer die XOR basierte
                // BMM sind Eingaenge const. 0
                // von Interesse, in beiden
                // Faellen wirken sie neutral
                or_gate_fanin++;
          }
     }
}
}
switch (or_gate_fanin) {
case -1: {

     // schreibe "ONE" in die Matrix
     new_mat->write_elmt(line, col, "ONE");
```

```
            break;
        }
    case 0: {
        if (one_one_count % 2) {

                // schreibe "ONE" in die Matrix
                new_mat->write_elmt(line, col, "ONE");
                break;
            } else {

                // schreibe "ZERO" in die Matrix
                new_mat->write_elmt(line, col, "ZERO");
                break;
            }
        }
    default: {
            char cell_name[cell_name_length];
            char signal_name[signal_name_length];

            // in or_in speichern wir Zeiger auf die Signale
            // die dem OR Gate als Input dienen
            char or_in[or_gate_fanin][signal_name_length];

            // Zaehler fuer die schon erzeugten Signale
            usint created = 0;

            if (long_edge_dep &&
                !(str_eq(long_edge_dep, "ONE"))) {

                // es gibt eine ueberspringende Kante
                // und sie ist verschieden von "ONE"
                // und somit in or_in einzutragen
                sprintf(or_in[created], "%s",
                        long_edge_dep);

                created++;
            }

            // erzeuge nun die noetigen AND Gates und
            // Signale, trage die Signale in or_in ein
            for (i = 0; i < mat1->to_node_count; i++) {
/* < < < < < < < < < < < < < < < < < < < < < < < < < < < < < < < < < < < */

// HIER GEHT ES UM DIE and's am Eingang des OR

// Sind (beide Signale verschieden von "ZERO") und
// (mindestens eines der beiden verschieden von "ONE") ?
if ( !(str_eq(mat1->read_elmt(line,i), "ZERO") ||
str_eq(mat2->read_elmt(i, col), "ZERO") ) &&
!(str_eq(mat1->read_elmt(line,i), "ONE") &&
str_eq(mat2->read_elmt(i, col), "ONE")) ) {

    // es ist ein Signal als INPUT fuer das OR-Gate noetig
    if (str_eq(mat1->read_elmt(line, i), "ONE")) {

            // somit ist mat2(i, col) verschieden von "ONE"
            int k;
            int flag = 1;
            for (k = 0; k < created; k++) {

                    // Pruefe, ob neues Signal fuer or_in in invertierter
                    // Form schon drin steht, wenn ja: loesche beide und
                    // werte es als ONE ONE
                    if (str_eq(or_in[k], mat2->read_elmt(i, col), 2)) {
                        sprintf(or_in[k], "%s", or_in[created - 1]);
                        or_gate_fanin -= 2;
                        one_one_count++;
                        created--;
                        flag = 0;
                        break;
                    }
            }
```

```
// Pruefe, ob neues Signal fuer or_in in gleicher
// Form schon drin steht, wenn ja: loesche beide und
// werte es als ZERO
if (str_eq(or_in[k], mat2->read_elmt(i, col))) {
    if ((OKFDD_PI_DTL_Table[OKFDD_PI_Order_Table[
        mat1->from_level]] == D_Shan) && (use_ORs)) {

        // das neue faellt weg, weil a ODER a=a
        or_gate_fanin--;
    } else {

        // beide fallen weg, weil a XOR a = 0
        sprintf(or_in[k],"%s",or_in[created-1]);
        or_gate_fanin -= 2;
        created--;
    }
    flag = 0;
    break;
}
}
if (flag) {
    sprintf(or_in[created], "%s", mat2->read_elmt(i, col));
    created++;
}
}
if (str_eq(mat2->read_elmt(i, col), "ONE")) {

    // somit ist mat1(line, i) verschieden von "ONE"
    int k;
    int flag = 1;
    for (k = 0; k < created; k++) {

        // Pruefe, ob neues Signal fuer or_in in invertierter
        // Form schon drin steht, wenn ja: loesche beide und
        // werte es als ONE ONE
        if (str_eq(or_in[k], mat1->read_elmt(line, i), 2)) {
            sprintf(or_in[k], "%s", or_in[created - 1]);
            or_gate_fanin -= 2;
            one_one_count++;
            created--;
            flag = 0;
            break;
        }
    }
    if (flag) {
        sprintf(or_in[created], "%s", mat1->read_elmt(line, i));
        created++;
    }
}
if (!(str_eq(mat1->read_elmt(line, i), "ONE") ||
str_eq(mat2->read_elmt(i, col), "ONE"))) {

    // erzeuge AND2
    sprintf(cell_name, "%s%d%s%d%s%d", "A", and_count, "_",
                mat1->from_level, "_", mat2->to_level);
    and_count++;
    TC->declare_cell(cell_name, "AND2");
    TC->set_connection(mat1->read_elmt(line, i), cell_name, "I0");
    TC->set_connection(mat2->read_elmt(i, col), cell_name, "I1");
    sprintf(signal_name, "A%ld", sig_count);
    sig_count++;
    TC->declare_signal(signal_name);
    if (PROMode) {
        sprintf(pro_name, "Y%ld", pro_count);
        TC->declare_cell(pro_name, "PRO");
        TC->set_connection(signal_name, pro_name, "I0");
        pro_count++;
    }
    TC->set_connection(signal_name, cell_name, "O0");
    if (OKFDD_to_TC_Outputflags & 16) cout
        << "AND2 " << cell_name << " declared \n"
```

```
                << cell_name << " IO verbunden mit Signal "
                << mat1->read_elmt(line, i) << endl
                << cell_name << " I1 verbunden mit Signal "
                << mat2->read_elmt(i, col) << endl
                << "Signal " << signal_name << " declared \n"
                << cell_name << " O0 verbunden mit Signal "
                << signal_name << endl << endl;
            sprintf(or_in[created], "%s", signal_name);
            created++;
        }
    }
/* > > > > > > > > > > > > > > > > > > > */
    }
if ((OKFDD_PI_DTL_Table[OKFDD_PI_Order_Table[mat1->from_level]] == D_Shan) &&
(use_ORs) && (one_one_count)) {

    // schreibe "ONE" in die Matrix, weil 1+x=1
    new_mat->write_elmt(line, col, "ONE");
} else if (or_gate_fanin == 0) {
    if (one_one_count % 2) {

        // schreibe "ONE" in die Matrix, weil 1 XOR 1 XOR 1 = 1
        new_mat->write_elmt(line, col, "ONE");
    } else {

        // schreibe "ZERO" in die Matrix, weil 1 XOR 1 = 0
        new_mat->write_elmt(line, col, "ZERO");

    }
} else {

    // benutze ODER ?
    if ((use_ORs) && (OKFDD_PI_DTL_Table[OKFDD_PI_Order_Table[
                      mat1->from_level]] == D_Shan)) {
        if (or_gate_fanin == 1) {

            // kein OR noetig
            new_mat->write_elmt(line, col, or_in[0]);
        } else {

            // erzeuge ODER - Gatter
            create_OR(TC, or_in, or_gate_fanin, mat1->from_level,
                               mat2->to_level);

            // das soeben erzeugte OR hat schon ein Ausgangssignal
            // bekommen, hier sein Name:
            sprintf(signal_name, "O%ld", sig_count - 1);
            new_mat->write_elmt(line, col, signal_name);

        }
    } else {
/* < < < < < < < < < < < < < < < < < < */

// also XOR
if (or_gate_fanin == 1) {

    // kein XOR noetig, da 0 + x = x
    if (one_one_count % 2) {

        // haenge Inverter an das eine Signal
        sprintf(cell_name, "%s%d%s%d%s%d", "I", inv_count, "_",
                     mat1->from_level, "_", mat2->to_level);
        inv_count++;
        TC->declare_cell(cell_name, "INV");
        TC->set_connection(or_in[0], cell_name, "I0");

        // erzeuge ein Signal am Ausgang des Inverters. Dieses wird in
        // der Matrix eingetragen
        sprintf(signal_name, "I%ld", sig_count);
        sig_count++;
        TC->declare_signal(signal_name);
        if (PROMode) {
            sprintf(pro_name, "Y%ld", pro_count);
```

```
                        TC->declare_cell(pro_name, "PRO");
                        TC->set_connection(signal_name, pro_name, "I0");
                        pro_count++;
                    }
                    TC->set_connection(signal_name, cell_name, "O0");
                    if (OKFDD_to_TC_Outputflags & 16) cout
                        << "INV " << cell_name << " declared \n"
                        << cell_name << " I0 verbunden mit Signal "
                        << or_in[0] << endl
                        << "Signal " << signal_name << " declared \n"
                        << cell_name << " O0 verbunden mit Signal "
                        << signal_name << endl << endl;
                    new_mat->write_elmt(line, col, signal_name);
                } else {
                    new_mat->write_elmt(line, col, or_in[0]);
                }
            } else {

                // erzeuge XOR - Gatter
                create_XOR(TC, or_in, or_gate_fanin, mat1->from_level, mat2->to_level);

                // das soeben erzeugte XOR hat schon ein Ausgangssignal
                // bekommen, hier sein Name:
                sprintf(signal_name, "X%ld", sig_count-1);

                // ist die Anzahl der Eingaenge const. 1 ungerade ?
                if (one_one_count % 2) {

                    // haenge Inverter an den Ausgang des XOR
                    sprintf(cell_name, "%s%d%s%d%s%d", "I", inv_count, "_",
                            mat1->from_level, "_", mat2->to_level);
                    inv_count++;
                    TC->declare_cell(cell_name, "INV");
                    #ifdef CellDeclCOUTmode
                        cerr << cell_name << " declared \n";
                    #endif
                    TC->set_connection(signal_name, cell_name, "I0");
                    if (OKFDD_to_TC_Outputflags & 16) cout
                        << "INV " << cell_name << " declared \n"
                        << cell_name << " I0 verbunden mit Signal "
                        << signal_name << endl;

                    // erzeuge ein Signal am Ausgang des Inverters. Dieses wird in
                    // der Matrix eingetragen
                    sprintf(signal_name, "I%ld", sig_count-1);
                    sig_count++;
                    TC->declare_signal(signal_name);
                    if (PROMode) {
                        sprintf(pro_name, "Y%ld", pro_count);
                        TC->declare_cell(pro_name, "PRO");
                        TC->set_connection(signal_name, pro_name, "I0");
                        pro_count++;
                    }
                    TC->set_connection(signal_name, cell_name, "O0");
                    if (OKFDD_to_TC_Outputflags & 16) cout
                        << "Signal " << signal_name << " declared \n"
                        << cell_name << " O0 verbunden mit Signal "
                        << signal_name << endl << endl;
                }
                new_mat->write_elmt(line, col, signal_name);
            }
/* > > > > > > > > > > > > > > > > > > > > > > > > > > > > > > > > > > > > > > > */
                        }
                    }
                }
            }
    }
    delete mat1;
    delete mat2;
    if (OKFDD_to_TC_Outputflags & 1) new_mat->cout_matrix();
```

```
    if ((create_PO) && (new_mat->to_level == OKFDD_P_l)) {

        // schliesse POs an, denn es ist erwuenscht (create_PO) und
        // auch erlaubt (Matrix geht zu den Terminalen)
        DD_to_TC_QRp_PO(TC, var_label, new_mat);
    }
    return new_mat;
}

// ====================================================================
// erzeugt die primaeren Matrizen zu QRp und die zugehoerigen test_circ Zellen
// ====================================================================
dependancy* OKFDD_to_TC::DD_to_TC_QRp_primary(test_circ* circuit,
                        usint from_level, usint to_level) {
    dependancy* primary = NULL;
    if (from_level + 1 == to_level) {

        // erzeuge Matrizen R_i_i+1 (wie bei DD_to_TC_easy)
        primary = DD_to_TC_primary(circuit, from_level, 1);
    } else {

        // erzeuge Matrizen auf andere Arten und Weisen
        cerr <<"DD_to_TC_QRp_primary: Weiteres noch nicht implementiert"
             << endl;
    }
    return primary;
}

// ====================================================================
// erzeugt die primaeren Matrizen zu QRv und die zugehoerigen test_circ Zellen
// ====================================================================
dependancy* OKFDD_to_TC::DD_to_TC_QRv_primary(test_circ* circuit,
                        usint from_level, usint to_level) {
    dependancy* primary = NULL;
    if (from_level + 1 == to_level) {

        // erzeuge Matrizen R_i_i+1 (wie bei DD_to_TC_easy)
        primary = DD_to_TC_primary(circuit, from_level, 0);
    } else {

        // erzeuge Matrizen auf andere Arten und Weisen
        cerr <<"DD_to_TC_QRv_primary: Weiteres noch nicht implementiert"
             << endl;
    }
    return primary;
}

// ====================================================================
// erzeugt eine primaere Matrix und die zugehoerigen test_circ Zellen
// ====================================================================
dependancy* OKFDD_to_TC::DD_to_TC_primary(test_circ* circuit,
                        usint level_no, usint create_PO = 0) {
    int error = 0;
    dependancy* pri_ma = NULL;

    // Erzeuge eine Matrix und initialisiere ihre Felder mit "ZERO"
    if (level_no + 1 < OKFDD_P_l) {
        pri_ma = new dependancy(level_no, level_no + 1,
        OKFDD_No_UTNodes_Per_Lvl[OKFDD_PI_Order_Table[level_no]],
        OKFDD_No_UTNodes_Per_Lvl[OKFDD_PI_Order_Table[level_no + 1]]);
    } else {
        pri_ma = new dependancy(level_no, level_no + 1,
        OKFDD_No_UTNodes_Per_Lvl[OKFDD_PI_Order_Table[level_no]], 2);
    }
    usint from;
    usint to;
    for (from = 0; from < pri_ma->from_node_count; from++) {
        for (to = 0; to < pri_ma->to_node_count; to++) {
            pri_ma->write_elmt(from, to, "ZERO");
        }
    }
```

```
char* signal_name = NULL;

.// eine Schleife ueber die Knoten im Level level_no
ulint anker;
utnode* node;
ulint var_label = OKFDD_PI_Order_Table[level_no];
for (anker = 0; anker < OKFDD_UTL_Size(var_label); anker++) {
node = ut[var_label][anker];
while (node) {
if (OKFDD_ID(node) != 999) {
    from = *(int*)(node->link);

    // im folgenden werden alle Kanten betrachtet, die in level_no
    // beginnen und in level_no + 1 enden
    usint lo_p_level = OKFDD_P_I;
    if (m_and(node->lo_p) != OKFDD_ONE) lo_p_level =
                        level_of(node->lo_p);
    usint hi_p_level = OKFDD_P_I;
    if (m_and(node->hi_p) != OKFDD_ONE) hi_p_level =
                        level_of(node->hi_p);
    if ((lo_p_level == level_no + 1) && (node->lo_p == node->hi_p)){

        // beide Soehne sind gleich und nicht ueberlang
        to = Get_Node_Number(node->lo_p);
        signal_name = Create_Sig_Name_for_Dep(2, var_label);
        if (pri_ma->write_elmt(from, to, signal_name) != NULL) {
            error = 1;
        }
        if (signal_name) {
            delete signal_name;
            signal_name = NULL;
        }
    } else {
        if (lo_p_level == level_no + 1) {

            // der LO Sohn
            to = Get_Node_Number(node->lo_p);
            signal_name = Create_Sig_Name_for_Dep(0,
                            var_label);
            if (pri_ma->write_elmt(from, to, signal_name) !=
                            NULL) {
                error = 1;
            }
            if (signal_name) {
                delete signal_name;
                signal_name = NULL;
            }
        }
        if (hi_p_level == level_no + 1) {

            // der HI Sohn
            to = Get_Node_Number(node->hi_p);
            signal_name = Create_Sig_Name_for_Dep(1,
                            var_label);
            if (pri_ma->write_elmt(from, to, signal_name) !=
                            NULL) {
                error = 1;
            }
            if (signal_name) {
                delete signal_name;
                signal_name = NULL;
            }
        }
    }
}
node = node->next;
}
}
if ((OKFDD_to_TC_Outputflags & 1) && (pri_ma)) pri_ma->cout_matrix();
if ((create_PO) && (level_no + 1 == OKFDD_P_I) && (error == 0)) {
```

```
            // schliesse POs an, denn es ist erwuenscht (create_PO) und
            // auch erlaubt (Matrix geht zu den Terminalen)
            error |= DD_to_TC_QRp_PO(circuit, var_label, pri_ma);
        }
    if (error) {
        delete pri_ma;
        return NULL;
    } else return pri_ma;
}

// ================================================================
// erzeugt die POs fuer QRp und evt. die sigma-POs
// ================================================================
int OKFDD_to_TC::DD_to_TC_QRp_PO(test_circ* circuit, ulint var_label,
                                 dependancy* pri_ma) {
    int error = 0;
    usint root_no;
    usint root_label;
    utnode* root;
    for (root_no = 0; root_no < OKFDD_P_O; root_no++) {
        root_label = OKFDD_PO_Table(root_no);
        root = OKFDD_PO_Root_Table(root_label);
        if (var_label == OKFDD_Label(root)){

            // diese Wurzel zeigt auf einen Knoten root
            // in Level level_no, erzeuge PO
            char func_name[pipo_name_length];
            sprintf(func_name, "%s",
                pri_ma->read_elmt(Get_Node_Number(root), 1));
            if (str_eq(func_name, "ONE")) {
                error |= DD_to_TC_preset_1(circuit);
                sprintf(func_name, "%s", "Sig_1");
            } else if (str_eq(func_name, "ZERO")) {
                error |= DD_to_TC_preset_0(circuit);
                sprintf(func_name, "%s", "Sig_0");
            }
            char sigma_name[pipo_name_length];
            sprintf(sigma_name, "%s",
                pri_ma->read_elmt(Get_Node_Number(root), 0));
            if ((logic_type == 1) || (logic_type > 2)) {
                if (str_eq(sigma_name, "ONE")) {
                    error |= DD_to_TC_preset_1(circuit);
                    sprintf(sigma_name, "%s", "Sig_1");
                } else if (str_eq(sigma_name, "ZERO")) {
                    error |= DD_to_TC_preset_0(circuit);
                    sprintf(sigma_name, "%s", "Sig_0");
                }
            }
            error |= DD_to_TC_PO(circuit, root_label, func_name,
                                 sigma_name);
        }
    }
    return error;
}

// ================================================================
// Anlegen der benoetigten PRESETs fuer QRp
// ================================================================
int OKFDD_to_TC::DD_to_TC_QRp_Presets(test_circ* circuit) {
    usint error = 0;
    usint root_no;
    ulint root_label;
    utnode* root;
    for (root_no = 0; root_no < OKFDD_P_O; root_no++) {
        root_label = OKFDD_PO_Table(root_no);
        root = OKFDD_PO_Root_Table(root_label);
        if (root == OKFDD_ONE) {

            // Wurzel zeigt direkt auf das Terminal 1
            if ((logic_type <= 1) && (logic_type != 2)) {
```

```
                              // sigma(1) = 0
                              error |= DD_to_TC__preset_0(circuit);
                      }
                      error |= DD_to_TC__preset_1(circuit);
                      error |= DD_to_TC__PO(circuit, root_label, "Sig_1",
                                                "Sig_0");
              }
              if (root == OKFDD_ZERO) {

                      // Wurzel zeigt direkt auf das Terminal 0
                      if ((logic_type <= 1) && (logic_type != 2)) {

                              // sigma(0) = 1
                              error |= DD_to_TC__preset_1(circuit);
                      }
                      error |= DD_to_TC__preset_0(circuit);
                      error |= DD_to_TC__PO(circuit, root_label, "Sig_0",
                                                "Sig_1");
              }
      }
      return error;
}

// =======================================================
// erzeugt einen PO und evt. den zugehoerigen sigma-PO
// =======================================================
int OKFDD_to_TC::DD_to_TC__PO(test_circ* circuit, ulint root_label,
                char* function_signal_name, char* sigma_signal_name) {
      int error = 0;
      char cell_name[pipo_name_length];
      if ((logic_type == 1) || (logic_type > 2)) {

              // erzeuge einen sigma-PO
              if (get_PIPO_Names_from_BLIF) {
                      str_cpalpha(cell_name, toprime[root_label]->name,
                                      pipo_name_length);
                      sprintf(cell_name, "%s%s", cell_name, "s");
              } else {

                      // generiere einen Namen
                      sprintf(cell_name, "POs%ld", root_label);
              }

              // erzeuge einen PO und schliesse ihn an das 2. Signal
              error |= circuit->declare_cell(cell_name, "P_OUT");
              if (OKFDD_to_TC_Outputflags & 16) cout
                      << "P_OUT " << cell_name << " declared \n";
              error |= circuit->set_connection(sigma_signal_name, cell_name,
                                                "I0");
              if (OKFDD_to_TC_Outputflags & 16) cout
                      << cell_name << " I0 verbunden mit Signal "
                      << sigma_signal_name << endl << endl;
      }

      // erzeuge einen PO
      if (get_PIPO_Names_from_BLIF) {
              str_cpalpha(cell_name, toprime[root_label]->name,
                              pipo_name_length);
      } else {

              // generiere einen Namen
              sprintf(cell_name, "PO%ld", root_label);
      }

      // erzeuge einen PO und schliesse ihn an das 2. Signal
      error |= circuit->declare_cell(cell_name, "P_OUT");
      if (OKFDD_to_TC_Outputflags & 16) cout
              << "P_OUT " << cell_name << " declared \n";
      error |= circuit->set_connection(function_signal_name, cell_name, "I0");
      if (OKFDD_to_TC_Outputflags & 16) cout
              << cell_name << " I0 verbunden mit Signal "
```

```
                 << function_signal_name << endl << endl;
             return error;
        }

// =======================================================================
// verwaltet das Preset_0
// =======================================================================
int OKFDD_to_TC::DD_to_TC__preset_0(test_circ* circuit) {
    int error = 0;
    static usint preset_0_exists_not = 1;
    if (preset_0_exists_not) {

             // preset_0 existiert noch nicht, erzeuge es
             preset_0_exists_not = 0;
             error |= circuit->declare_cell("ZERO", "PRESET_0");
             error |= circuit->declare_signal("Sig_0");
             error |= circuit->set_connection("Sig_0", "ZERO", "O0");
             if (OKFDD_to_TC_Outputflags & 16) cout
                  << "PRESET_0 ZERO declared \n Signal Sig_0 declared \n"
                  << " ZERO O0 verbunden mit Signal Sig_0 \n\n";
        }
        return error;
}

// =======================================================================
// verwaltet das Preset_1
// =======================================================================
int OKFDD_to_TC::DD_to_TC__preset_1(test_circ* circuit) {
    int error = 0;
    static usint preset_1_exists_not = 1;
    if (preset_1_exists_not) {

             // preset_1 existiert noch nicht, erzeuge es
             preset_1_exists_not = 0;
             error |= circuit->declare_cell("ONE", "PRESET_1");
             error |= circuit->declare_signal("Sig_1");
             error |= circuit->set_connection("Sig_1", "ONE", "O0");
             if (OKFDD_to_TC_Outputflags & 16) cout
                  << "PRESET_1 ONE declared \n Signal Sig_1 declared \n"
                  << " ONE O0 verbunden mit Signal Sig_1 \n\n";
        }
        return error;
}

// =======================================================================
// read an integervalue from stdin, cout ask_for
// =======================================================================
int cin_int(char* ausgabe, int standartwert, int yn = 0) {
    cout << endl << ausgabe;
    if (yn) {
             cout << " (Yes/No) <";
             if (standartwert) cout << 'y';
             else cout << 'n';
             cout << "> : " << flush;
    } else cout << " <" << standartwert << "> : " << flush;
    int neg = 0;
    int ask = 0;
    int count = -1;
    int ja = -1;
    int eingabewert = 0;
    char ch;
    do {
             ch = getchar();
             if (isdigit(ch)) eingabewert = 10 * eingabewert + int(ch - '0');
             count++;
             if (!count) {
                  if (ch == '-') neg = 1;
                  if (ch == '?') ask = 1;
                  if (ch == 'j') ja = 1;
                  if (ch == 'J') ja = 1;
                  if (ch == 'y') ja = 1;
```

```
                    if (ch == 'Y') ja = 1;
                    if (ch == 'n') ja = 0;
                    if (ch == 'N') ja = 0;
            }
        } while (ch != '\n');
        if (neg) eingabewert *= -1;
        if (yn) {
            if (ja == 1) eingabewert = 1;
            if (ja == 0) eingabewert = 0;
        }
        if (!count) {
            eingabewert = standartwert;
            cout << "using default: " << standartwert << endl;
        } else if (ask) eingabewert = -2;
        else cout << "value: " << eingabewert << endl;
        return eingabewert;
}

// =========================================================
// interaktiv synthesis
// =========================================================
void OKFDD_to_TC::STEP_DD_Synthesis(char* circuit_name, char* TC_to_TC_library){
        test_circ* circuit;
        int partiell = 0;
        int freilos = 0;
        int interaktiv = 0;
        int make_BDD = 0;
        int save_circuit = 1;
        cout << endl << ">> STEP DD synthesis << The synthesis needs some "
        << "parameters !" << endl << "Enter only integer values. If you "
        << "want to correct a previous value just enter-1.\n" << "The "
        << "values in parenthesis are defaults. Enter ? for help" << endl;
        int optio = 1;
        do { switch (optio) {
        case 1:
            OKFDD_to_TC_Outputflags =
            cin_int("1) standard output: OKFDD_to_TC_Outputflags", 8);
            if (OKFDD_to_TC_Outputflags == (ulint)(-2)) cout << endl
<< "Bit Value Option" << endl
<< "----------------------------------------------" << endl
<< " 0 1 Abhaengigkeitsmatrizen" << endl
<< " 1 2 Knotennummern fuer die Matrizen" << endl
<< " 3 8 public-Funktionen" << endl
<< " 4 16 alle erzeugten TC-Elemente" << endl
<< " 5 32 benoetigte TC-Elemente" << endl
<< " 6 64 BMM-Reihenfolge" << endl
<< " 7 128 Freilosdaten" << endl
            ; else optio++;
            break;
        case 2:
            logic_type = cin_int("2) the fan-in, fan-out: logic_type", 1);
            if (logic_type == -2) cout << endl
<< "Value Option" << endl
<< "----------------------------------------------" << endl
<< " <=0 one-rail (normal circuit)" << endl
<< " 1 one-rail + sigma OUT" << endl
<< " 2 two-rail IN (pos. and neg IN), one-rail OUT" << endl
<< " 3>= two-rail IN (pos. and neg IN) and sigma OUT" << endl
            ; else if (logic_type == -1) {
                optio--;
                cout << "back to the last option" << endl;
            } else optio++;
            break;
        case 3:
            get_PIPO_Names_from_BLIF =
            cin_int("3) get_PIPO_Names_from_BLIF ?", 1, 1);
            if (get_PIPO_Names_from_BLIF == -2) cout << endl
<< "Value Option" << endl
<< "----------------------------------------------" << endl
<< " n create portnames like all other cell names" << endl
<< " y use the portnames of the BLIF-file for PIs and POs" << endl
```

```
            ; else if (get_PIPO_Names_from_BLIF == -1) {
                optio-;
                cout << "back to the last option" << endl;
            } else optio++;
            break;
        case 4:
            create_useless_inputs =
                    cin_int("4) create_useless_inputs ?", 1, 1);
            if (create_useless_inputs == -2) cout << endl
<< "Value Option" << endl
<< "————————————————————————" << endl
<< " n don't create PIs without any influence on the funktion" << endl
<< " y create them" << endl
                ; else if (create_useless_inputs == -1) {
                    optio-;
                    cout << "back to the last option" << endl;
                } else optio++;
                break;
        case 5:
            use_ORs = cin_int("5) use_ORs if it is possible ?", 1, 1);
            if (use_ORs == -2) cout << endl
<< "Value Option" << endl
<< "————————————————————————" << endl
<< " n never use OR gates, use XOR gates instead" << endl
<< " y use ORs if the DD is a BDD or the BMM flow is linear" << endl
                ; else if (use_ORs == -1) {
                    optio-;
                    cout << "back to the last option" << endl;
                } else optio++;
                break;
        case 6:
            PROMode =
            cin_int("6) create always pojections (PROMode) ?", 1, 1);
            if (PROMode == -2) cout << endl
<< "Value Option" << endl
<< "————————————————————————" << endl
<< " n don't create unused pojections, ignore cerrs from TC" << endl
<< " y normaly way, need a little more memory" << endl
                ; else if (PROMode == -1) {
                    optio-;
                    cout << "back to the last option" << endl;
                } else optio++;
                break;
        case 7:
            //max_XOR_width = cin_int("7) max_XOR_width to use ?", 2);
            //if (max_XOR_width == (usint)(-1)) {
            // optio-;
            // cout << "back to the last option" << endl;
            //} else if ((max_XOR_width < 2) || (max_XOR_width > 2)) {
            // cout << endl
            // << "The maximal width of XOR Gates to use."<< endl
            // << "The range is 2 up to 2." << endl;
            //} else optio++;
            //break;
            if (max_OR_width == (usint)(-1)) {
                max_OR_width++;
                optio-;
            } else optio++;
            break;
        case 8:
            max_OR_width = cin_int("8) max_OR_width to use ?", 2);
            if (max_OR_width == (usint)(-1)) {
                optio-;
                cout << "back to the last option" << endl;
            } else if ((max_OR_width < 2) || (max_OR_width>11)) cout << endl
<< "The maximal width of OR Gates to use. The range is 2 up to 11." << endl
                ; else optio++;
                break;
        case 9:
            make_BDD = cin_int("9) transform the DD to a BDD ?", 0, 1);
            if (make_BDD == -2) cout << endl
```

```
            << "Value Option" << endl
            << "————————————————————————————" << endl
            << " n don't transform the OKFDD to a BDD" << endl
            << " y transform the OKFDD to a BDD" << endl
                ; else if (make_BDD == -1) {
                    optio–;
                    cout << "back to the last option" << endl;
                } else optio++;
                break;
            case 10:
                partiell = cin_int("10) partial quasireduction ?", 1, 1);
                if (partiell == -2) cout << endl
            << "Value Option" << endl
            << "————————————————————————————" << endl
            << " n full quasireduction, each level" << endl
            << " y partial quasireduction, using BMM flow" << endl
                ; else if (partiell == -1) {
                    optio–;
                    cout << "back to the last option" << endl;
                } else optio++;
                break;
            case 11:
                freilos = cin_int("11) type of BMM flow:", 0);
                if ((freilos != -1) && (freilos != 0) && (freilos != 1) &&
                (freilos != 2) && (freilos != 11) && (freilos != 12) &&
                (freilos != 100)) cout << endl
            << "Value Option" << endl
            << "————————————————————————————" << endl
            << " 0 depth logarithmical, trivial" << endl
            << " 1 depth logarithmical, minimal BMM-cost" << endl
            << " 2 depth logarithmical, random" << endl
            << " 11 minnimal BMM-costs" << endl
            << " 12 random" << endl
            << "100 depth strong linear" << endl
                ; else if (freilos == -1) {
                    optio–;
                    cout << "back to the last option" << endl;
                } else optio++;
                break;
            case 12:
                interaktiv = cin_int("12) open PUMA Shells ?", 0, 1);
                if (interaktiv == -2) cout << endl
            << "Value Option" << endl
            << "————————————————————————————" << endl
            << " n no Shell" << endl
            << " y a Shell after no_Complements and after quasireduction" << endl
                ; else if (interaktiv == -1) {
                    optio–;
                    cout << "back to the last option" << endl;
                } else optio++;
                break;
            case 13:
                save_circuit = cin_int("13) save the circuit ?", 1, 1);
                if (save_circuit == -2) cout << endl
            << "Value Option" << endl
            << "————————————————————————————" << endl
            << " y don't save the created TC circuit" << endl
            << " n save the created Test Circ circuit" << endl
                ; else if (save_circuit == -1) {
                    optio–;
                    cout << "back to the last option" << endl;
                } else optio++;
                break;
            default:;
        }} while (optio < 14);
        cout << endl << "starting the synthesis ..." << endl << endl;
        if (make_BDD) {

            // KFDD -> BDD
            OKFDD_DD_to_BDD(0, OKFDD_P_I, FALSE);
        }
```

```
if (interaktiv) OKFDD_Shell();

// No Complements
OKFDD_No_Complements();
if (interaktiv) OKFDD_Shell();                          :
if (!partiell) {

    // Quasi Reduce (vollstaendig)
    OKFDD_Select_Levels_for_Quasi_reduce_full(1);
    OKFDD_Quasi_reduce_full();
}

// declare BMM-flow                                     '
OKFDD_declare_BMM_flow(freilos);
if (partiell) {

    // Quasi Reduce (partiell)
    OKFDD_Quasi_reduce_partiell();
}
if (interaktiv) OKFDD_Shell();

// DD_to_TC
if (partiell) circuit = DD_to_TC_QRp(circuit_name, TC_to_TC_library);
else circuit = DD_to_TC_QRv(circuit_name, TC_to_TC_library);

// Save the TC
if (save_circuit) {
    circuit->save(circuit_name);
    cout << "circuit saved as " << circuit_name << endl;
}
delete circuit;
cout << endl << "... ending the STEP DD synthesis" << endl << endl;
}

// ======================================================================
// Vergl., ob mom.Kosten minimaler / evtl.saven d.Reihenf.u.DTL o.bei = zae.
// ======================================================================
void OKFDD_to_TC::gesamtkosten_FL(uint von, uint bis, int kostenmass = 1) {
    uint i;

    // ein Feld fuer die BMM Kosten (price):
    uint* price = new uint[OKFDD_P_I + 1];
    for (i = 0; i < OKFDD_P_I; i++) {
        price[i] = OKFDD_No_UTNodes_Per_Lvl[OKFDD_PI_Order_Table[i]];
    }
    price[OKFDD_P_I] = 2;
    if (! quasireduced) {

        // Die Kostenwerte werden durch die noch noetige
        // quasireduzierung noch steigen.
        // die Steigerung berechnen wir hier.
//geht nicht wegen CEs OKFDD_Quasi_reduce_v_node_precount(price);
    }

    // fields for range of k
    strange_ulint_matrix* kl = new strange_ulint_matrix(OKFDD_P_I);
    strange_ulint_matrix* kh = new strange_ulint_matrix(OKFDD_P_I);
    if ((kostenmass == 11) || (kostenmass == 12)) {

        // bis zu linearer Tiefe
        Freilos_calculate_range_for_k(kl, kh, 0);
    } else {

        // streng logarithmische Tiefe
        Freilos_calculate_range_for_k(kl, kh);
    }

    // fields for min matrix count cost and for best k
    strange_ulint_matrix* m = new strange_ulint_matrix(OKFDD_P_I);
    strange_ulint_matrix* s = new strange_ulint_matrix(OKFDD_P_I);
    if ((kostenmass == 2) || (kostenmass == 12)) {
```

```
        // zufaellige Ermittlung
        Freilos_random_m_and_s(s, kl, kh);
    } else {

        // nach BMM Kosten
        Freilos_calculate_m_and_s(m, price, s, kl, kh);

    }
    if (m->get(0, OKFDD_P_l) <= best_costs_for_sift) {
        if (OKFDD_Outputflags & dumpflag) {
            for (i = 0; i < OKFDD_Maxidx; i++) {
                cout << dtl[OKFDD_PI_DTL_Table[
                    OKFDD_PI_Order_Table[i]]] << " ";
            }
            cout << "\n";
            for (i = 0; i < OKFDD_Maxidx; i++) {
                cout << OKFDD_PI_Order_Table[i] << " ";
            }
            cout << "=> " << OKFDD_Now_size_i << "\n";

        }
        for (i = von; i <= bis; i++) {
    min_pi_table[i] = OKFDD_PI_Order_Table[i];
    mindtl[OKFDD_PI_Order_Table[i]] =
OKFDD_PI_DTL_Table[OKFDD_PI_Order_Table[i]];

        }
        if (m->get(0, OKFDD_P_l) == best_costs_for_sift) {
            min_count++;
        } else {
            min_count = 1;
            min_size_i = OKFDD_Now_size_i;
            best_costs_for_sift = m->get(0, OKFDD_P_l);
            cout <<endl<< "neues Siftergebniss fuer kompletten SK: "
                << m->get(0, OKFDD_P_l) << endl;
// uint z;
// uint sp;
// for (z = 0; z < OKFDD_P_l - 1; z++) {
// for (sp = 0; sp < z+2; sp++) cout << " ";
// for (sp = z+2; sp <= OKFDD_P_l; sp++) {
// cout.width(3);
// cout << s->get(z,sp) << " ";
// }
// cout << endl;
// }
// for (i = 0; i < OKFDD_P_l; i++) cout << price[i] << " ";
// cout << price[OKFDD_P_l] << endl;
        }

        // fertig, gebe noch Speicher frei, dann ist Schluss
        delete[] price;
        delete kl;
        delete kh;
        delete m;
        delete s;
}

// =========================================================
// Sifting mit gleichzeitiger Veraenderung des Zerlegungstyps
// =========================================================
void OKFDD_to_TC::OKFDD_DTL_Sifting_FL(uint von, uint bis, float faktor,
                char rel, char art, int kms = 1) {
    costs_for_sift = 1;
// int opos, belegt, frei, old_size;
// uint sift, var, abb;
/**/ int opos, belegt, frei, old_size, sift, var, abb;
    char abbflag = 0;
    unsigned int old_no_ut[pi_limit];

    cout(ros_b) << "DD-SIZE : " << OKFDD_Now_size_i << " =>\n";
    cout(ros_a) << " => ";
    cout((ros_b||ros_a)).flush();
```

```
// Schiebe belegte unique tables zusammen
// ────────────────────────────
frei = von;
while (OKFDD_No_UTNodes_Per_Lvl[OKFDD_PI_Order_Table[frei]] &&
frei <= bis)
frei++;

    for (belegt = frei+1; belegt <= bis; belegt ++)
    {
    if (OKFDD_No_UTNodes_Per_Lvl[OKFDD_PI_Order_Table[belegt]])
    {
    sift = OKFDD_PI_Order_Table[frei];
    OKFDD_PI_Order_Table[frei] = OKFDD_PI_Order_Table[belegt];
    OKFDD_PI_Order_Table[belegt] = sift;
    var = OKFDD_PI_Level_Table[OKFDD_PI_Order_Table[frei]];
    OKFDD_PI_Level_Table[OKFDD_PI_Order_Table[frei]] =
OKFDD_PI_Level_Table[OKFDD_PI_Order_Table[belegt]];
    OKFDD_PI_Level_Table[OKFDD_PI_Order_Table[belegt]] = var;
    frei++;
    }
    }
    bis = frei-1;

    // aktualisiere Hilfsfelder
    // ────────────────
    if (faktor < 1.01) faktor = 1.01;
    min_count = 0;
// for (var = von; var <= bis; var++)
    for (var = 0; var < OKFDD_Maxidx; var++)
    {
    old_no_ut[OKFDD_PI_Order_Table[var]] =
OKFDD_No_UTNodes_Per_Lvl[OKFDD_PI_Order_Table[var]];
    twin_pi_table[var] = min_pi_table[var] = OKFDD_PI_Order_Table[var];
    mindtl[OKFDD_PI_Order_Table[var]] =
OKFDD_PI_DTL_Table[OKFDD_PI_Order_Table[var]];
    }
    old_size = min_size_i = OKFDD_Now_size_i;

    // suche ersten Kandidaten
    // ───────────────
    switch (art)
    {
    case 'r': // Bestimme zufaellige Levelreihenfolge
        // ──────────────────────
        for (var = von; var <= bis; var++)
        {
            sift = bis-(rand()%(bis-var+1));
            opos = twin_pi_table[var];
            twin_pi_table[var] = twin_pi_table[sift];
            twin_pi_table[sift] = opos;
        }
        break;

    case 'g': // Sortiere Level nach absteigender Breite
        // ──────────────────────
        for (var = von; var <= bis; var++)
        {
        for (sift = var+1; sift <= bis; sift++)
            {
            if (OKFDD_No_UTNodes_Per_Lvl[twin_pi_table[var]]
            < OKFDD_No_UTNodes_Per_Lvl[twin_pi_table[sift]])
            {
            opos = twin_pi_table[var];
            twin_pi_table[var] = twin_pi_table[sift];
            twin_pi_table[sift] = opos;
            }
            }
        }
        break;
```

```
case 'l': // Suche max. Level
    // ─────────
    opos = von;
    for (sift = von+1; sift <= bis; sift++)           :
    if (OKFDD_No_UTNodes_Per_Lvl[twin_pi_table[sift]]
        > OKFDD_No_UTNodes_Per_Lvl[twin_pi_table[opos]])
opos = sift;

    if (opos != von)
    {
        sift = twin_pi_table[opos];                    *
        twin_pi_table[opos] = twin_pi_table[von];
        twin_pi_table[von] = sift;
    }
    break;

case 'v': // Suche vielversprechendes Level
    // ─────────────────────
    levelstat();
    opos = von;
    for (sift = von+1; sift <= bis; sift++)
    if (lsf[twin_pi_table[sift]] >
lsf[twin_pi_table[opos]])
opos = sift;

    if (opos != von)
    {
        sift = twin_pi_table[opos];
        twin_pi_table[opos] = twin_pi_table[von];
        twin_pi_table[von] = sift;
    }
}

for (var = von; var <= bis; var++)
{

Prozentbalken(var-von+1,bis-von+1,'S')

// Vergroesserungsfaktor relativieren
// ─────────────────────
if (rel == 'r') old_size = OKFDD_Now_size_i;

// Variable fuer momentanen Zerlegungstyp durch DD schieben
// ─────────────────────────────
opos = von;
while (OKFDD_PI_Order_Table[opos]!=twin_pi_table[var]) opos++;

if (opos > von)
{
for (sift = opos - 1; sift >= von && OKFDD_Now_size_i <
old_size*faktor; sift-)
{
    OKFDD_Levelexchange(sift);
    gesamtkosten_FL(von,bis,kms);
}
abb = sift+1;
for (sift = abb; sift < opos; sift++) OKFDD_Levelexchange(sift);
}

for (sift = opos; sift < bis && OKFDD_Now_size_i <
old_size*faktor; sift++)
{
OKFDD_Levelexchange(sift);
gesamtkosten_FL(von,bis,kms);
}
abb = sift;

if (abb < bis) abbflag = 1;
else
{
// Zerlegungstyp rotieren
```

```
// ——————
        for (sift = bis; sift < OKFDD_Maxidx-1 && OKFDD_Now_size_i <
old_size*faktor; sift++)
OKFDD_Levelexchange(sift);
        abb = sift-1;
        if (abb != OKFDD_Maxidx-2)
            {
            for (sift = abb; sift >= bis; sift-)
OKFDD_Levelexchange(sift);
            abb = bis;
            abbflag = 1;
            }
        else
            {
            switch (OKFDD_PI_DTL_Table[OKFDD_PI_Order_Table[OKFDD_Maxidx-
1]])
                {
                case D_Shan : S2P(OKFDD_Maxidx-1); break;
                case D_posD : P2N(OKFDD_Maxidx-1); break;
                case D_negD : N2S(OKFDD_Maxidx-1);
                }
            for (sift = abb; sift >= bis && OKFDD_Now_size_i <
old_size*faktor; sift-) OKFDD_Levelexchange(sift);
            abb = sift+1;
            }

        if (abb != bis)
            {
            abbflag = 1;
            for (sift = abb; sift < OKFDD_Maxidx-1; sift++)
OKFDD_Levelexchange(sift);

            switch (OKFDD_PI_DTL_Table[OKFDD_PI_Order_Table[OKFDD_Maxidx-
1]])
                {
                case D_Shan : S2N(OKFDD_Maxidx-1); break;
                case D_posD : P2S(OKFDD_Maxidx-1); break;
                case D_negD : N2P(OKFDD_Maxidx-1);
                }

            for (sift = OKFDD_Maxidx-2; sift >= bis; sift-)
OKFDD_Levelexchange(sift);
                        abb = bis;
            }
        }

        if (abbflag)
            {

            opos = von;
while (min_pi_table[opos]!=twin_pi_table[var]) opos++;

            for (sift = abb-1; sift >= opos; sift-)
OKFDD_Levelexchange(sift);
            gesamtkosten_FL(0,OKFDD_Maxidx-1,kms);
            }
        else
            {
            // Variable fuer momentanen Zerlegungstyp durch DD schieben
            // ——————
            gesamtkosten_FL(0,OKFDD_Maxidx-1,kms);
            for (sift = bis-1; sift >= von && OKFDD_Now_size_i <
old_size*faktor; sift-)
                {
                OKFDD_Levelexchange(sift);
                gesamtkosten_FL(von,bis,kms);
                }
            abb = sift+1;

            for (sift = abb; sift < OKFDD_Maxidx-1; sift++)
OKFDD_Levelexchange(sift);
```

```
// Zerlegungstyp rotieren
// ——————————
switch (OKFDD_PI_DTL_Table[OKFDD_PI_Order_Table[OKFDD_Maxidx-1]]) .
  {
      case D_Shan : S2P(OKFDD_Maxidx-1); break;
      case D_posD : P2N(OKFDD_Maxidx-1); break;
      case D_negD : N2S(OKFDD_Maxidx-1);
  }

  for (sift = OKFDD_Maxidx-2; sift >= bis && OKFDD_Now_size_i <
old_size*faktor; sift-)
OKFDD_Levelexchange(sift);
      abb = sift+1;

  if (abb!=bis)
    {
        for (sift = abb; sift < OKFDD_Maxidx-1; sift++)
OKFDD_Levelexchange(sift);

        switch (OKFDD_PI_DTL_Table[OKFDD_PI_Order_Table[OKFDD_Maxidx-
1]])
          {
          case D_Shan : S2N(OKFDD_Maxidx-1); break;
          case D_posD : P2S(OKFDD_Maxidx-1); break;
          case D_negD : N2P(OKFDD_Maxidx-1);
          }

        for (sift = OKFDD_Maxidx-2; sift >= bis; sift-)
OKFDD_Levelexchange(sift);
        abb = bis;
    }
    else
    {
        // Variable fuer momentanen Zerlegungstyp durch DD schieben
        // ——————————
        gesamtkosten_FL(0,OKFDD_Maxidx-1,kms);
        for (sift = bis-1; sift >= von && OKFDD_Now_size_i <
old_size*faktor; sift-)
          {
          OKFDD_Levelexchange(sift);
          gesamtkosten_FL(von,bis,kms);
          }
        abb = sift+1;
    }

    // Falls momentaner Zerlegungstyp der betrachteten Variable
// der beste ist
    // ——————————————
    if (mindtl[OKFDD_PI_Order_Table[abb]] ==
OKFDD_PI_DTL_Table[OKFDD_PI_Order_Table[abb]])
    {
        opos = von;
while (min_pi_table[opos]!=twin_pi_table[var]) opos++;

        if (abb < opos) for (sift = abb; sift < opos; sift++)
OKFDD_Levelexchange(sift);
        else for (sift = abb-1; sift >= opos; sift-)
OKFDD_Levelexchange(sift);
        gesamtkosten_FL(0,OKFDD_Maxidx-1,kms);
    }

    // Sonst Typ aendern
    // ——————
    else
    {
        for (sift = abb; sift < OKFDD_Maxidx-1; sift++)
OKFDD_Levelexchange(sift);

        if (OKFDD_PI_DTL_Table[OKFDD_PI_Order_Table[OKFDD_Maxidx-1]]
== D_Shan)
```

```
          {
          if (mindtl[OKFDD_PI_Order_Table[OKFDD_Maxidx-1]]==D_posD)
S2P(OKFDD_Maxidx-1);
          if (mindtl[OKFDD_PI_Order_Table[OKFDD_Maxidx-1]]==D_negD)
S2N(OKFDD_Maxidx-1);
          }
          else
          {
          if (OKFDD_PI_DTL_Table[OKFDD_PI_Order_Table[OKFDD_Maxidx-
1]] == D_posD)
          {
          if (mindtl[OKFDD_PI_Order_Table[OKFDD_Maxidx-1]] ==
D_Shan) P2S(OKFDD_Maxidx-1);
          if (mindtl[OKFDD_PI_Order_Table[OKFDD_Maxidx-1]] ==
D_negD) P2N(OKFDD_Maxidx-1);
          }
          else
          {
          if (OKFDD_PI_DTL_Table[OKFDD_PI_Order_Table[
OKFDD_Maxidx-1]] == D_negD)
          {
          if (mindtl[OKFDD_PI_Order_Table[OKFDD_Maxidx-1]] ==
D_Shan) N2S(OKFDD_Maxidx-1);
          if (mindtl[OKFDD_PI_Order_Table[OKFDD_Maxidx-1]] ==
D_posD) N2P(OKFDD_Maxidx-1);
          }
          }
          }

     // Optimale Position bestimmen und einnehmen
        // ―――――――――――――――
        opos = von;
while (min_pi_table[opos]!=twin_pi_table[var]) opos++;

          for (sift = OKFDD_Maxidx-2; sift >= opos; sift-)
OKFDD_Levelexchange(sift);
          gesamtkosten_FL(0,OKFDD_Maxidx-1,kms);
     }
}

     // Suche ndchstes Level f|r Tausch
     // ―――――――――――――――
     abbflag = 0;

     switch (art)
     {
     case 'l': // Suche max. Level
            // ――――――
            opos = var+1;
            for (sift = var+2; sift <= bis; sift++)
            if ((OKFDD_No_UTNodes_Per_Lvl[twin_pi_table[sift]]-
old_no_ut[twin_pi_table[sift]]) >
            (OKFDD_No_UTNodes_Per_Lvl[twin_pi_table[opos]]-
old_no_ut[twin_pi_table[opos]]))
opos = sift;

            if (opos != var+1)
            {
            sift = twin_pi_table[opos];
            twin_pi_table[opos] = twin_pi_table[var+1];
            twin_pi_table[var+1] = sift;
            }
            break;

        case 'v': // Suche vielversprechendes Level
            // ――――――――――――
            levelstat();
            opos = var+1;
            for (sift = var+2; sift <= bis; sift++)
            if (lsf[twin_pi_table[sift]] >
lsf[twin_pi_table[opos]])
```

```
    opos = sift;

                if (opos != var+1)
                    {
                    sift = twin_pi_table[opos];
                    twin_pi_table[opos] = twin_pi_table[var+1];
                    twin_pi_table[var+1] = sift;
                    }
            }
    }

    cout(ros_a) << OKFDD_Now_size_i << "\n";
    costs_for_sift = 0;
}

// =========================================================
// berechne die Zahl der Gatter im SK ohne online Reduktion
// =========================================================
ulint OKFDD_to_TC::gate_count(usint from_level, usint to_level) {

    // Gatterzahl gleich null plus ...
    ulint gattercount = 0;
    if (from_level + 1 == to_level) {

        // die Rekursion verlassen
        return 0;
    }
    usint from = from_level + 1;
    usint to = to_level - 1;

    // gibt es einen Vorgaenger in der Zeile from_level ?
    while ((to > 0) && (good_edges->isfalse(from_level, to))) to--;
    if (to > 0) {

        // -> ja, rekursiver Aufruf, addiere Gatter fuer Vorgaenger
        gattercount += gate_count(from_level, to);
    }

    // gibt es einen Nachfolger in der Spalte to_level ?
    while ((from < OKFDD_P_I)&&(good_edges->isfalse(from,to_level))) from++;
    if (from < OKFDD_P_I) {

        // -> ja, rekursiver Aufruf, addiere Gatter fuer Vorgaenger
        gattercount += gate_count(from, to_level);
    }

    // Gatter fuer BMM
    gattercount+=OKFDD_No_UTNodes_Per_Lvl[OKFDD_PI_Order_Table[from_level]]
        * OKFDD_No_UTNodes_Per_Lvl[OKFDD_PI_Order_Table[ to]]
        * OKFDD_No_UTNodes_Per_Lvl[OKFDD_PI_Order_Table[ to_level]]
        + OKFDD_No_UTNodes_Per_Lvl[OKFDD_PI_Order_Table[from_level]]
        * OKFDD_No_UTNodes_Per_Lvl[OKFDD_PI_Order_Table[ to_level]];
    return gattercount;
}
```

# Anhang B

# Listing der Messprogramme

Die im folgenden aufgeführten Programme dienten zur Durchführung der Messungen. Sie ersetzen jeweils das Programm *main.c*. Lediglich zum Ermitteln der durchschnittlichen Zeilenbelegung haben wir die Programme *step.h* und *step.c* leicht modifiziert.

## B.1  Größe der DDs

### B.1.1  Absolute Knotenzahlen

```
#include "main.h"

int main(int argc, char* argv[]) {
        #ifdef Umgebungsvariablen
            sprintf(TC_to_TC_library, "%s%s", getenv("TC_HOME"),
                    "/lib/cell_lib/tc_to_tc.lib");
        #endif
        if (argc == 1) {
            cout << endl << "─────────────────────────────"
                << "─────────────────────────";
            cout_Vers_Nr;
            cout << "\n Die absoluten Knotenzahlen \n";
            cout << "\n Aufruf: " << argv[0]
                << " <circuit-name> [Option 1] .. [Option n]\n\n"
                << "Optionen:\n\n"
                << "I: Aufbau ueber Interleaving\n"
                << "-: keine Ordnung zum Aufbauen verwenden\n"
                << "B: Die Synthese laeuft ueber BDDs (sonst: KFDDs)\n"
                << "\n";
        } else {

            // der Schaltkreisname, das Orderfile
            // ==================================================
            usint i = 0;
            usint k = 0;
            while (argv[1][i]) i++;
```

```
usint j = i;
while (i && (argv[1][i] != '/')) i--;
if (argv[1][i] == '/') i++;
char circuit_name[j - i - 2];
char dd_name[j - i - 3];
if (! isalpha(argv[1][i])) {
    k = 1;
    circuit_name[0] = 'a';
}
j = 0;
while(argv[1][j+i] != '.') {
    circuit_name[j + k] = argv[1][j + i];
    dd_name[j] = argv[1][j + i];
    j++;
}
dd_name[j] = '\0';
circuit_name[j + k] = '\0';
char order_file[256];
if Option('B') sprintf(order_file, "%s%s%s%s", order_path,
                dd_name, "_BDD", ".ord");
else sprintf(order_file, "%s%s%s", order_path, dd_name, ".ord");

// Initialisierung einer Instanz der Klasse OKFDD_to_TC
// ==================================================================
diagram = new OKFDD_to_TC;

// Die Ausgaben waehlen
// =========================
diagram->OKFDD_Outputflags = 0;
diagram->OKFDD_to_TC_Outputflags = 0;

// Ein Blif einlesen
// ==================
if Option('I') diagram->OKFDD_Interleaving = TRUE;
if Option('-') diagram->OKFDD_Read_BLIF(argv[1], NULL, NULL);
else diagram->OKFDD_Read_BLIF(argv[1], order_file, NULL);
if (diagram->OKFDD_Error != 0) {
    report_error(diagram->OKFDD_Error);
} else {

/* < < < < < < < < < < < < < < < < < < < < < < < < < < < < < < < < < < < < */

ulint nodenumber_r = diagram->OKFDD_Size_all();

diagram->OKFDD_No_Complements();
ulint nodenumber_n = diagram->OKFDD_Size_all();

diagram->OKFDD_declare_BMM_flow(1);
diagram->OKFDD_Quasi_reduce_partiell();
ulint nodenumber_pq1 = diagram->OKFDD_Size_all();

        diagram->OKFDD_to_TC_Quit();
        diagram = new OKFDD_to_TC;
        diagram->OKFDD_Outputflags = 0;
        diagram->OKFDD_to_TC_Outputflags = 0;
        if Option('I') diagram->OKFDD_Interleaving = TRUE;
        if Option('-') diagram->OKFDD_Read_BLIF(argv[1], NULL, NULL);
        else diagram->OKFDD_Read_BLIF(argv[1], order_file, NULL);
        diagram->OKFDD_No_Complements();

diagram->OKFDD_declare_BMM_flow(100);
diagram->OKFDD_Quasi_reduce_partiell();
ulint nodenumber_pq2 = diagram->OKFDD_Size_all();

diagram->OKFDD_Select_Levels_for_Quasi_reduce_full(1);
diagram->OKFDD_Quasi_reduce_full();
ulint nodenumber_vq = diagram->OKFDD_Size_all();

cerr << dd_name
     << " & "
     << nodenumber_r
```

```
            << " & "
            << nodenumber_n
            << " & "
            << nodenumber_pq1
            << " & "                                    :
            << nodenumber_pq2
            << " & "
            << nodenumber_vq
//  << " & ";
//cerr.precision(3);
//cerr << (float) nodenumber_vq / nodenumber_pq
            << " \\\\ \\hline"                      ,
            << endl;

/* > > > > > > > > > > > > > > > > > > > > > > > > > > > > > > > > > > > > > > > */

        }
        diagram->OKFDD_to_TC_Quit();
    }
};
```

## B.1.2   Größenwachstum

```
#include "main.h"

int main(int argc, char* argv[]) {
    #ifdef Umgebungsvariablen
        sprintf(TC_to_TC_library, "%s%s", getenv("TC_HOME"),
                "/lib/cell_lib/tc_to_tc.lib");
    #endif
    if (argc == 1) {
        cout << endl << "————————————————————"
             << "————————————————————";
        cout_Vers_Nr;
        cout << "\n Die relativen Knotenzahlen \n";
        cout << "\n Aufruf: " << argv[0]
             << " <circuit-name> [Option 1] .. [Option n]\n\n"
             << "Optionen:\n\n"
             << "I: Aufbau ueber Interleaving\n"
             << "-: keine Ordnung zum Aufbauen verwenden\n"
             << "B: Die Synthese laeuft ueber BDDs (sonst: KFDDs)\n"
             << "\n";
    } else {

        // der Schaltkreisname, das Orderfile
        // ==================================
        usint i = 0;
        usint k = 0;
        while (argv[1][i]) i++;
        usint j = i;
        while (i && (argv[1][i] != '/')) i--;
        if (argv[1][i] == '/') i++;
        char circuit_name[j - i - 2];
        char dd_name[j - i - 3];
        if (! isalpha(argv[1][i])) {
            k = 1;
            circuit_name[0] = 'a';
        }
        j = 0;
        while(argv[1][j+i] != '.') {
            circuit_name[j + k] = argv[1][j + i];
            dd_name[j] = argv[1][j + i];
            j++;
        }
        dd_name[j] = '\0';
        circuit_name[j + k] = '\0';
```

```
        char order_file[256];
        if Option('B') sprintf(order_file, "%s%s%s%s", order_path,
                            dd_name, "_BDD", ".ord");
        else sprintf(order_file, "%s%s%s", order_path, dd_name, ".ord");

        // Initialisierung einer Instanz der Klasse OKFDD_to_TC
        // ==========================================================
        diagram = new OKFDD_to_TC;

        // Die Ausgaben waehlen
        // =====================
        diagram->OKFDD_Outputflags = 0;
        diagram->OKFDD_to_TC_Outputflags = 0;

        // Ein Blif einlesen
        // ==================
        if Option('I') diagram->OKFDD_Interleaving = TRUE;
        if Option('-') diagram->OKFDD_Read_BLIF(argv[1], NULL, NULL);
        else diagram->OKFDD_Read_BLIF(argv[1], order_file, NULL);
        if (diagram->OKFDD_Error != 0) {
            report_error(diagram->OKFDD_Error);
        } else {

/* < < < < < < < < < < < < < < < < < < < < < < < < < < < < < < < < < < < < < < */

ulint nodenumber_r = diagram->OKFDD_Size_all();

diagram->OKFDD_No_Complements();
ulint nodenumber_n = diagram->OKFDD_Size_all();

diagram->OKFDD_declare_BMM_flow(1);
diagram->OKFDD_Quasi_reduce_partiell();
ulint nodenumber_pq1 = diagram->OKFDD_Size_all();

        diagram->OKFDD_to_TC_Quit();
        diagram = new OKFDD_to_TC;
        diagram->OKFDD_Outputflags = 0;
        diagram->OKFDD_to_TC_Outputflags = 0;
        if Option('I') diagram->OKFDD_Interleaving = TRUE;
        if Option('-') diagram->OKFDD_Read_BLIF(argv[1], NULL, NULL);
        else diagram->OKFDD_Read_BLIF(argv[1], order_file, NULL);
        diagram->OKFDD_No_Complements();

diagram->OKFDD_declare_BMM_flow(100);
diagram->OKFDD_Quasi_reduce_partiell();
ulint nodenumber_pq2 = diagram->OKFDD_Size_all();

diagram->OKFDD_Select_Levels_for_Quasi_reduce_full(1);
diagram->OKFDD_Quasi_reduce_full();
ulint nodenumber_vq = diagram->OKFDD_Size_all();

cerr << dd_name
    << " & ";
cerr.precision(5);
cerr << float(nodenumber_n)/float(nodenumber_r) * 100
    << " & ";
cerr.precision(5);
cerr << float(nodenumber_pq1)/float(nodenumber_r) * 100
    << " & ";
cerr.precision(5);
cerr << float(nodenumber_pq1)/float(nodenumber_n) * 100
    << " & ";
cerr.precision(5);
cerr << float(nodenumber_pq2)/float(nodenumber_r) * 100
    << " & ";
cerr.precision(5);
cerr << float(nodenumber_pq2)/float(nodenumber_n) * 100
    << " & ";
cerr.precision(5);
cerr << float(nodenumber_vq)/float(nodenumber_r) * 100
    << " & ";
```

```
cerr.precision(5);
cerr << float(nodenumber_vq)/float(nodenumber_n) * 100
     << " \\\\ \\hline"
     << endl;                                    :

/* > > > > > > > > > > > > > > > > > > > > > > > > > > > > > > > > > > > > > > > > > > > > */

        }
        diagram->OKFDD_to_TC_Quit();
    }
};
```

# B.2 Zeilenbelegung der Abhängigkeitsmatrizen

Die Änderungen in STEP.H:

```
/**/ float aversum[11];
/**/ float averwidth[11];
/**/ usint checkwidth;
```

Die Änderungen in STEP.C:

```
/**/ usint i = 1;
/**/ if (new_mat->to_level >= new_mat->from_level + 2) i=2;
/**/ if (new_mat->to_level >= new_mat->from_level + 3) i=3;
/**/ if (new_mat->to_level >= new_mat->from_level + 5) i=4;
/**/ if (new_mat->to_level >= new_mat->from_level + 9) i=5;
/**/ if (new_mat->to_level >= new_mat->from_level +17) i=6;
/**/ if (new_mat->to_level >= new_mat->from_level +33) i=7;
/**/ if (new_mat->to_level >= new_mat->from_level +65) i=8;
/**/ if (new_mat->to_level >= new_mat->from_level+129) i=9;
/**/ if (new_mat->to_level >= new_mat->from_level+257) i=0;
/**/ averwidth[i]++;
/**/ aversum[i] = aversum[i]+new_mat->matrix_av_width();

/**/float dependancy::matrix_av_width() {
/**/ float av_width = 0;
/**/ ulint line;
/**/ ulint col;
/**/ for (line = 0; line < from_node_count; line++) {
/**/ for (col = 0; col < to_node_count; col++) {
/**/ if (!str_eq(read_elmt(line,col), "ZERO")) {
/**/ av_width = av_width + 1;
/**/ }
/**/ }
/**/ }
/**/ av_width = av_width / from_node_count;
/**/ return av_width;
/**/}
```

MAIN.C:

```
#include "main.h"

int main(int argc, char* argv[]) {
    #ifdef Umgebungsvariablen
        sprintf(TC_to_TC_library, "%s%s", getenv("TC_HOME"),
                       "/lib/cell_lib/tc_to_tc.lib");
    #endif
```

```
if (argc == 1) {
    cout << endl << "_____"
         << "_____";
    cout_Vers_Nr;
    cout << "\n Die durchschnittliche Zeilenbelegung der Abhmat.\n";
    cout << "\n Aufruf: " << argv[0]
         << " <circuit-name> [Option 1] .. [Option n]\n\n"
         << "Optionen:\n\n"
         << "I: Aufbau ueber Interleaving\n"
         << "-: keine Ordnung zum Aufbauen verwenden\n"
         << "B: Die Synthese laeuft ueber BDDs (sonst: KFDDs)\n"
         << "v: vollstaendiges QR (sonst: partiell)\n"
         << "\n";
} else {

    // der Schaltkreisname, das Orderfile
    // ====================================
    usint i = 0;
    usint k = 0;
    while (argv[1][i]) i++;
    usint j = i;
    while (i && (argv[1][i] != '/')) i--;
    if (argv[1][i] == '/') i++;
    char circuit_name[j - i - 2];
    char dd_name[j - i - 3];
    if (! isalpha(argv[1][i])) {
        k = 1;
        circuit_name[0] = 'a';
    }
    j = 0;
    while(argv[1][j+i] != '.') {
        circuit_name[j + k] = argv[1][j + i];
        dd_name[j] = argv[1][j + i];
        j++;
    }
    dd_name[j] = '\0';
    circuit_name[j + k] = '\0';
    char order_file[256];
    if Option('B') sprintf(order_file, "%s%s%s%s", order_path,
                            dd_name, "_BDD", ".ord");
    else sprintf(order_file, "%s%s%s", order_path, dd_name, ".ord");

    // Initialisierung einer Instanz der Klasse OKFDD_to_TC
    // ==========================================================
    diagram = new OKFDD_to_TC;

    // Die Ausgaben waehlen
    // ====================
    diagram->OKFDD_Outputflags = 0;
    diagram->OKFDD_to_TC_Outputflags = 0;

    // Ein Blif einlesen
    // =================
    if Option('I') diagram->OKFDD_Interleaving = TRUE;
    if Option('-') diagram->OKFDD_Read_BLIF(argv[1], NULL, NULL);
    else diagram->OKFDD_Read_BLIF(argv[1], order_file, NULL);
    if (diagram->OKFDD_Error != 0) {
        report_error(diagram->OKFDD_Error);
    } else {
/* < < < < < < < < < < < < < < < < < < < < < < < < < < < < < < < < */

diagram->OKFDD_No_Complements();

diagram->checkwidth = 1;
for (i = 0; i < 10; i++) {
    diagram->aversum[i] = 0;
    diagram->averwidth[i] = 0;
}

if Option('v') {
```

```
        diagram->OKFDD_Select_Levels_for_Quasi_reduce_full(1);
        diagram->OKFDD_Quasi_reduce_full();
        diagram->OKFDD_declare_BMM_flow();
        circuit = diagram->DD_to_TC_QRv(circuit_name, TC_to_TC_library);
    } else {
        diagram->OKFDD_declare_BMM_flow();
        diagram->OKFDD_Quasi_reduce_partiell();
        circuit = diagram->DD_to_TC_QRp(circuit_name, TC_to_TC_library);
    }
    cerr << dd_name;
    for (i = 1; i < 10; i++) {
        cerr.precision(3);
        cerr << " & " << diagram->aversum[i]/diagram->averwidth[i];
    }
    cerr << " \\\\ \\hline"
        << endl;

/* > > > > > > > > > > > > > > > > > > > > > > > > > > > > > > > > > > > > > > > > > > > > > > */

    }
    diagram->OKFDD_to_TC_Quit();
    }
};
```

# B.3  Vergleich OKFDDs und OBDDs

```
#include "main.h"

ulint circuit_size(test_circ* circuit);
ulint circuit_depth(test_circ* circuit);
ulint circuit_depth_slave(cell_id cell,test_circ* circuit);

int main(int argc, char* argv[]) {
    #ifdef Umgebungsvariablen
        sprintf(TC_to_TC_library, "%s%s", getenv("TC_HOME"),
                    "/lib/cell_lib/tc_to_tc.lib");
    #endif
    if (argc == 1) {
        cout << endl << "——————————————————————"
            << "———————————————-";
        cout_Vers_Nr;
        cout << "\n Vergleicht KFDDs mit BDDs (#Knoten und Gatter) \n";
        cout << "\n Aufruf: " << argv[0]
            << " <circuit-name> [Option 1] .. [Option n]\n\n"
            << "Optionen:\n\n"
            << "a: ld trivial\n"
            << "b: ld BMM Kosten\n"
            << "c: ld random\n"
            << "d: BMM Kosten\n"
            << "e: random\n"
            << "f: linear\n"
            << "\n";
    } else {
        usint i = 0;
        usint k = 0;
        while (argv[1][i]) i++;
        usint j = i;
        while (i && (argv[1][i] != '/')) i--;
        if (argv[1][i] == '/') i++;
        char circuit_name[j - i - 2];
        char dd_name[j - i - 3];
        if (! isalpha(argv[1][i])) {
            k = 1;
            circuit_name[0] = 'a';
```

```
        }
        j = 0;
        while(argv[1][j+i] != '.') {
            circuit_name[j + k] = argv[1][j + i];
            dd_name[j] = argv[1][j + i];
            j++;
        }
        dd_name[j] = '\0';
        circuit_name[j + k] = '\0';

/* < < < < < < < < < < < < < < < < < < < < < < < < < < < < < < < < < < < < */

    char order_file[256];
    char order_Bile[256];
    sprintf(order_Bile,"%s%s%s%s",order_path,dd_name,"_BDD",".ord");
    sprintf(order_file, "%s%s%s%s", order_path, dd_name, ".ord");
    uint flow = 0;
    if Option('a') flow = 0;
    if Option('b') flow = 1;
    if Option('c') flow = 2;
    if Option('d') flow = 11;
    if Option('e') flow = 12;
    if Option('f') flow = 100;


    diagram = new OKFDD_to_TC;
    diagram->OKFDD_Outputflags = 0;
    diagram->OKFDD_to_TC_Outputflags = 0;
    diagram->OKFDD_Read_BLIF(argv[1], order_file, NULL);
    cerr << dd_name << " & " << diagram->OKFDD_P_I;
    diagram->logic_type = 0;
    diagram->get_PIPO_Names_from_BLIF = 1;
    diagram->create_useless_inputs = 1;
    diagram->OKFDD_No_Complements();
    diagram->OKFDD_declare_BMM_flow(flow);
    diagram->OKFDD_Quasi_reduce_partiell();
    circuit = diagram->DD_to_TC_QRp(circuit_name, TC_to_TC_library);
    cerr << " & " << diagram->OKFDD_Size_all()
        << " & " << circuit_size(circuit)
        << " & " << circuit_depth(circuit);
    delete circuit;
    diagram->OKFDD_to_TC_Quit();

    diagram = new OKFDD_to_TC;
    diagram->OKFDD_Outputflags = 0;
    diagram->OKFDD_to_TC_Outputflags = 0;
    diagram->OKFDD_Read_BLIF(argv[1], order_Bile, NULL);
    diagram->logic_type = 0;
    diagram->get_PIPO_Names_from_BLIF = 1;
    diagram->create_useless_inputs = 1;
    diagram->OKFDD_No_Complements();
    diagram->OKFDD_declare_BMM_flow(flow);
    diagram->OKFDD_Quasi_reduce_partiell();
    circuit = diagram->DD_to_TC_QRp(circuit_name, TC_to_TC_library);
    cerr << " & " << diagram->OKFDD_Size_all()
        << " & " << circuit_size(circuit)
        << " & " << circuit_depth(circuit);
    delete circuit;
    diagram->OKFDD_to_TC_Quit();

    cerr << " \\\\ \\hline" << endl;

/* > > > > > > > > > > > > > > > > > > > > > > > > > > > > > > > > > > > > > */

        diagram->OKFDD_to_TC_Quit();
        }
};

    ulint circuit_size(test_circ* circuit) {
        return circuit->no_of_cells() - circuit->no_of_cells_of_type(P_IN)
            - circuit->no_of_cells_of_type(P_OUT);
    }
```

```
ulint circuit_depth(test_circ* circuit) {
    ulint depth;
    ulint max = 0;
    cell_id PO;
    usint po_no;
    for (po_no=0; po_no < circuit->no_of_cells_of_type(P_OUT); po_no++) {
        PO = circuit->po(po_no);
        depth = circuit_depth_slave(PO, circuit);
        if (depth > max) max = depth;
    }
    return max - 1;
}

ulint circuit_depth_slave(cell_id cell,test_circ* circuit) {
    ulint depth;
    ulint max = 0;
    signal_id CI;
    usint ci_no;
    cell_id source_cell;
    for (ci_no = 0; ci_no < circuit->no_of_inputs(cell); ci_no++) {
        CI = circuit->input(cell, ci_no);
        source_cell = circuit->source(CI);
        if (circuit->type(source_cell) !=
                    circuit->in_cell_type_name("P_IN")) {
            depth = circuit_depth_slave(source_cell, circuit);
        } else {
            depth = 0;
        }
        if (depth > max) max = depth;
    }
    return max + 1;
}
```

# Literaturverzeichnis

[Abramovici]   M. Abramovici, M. A. Breuer, A. D. Friedman,
               Digital Systems Testing and Testable Design,
               Computer Science Press, 1990

[Becker93]     B. Becker, R. Drechsler, M. Theobald,
               On the Implementation of a Package for Efficient Re-
               presentation and Manipulation of Functional Decision
               Diagramms,
               IFIP WG 10.5 Workshop on Appl. of Reed–Muller Ex-
               pans. in Circ. Design, 1993

[Becker94]     B. Becker, R. Drechsler,
               Synthesis for Testability: Circuits Derived form Ordered
               Kronecker Functional Decision Diagrams,
               Interner Bericht 14/94, Johann Wolfgang Goethe Uni-
               versität Frankfurt am Main

[Brace90]      K. S. Brace, R. L. Rudell, R. E. Bryant,
               Efficient Implementation of a BDD Package,
               Proc. 27th Design Automation Conf., pages 40–45, 1990

[Brayton84]    R. K. Brayton, G. D. Hachtel, C. McMullen, A.L.
               Sangiovanni-Vicentelli,
               Logic Minimization Algorithms for VLSI Synthesis,
               Kluwer Academic Publishers, 1984

[Brglez85]     F. Brglez, H. Fujiwara,
               A Neutral Netlist of 10 Combinational Circuits and a
               Target Translator in Fortran,

International Symposium of Circuits and Systems, Special Session on ATPG and Fault simulation, pages 663-698, 1995

[Brglez89]  F. Brglez, D. Bryan, K. Kozminski,
Combinational Profiles of Sequential Benchmark Circuits,
Internanional Symposium of Circuits and Systems, pages 1929-1934, 1989

[Bryant86]  R. E. Bryant,
Graph–Based Algorithms for Boolean Function Manipulation,
IEEE Trans. on Comp., C35, 1986

[Cormen94]  T. H. Cormen, C. E. Leiserson, R. L. Rivest,
Introduction to Algorithms,
The MIT Press, 1994

[Drechsler94]  R. Drechsler, A. Sarabi, M. Theobald, B. Becker, M. A. Perkowski,
Efficient Representation and Manipulation of Switching Functions, Based on Ordered Kronecker Functional Decision Diagrams,
Proc. 31th Design Automation Conference, pages 415-419, 1994

[DrechslerT95]  R. Drechsler, B. Becker,
Dynamic Minimization of OKFDDs,
Technical Report 5/95, J. W. Goethe–University, Frankfurt am Main

[Drechsler95]  R. Drechsler,
Ordered Kronecker Functional Decision Diagrams und ihre Anwendung,
Dissertation am FB Informatik der Johann Wolfgang Goethe Universität in Frankfurt am Main, 1995

[Friedman87]   S. J. Friedman, K. J. Supowit,
               Finding the Optimal Variable Ordering for Binary De-
               cision Diagrams,
               Proceedings of ACM/IEE 24th Design Automation Con-
               ference, pages 348-354, 1987

[Gergov94]     J. Gergov, C. Meinel,
               Efficient Analysis and Manipulation of OBDDs Can be
               Extended to Read–Once–Only Branching Programs,
               IEEE Trans. on Comp., 1994

[Hengster95]   H. Hengster, R. Drechsler, Stefan Eckrich, Tonja Pfeif-
               fer, B. Becker,
               Testable KFDD–Circuits with Small Depth,
               Proceedings 8. Workshop GI/ITG/GME Testmethoden
               und Zuverlässigkeit von Schaltungen und Systemen, Re-
               port 77, März 1996

[Hett95]       A. Hett, K. Nowak,
               Effiziente Repräsentation und Manipulation Boole'scher
               Funktionen durch Entscheidungsdiagramme,
               Diplomarbeit am FB Informatik der Johann Wolfgang
               Goethe Universität in Frankfurt am Main, 1995,
               Dokumentation der Implementierung im WWW:
               http://www.informatik.uni-freiburg.de/FREAK/puma.html

[Ishiura92]    N. Ishiura,
               Synthesis of Multi–level Logic Circuits from Binary De-
               sicion Diagrams,
               Proc. 3rd Synthesis and Simulation Meeting and Inter-
               nationanl Exchange Workshop, Kobe, pages 74-83, April
               1992

[Krieger93]    R. Krieger, R. Hahn, B. Becker,
               test_circ: Ein abstrakter Datentyp zur Repräsentation
               von hierarchischen Schaltkreisen (Benutzeranleitung),
               Johann Wolfgang Goethe Universität Frankfurt am
               Main, Interner Bericht 7/93

[Sasao93]        T. Sasao,
                 Logic Sythesis and Optimization,
                 Kluwer Academic Publishers, 1993

[Sedgewick]      R. Sedgewick,
                 Algorithmen,
                 Addison – Wesley, 1992

[Sentovich92]    E. Sentovich, K. Singh, L. Lavagno, Ch. Moon, R. Mur-
                 gai, A. Saldanha, H. Savoj, P. Stephan, R. Brayton, A.
                 Sangiovanni-Vicentelli,
                 SIS: A system for sequential circuit synthesis.
                 Technical report, University of Berkeley, 1992

[Stroustrup92]   B. Stroustrup,
                 Die C++ Programmiersprache,
                 Addison – Wesley, 1992

[Touba94]        N. A. Touba, E. J. McCluskey,
                 Automated logic synthesis of random pattern testable
                 circuits,
                 International Test Conference, pages 174–183, 1994

**Diplomarbeiten** Agentur

Die Diplomarbeiten Agentur vermarktet seit 1996 erfolgreich Wirtschaftsstudien, Diplomarbeiten, Magisterarbeiten, Dissertationen und andere Studienabschlußarbeiten aller Fachbereiche und Hochschulen.

**Seriosität, Professionalität und Exklusivität prägen unsere Leistungen:**

- Kostenlose Aufnahme der Arbeiten in unser Lieferprogramm
- Faire Beteiligung an den Verkaufserlösen
- Autorinnen und Autoren können den Verkaufspreis selber festlegen
- Effizientes Marketing über viele Distributionskanäle
- Präsenz im Internet unter **http://www.diplom.de**
- Umfangreiches Angebot von mehreren tausend Arbeiten
- Großer Bekanntheitsgrad durch Fernsehen, Hörfunk und Printmedien

Setzen Sie sich mit uns in Verbindung:

**Diplomarbeiten** Agentur
Dipl. Kfm. Dipl. Hdl. Björn Bedey –
Dipl. Wi.-Ing. Martin Haschke ——
und Guido Meyer GbR ————

Hermannstal 119 k ————
22119 Hamburg ————

Fon: 040 / 655 99 20 ————
Fax: 040 / 655 99 222 ————

agentur@diplom.de ————
www.diplom.de ————